영원한
오늘을
　　사는
　　사람

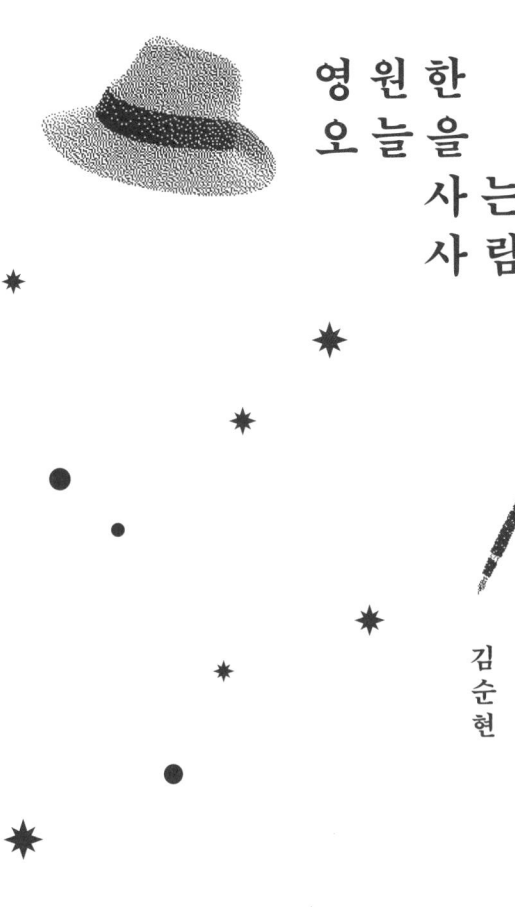

영원한 오늘을 사는 사람

김순현

푸서리를
생명의
정원으로
일구며

비아토르

들어가는 말 p.8

> **1부 영원에 잇대어 살다**

1 우리는 창조성을 타고났다 p.13 / 2 영원한 오늘을 사는 사람 p.17 / 3 새로움을 가져올 유일한 길 p.19 / 4 이는 내 사랑하는 아들딸이요 p.22 / 5 하나님의 손길에 감촉된 사람 p.24 / 6 잔치를 베푸시는 하나님 p.27 / 7 마음의 돋보기를 잃어버렸을 때 p.30 / 8 변방을 중심으로 p.32 / 9 덕담 p.34 / 10 장래가 없는 사람 p.38 / 11 하늘의 가장 뜨거운 꽃 p.41 / 12 물 댄 동산 같은 사람 p.43 / 13 제자도의 출처 p.45 / 14 신비가의 길과 예언자의 길 p.48 / 15 거룩함은 '옆'과 '곁'에 있다 p.52 / 16 지구의 선한 이웃 p.55 / 17 꽃 시간, 꽃자리! p.58 / 18 거물주의의 유혹 p.61 / 19 하나님 안에 있다 p.64 / 20 광야가 있어야 한다 p.67 / 21 대지가 찾는 사람 p.70 / 22 아름다운 순간에 대한 기억 p.75 / 23 하나님의 은혜로운 그물 속 p.78 / 24 자기에게 있는 것을 가지고 p.81 / 25 주인은 따로 있다 p.84 / 26 새날의 사람 p.88

2부 봄꽃 완상

1 꽃들에게 길을 물으며 p.93 / 2 정원 닦달 p.95 / 3 흙에 묻힌 밀알 p.98 / 4 자기답게 p.100 / 5 하나님이 그림을 그리실 수 있도록 p.103 / 6 반만 차는 금 단지 p.105 / 7 대지의 성품 p.108 8 새봄이다 p.111 / 9 슬픔은 그리스도인의 특장特長 p.113 10 정원사의 길 p.116 / 11 푸릇한 생의 한가운데로 p.118 12 하나님의 초대 p.121 / 13 꽃피는 중심 p.125 / 14 하나님과 우리 사이에는 사이가 없다 p.129 / 15 정원사 주님처럼 p.132 16 다리 역할에 충실한 사람 p.135 / 17 비밀의 정원 p.138 18 느릿느릿 걷는 신앙의 길 p.141 / 19 일상의 성화 p.143 20 가능성을 품은 들판 p.147 / 21 천상의 화가가 그림을 그리도록 p.149 / 22 지구의 날에 p.151 / 23 영혼의 오솔길 p.163 24 권력 언저리에 서지 말고 p.167

3부 무시로 다가드시는 분

1 내면의 아이 p.173 / 2 작다고 시르죽지 않고 p.177
3 늙음은 적이 아니다 p.179 / 4 정원사의 자리 p.186
5 하나님의 감탄 부호 p.188 / 6 겸손히 몸을 낮추고 p.191
7 창조의 길 p.193 / 8 성령의 공공성 p.196 / 9 하나님은 모든 길 위에 똑같이 계신다 p.199 / 10 환대의 전통을 잇는 길 p.201
11 영혼의 입맞춤 p.203 / 12 성령에 속한 생각 p.207
13 쓰임새로 셈할 수 없는 길 p.209 / 14 삶의 모든 순간은 파종의 순간 p.211 / 15 감사의 렌즈를 끼고 p.213
16 무심無心으로 해요 p.215 / 17 아름다움을 사랑하는 길 p.217
18 접촉 p.222 / 19 자기본위의 벽을 격파하고 p.224
20 우리의 걸음걸이가 p.226 / 21 낚시 p.228 / 22 통짜로 사는 자세 p.231 / 23 탁 트인 나날 p.234 / 24 그늘이 되어 주는 사람 p.238 / 25 큰 그늘 예수 p.241 / 26 사람이 풍경이 될 때 p.244
27 하나님을 박제하지 말라 p.247 / 28 정지된 시간 경험 p.251
29 환대의 기술을 익히는 여정 p.256 / 30 은총의 바다에 카약을 띄우고 p.262 / 31 님의 활시위 p.267
32 하아얀 여백 p.269

4부 눈부시게 아름다운 상통

1 온새미로 살기 p.275 / 2 하나님의 형상을 거스르지 않는 길 p.278 / 3 여기가 거기 p.282 / 4 실패와 낙담이 서린 곳이라고 해도 p.286 / 5 아름다움의 원천 p.289 / 6 영혼 닦달 p.291 7 은총의 바다에서 무자맥질을 p.300 / 8 지금은 울 때다 p.302 9 박각시와 꽃의 상통 p.304 / 10 당신이 이기셨습니다 p.308 11 그리움은 돋우고 볼 일 p.311 / 12 소풍 길 p.314 / 13 모든 꽃이 그러하듯이 p.317 / 14 후각을 앞자리에 p.320 15 불완전은 아름답다 p.324 / 16 신화의 길 p.327 / 17 상처를 꽃이 되게 하는 길 p.334 / 18 영혼의 성숙을 위한 길지 p.339 19 물든다는 것 p.342 / 20 추수감사절에 1 p.345 21 추수감사절에 2 p.347 / 22 알뿌리 식물들을 심으며 p.350 23 직전의 상태 p.354 / 24 밥이 되는 길 p.357 25 지구의 꿈 p.361 / 26 구름 산책자에서 대지 산책자로 p.364 27 영혼의 성숙을 위한 비료 p.367 / 28 '너머'에 진입하기 전에 p.370

주 p.374

들어가는 말

'비밀의 정원'에서 저마다 연록, 황록黃綠, 적록赤綠, 갈록葛綠의 새순을 다래다래 달고서 싱그럽고 싱둥한 생명력을 한껏 분출하는 푸나무들에 하늘이 투명한 젖을 물리고 있다. 지며리 이드거니. 젖을 흡족히 문 푸나무들의 모습이 더없이 새뜻해 보인다. 가뭄과 황사로 정원사의 속을 태우던 예년과 달리 올봄은 고맙게도 봄비가 자주 내리는 편이다. 덕분에 정원의 푸나무와 화분 식물들에 물을 주는 수고를 현저히 덜게 되었으니 정원사는 참 수지맞았다.

봄의 초중반에 각양각색 꽃등을 내걸어 비밀의 정원을 환히 밝히며 벌, 나비와 탐방객을 부르던 동백, 매화, 산수유, 크로커스, 수선화, 히아신스, 명자꽃, 천리향, 서부해당, 튤립, 라일락, 분꽃나무꽃, 모란, 철쭉, 만병초, 목향장미가 차례차례 숙지고, 이제는 그 뒤를 이어 아이리스, 홍화산사, 설구화, 애기말발도리, 조팝, 작약, 장미가 피기 시작했다. 이 꽃들이 숙지고 여름으로 접어들면 피려고 각종 나리와 수국도 차츰차츰 몸피를 불려 가며 대기하고 있다.

지난 몇 해 동안 쓰고 주보에 실었던 글들을 묶었다. 정원에서 길어 올린 묵상 글, 대림절 성탄절, 주현절, 사순절, 부활절, 성령강림절, 감사절 등 절기를 묵상한 글, 성구를 묵상한 글, 필자가 스승으로 모시는 창조 영성가들의 글귀를 붙잡고 묵상한 글, 바람직한 믿음살이를 묵상한 글, 기후 붕괴 시대에 시급히 요청되는 삶의 방식을 모색한 글이 주종을 이룬다. 이 글들을 다시 읽으면서 푸서리를 일구어 생명의 정원으로 가꾸는 일도 고되지만, 사람의 내면을 생명의 숲으로 가꾸기 위해 글 밭을 일구는 일은 더더욱 각다분하다는 걸 절감한다. 그런 글 밭을 일굴 역량도 소양도 턱없이 부족함을 잘 아는 까닭이다.

그런데도 필자의 미흡한 글을 좋게 보아 주고, 가리산지리산 줄기 뻗은 글들의 가리새를 잡아 산뜻한 모습으로 만들어 준 비아토르 출판사 김도완 대표, 한수경 편집자, 김진성 디자이너에게 머리 숙여 감사드린다. 그리고 매주 주보에 실린 글을 읽으며 지지와 격려를 아끼지 않은 갈릴리교회 교우들에게도 마음 깊이 감사드린다.

2025년 늦봄, 여수 돌산 갈릴리 바닷가 비밀의 정원에서
김순현

일러두기

본문에 인용한 성경 구절은 대한성서공회에서 펴낸 새번역을 따랐습니다.
다른 번역본을 인용한 경우 따로 표기하였습니다.

영원에
잇대어
살다

주님과 함께하는 하루는 언제나 영원에 잇닿은 날이다.
영원을 사모한다는 말은 영원에 잇대어 산다는 뜻이다.
오늘이라는 하루를 하나님의 선물로 여기고,
그 하루를 주님과 함께하는 것이다.

1
우리는
창조성을 타고났다

예년과 마찬가지로 우리 동네 등대 인근의 한 벼랑에서 해맞이를 수행했다. 어둑한 숲길을 5분 정도 걸어가서 벼랑에 당도했는데, 벼랑 아래로는 갯바위들이 널따랗게 펼쳐져 있고, 어스레한 빛깔의 바다가 철썩철썩 갯바위들을 어루만지다 망망히 뻗어나가 먹빛 수평선을 긋고 있었다. 거무스름한 형체의 선박들이 점점이 떠서 불빛을 깜박거리고, 수평선의 어느 한 구역이 희미한 주황빛으로 물들고 있었다.

나는 그곳을 바라보며 생각했다. '저곳은 거대한 산란실, 다름 아닌 분만실이야!' 거대한 분만실을 마주하고 있다고 생각하니 들떠 있던 마음이 엄숙한 장소에 들어서기라도 한 듯 갑자기 숙연해졌다. 20여 분 정도 기다려 발끝이 시려 올 즈음, 바다가 빛의 알을 낳기 시작했다. 출산의 순간, 탄생의 순간을 목격하는 듯 가슴이 방망이질했다. 곧이어 완전한 알 모양의 태양이 구름

한 점 없는 수평선 위에 두둥실 떠서 빛살을 사방팔방 날려 댔다. 빛의 화살을 맞은 두 눈이 어지럼증을 느끼면서 잠시 캄캄해졌다. 여기저기서 빛의 화살을 맞은 이들이 "우와!" 감탄사를 연발하며 저마다 새해 소원을 비느라 여념이 없었다.

나는 바다를 박차고 덩두렷이 솟아오른 빛의 알을 보면서, 요단강에서 세례자 요한에게 세례를 받으시고 물속에서 막 올라오시는(막 1:9-10) 예수님의 모습을 떠올렸다. 그러고는 하나님께 마음속으로 이런 소원을 아뢰었다. "하나님, 저 바다가 빛의 알을 낳았듯이, 요단강물이 주현절의 분만실이 되었듯이, 올 한 해 동안 제 삶터가 하나님의 출산이 이루어지는 창조적 분만실이 되게 해주소서." 소원을 아뢰고 꼭 그대로 살리라 결의를 굳게 다지는데 마음이 빛의 알을 품은 듯 환해졌다.

우리네 인생에서 하나님의 출산이 이루어지는 것만큼 바람직한 일은 없다. 이 출산은 긴장과 초조, 엄청난 산고를 수반하지만, 그것으로 그치지 않고 더없는 기쁨과 생생한 환희를 몰고 온다. 마이스터 엑카르트Meister Eckhart는 다음과 같이 표현한다.

여러분 안에서 이루어지는 이 출산만을 기다리십시오. 그러면 여러분은 모든 선과 모든 위안과 모든 기쁨과 모든 존재와 모든 진리를 발견하게 될 것입니다. 여러분 안에서 이루어지는 낳음을 무시해 보십시오. 그러면 여러분은 모든 선과 복을 무시하게 될 것입니다. 이 낳음 안에서 여러분에게 다가오는 것이 무엇이든지, 그것은 순수한 존재와 복을 가져오게 마련입니다.

하지만 이 낳음의 바깥에서 무언가를 찾거나 사랑한다면, 여러분이 무엇을 의도하든, 여러분이 어디에서 그렇게 하려고 하건 간에, 그것은 물거품이 되고 말 것입니다.[1]

우리의 생이 물거품이 되지 않게 하려면, 우리는 하나님을 낳는 일에 온 마음을 기울여야 한다. "내가 무슨 재주로 그런 일에 마음을 다하겠어? 나처럼 메마른 사람이 어떻게 그런 일을 할 수 있겠어?"라고 말하는 이가 있을지도 모르겠다. 그런 이에게 아브라함 헤셸은 말한다.

메마른 사람은 없다. 모든 영혼은 통찰의 씨앗을 잉태하고 있다. 그 씨앗은 희미하게 감추어져 있다. 그 씨앗은 어떤 사람들 안에서는 자라고, 다른 사람들 안에서는 썩는다. 어떤 사람들은 생명을 낳고, 다른 사람들은 그것을 유산한다. 어떤 사람들은 떠오르는 통찰을 낳고 양육하고 기르는 법을 안다. 다른 사람들은 그렇지 못하다.[2]

우리는 낳는 쪽인가? 아니면 유산하는 쪽인가? 성서는 우리가 하나님의 형상대로 지어졌다고 말한다(창 1:27). 이는 우리 안에 하나님과 같은 것이 깃들여 있다는 뜻이다. 그러면 하나님의 형상 Imago Dei 을 어떻게 새겨야 하는가? 나는 만물을 지으신 창조주 하나님의 출산 능력으로, 혹은 창조주 하나님의 창조성으로 새기곤 한다. 하나님의 형상대로 지어졌다는 것은 우리가 창조주 하나님의 창조성을 타고났으며, 내남없이 어머니가 되는 능력을 타고났다는 뜻이다. 이 벅찬 의미를 가슴 깊이 새기고, 말과 행위로 무엇보다도 삶으로 신적 창조성을 발휘하는 일에 몸과 마음을 다하는 우리가 되었으면 좋겠다.

2

영원한 오늘을
사는 사람

코헬렛[1]은 "모든 일에는 다 때가 있다"(전 3:1)라며, 하나님이 모든 것을 제때 알맞게 일어나도록 만드셨다고 말한다(전 3:11). 이는 빛과 어둠을 나누셔서 빛을 낮이라 하시고, 어둠을 밤이라 하신(창 1:4,5) 창조주 하나님이 시간의 주인이심을 밝힌 것이다. 하나님은 생의 시간표에 두 때, 곧 모든 일의 양극을 배정하셨다. 태어날 때와 죽을 때, 심을 때와 뽑을 때, 죽일 때와 살릴 때, 허물 때와 세울 때, 울 때와 웃을 때, 통곡할 때와 춤출 때, 흩을 때와 모아들일 때, 간직할 때와 버릴 때, 찢을 때와 꿰맬 때, 침묵할 때와 말할 때, 사랑할 때와 미워할 때 등등(전 3:2-8). 이것들은 이 세상 누구도 그 무엇도 피해 갈 수 없는 숙명적 요소다. 아무도 둘 가운데 하나만 고집할 수 없다. 하나님은 우리가 그 둘을 온새미로 겪으며 살게 하셨다.

하나님이 생의 시간표에 시간의 양극을 배정하신 것은 우리가 균형 잡힌 존재로 살게 하시려는 것이다. 메히틸트 폰 마그데부르크Mechtild von Magdeburg 는 이렇게 말한다. "창조주께서는 우리에게 두 종류의 포도주, 행복과 조화와 황홀이라는 백포도주와 고통과 고난과 손실이라는 적포도주를 주어 마시게 하셨다."[2] 그러니 우리는 생의 한 극만 고집할 게 아니라 생의 양극을 아울러 살면서 적절한 때를 분별하는 지혜를 발휘해야 한다.

생의 시간표에 모든 일의 양극을 배정하셔서 균형 잡힌 삶을 영위하게 하시는 하나님은 이제 우리에게 생의 도약을 이룰 수 있는 디딤판을 제공하신다. 코헬렛은 이렇게 말한다. "또 사람들에게는 영원을 사모하는 마음을 주셨느니라"(전 3:11, 개역개정). 영원을 사모한다는 말이 무슨 뜻일까? 성 아우구스티누스는 영원을 "주님의 오늘"로 풀이한다.[3] 주님의 오늘이 곧 영원이다. 그런 까닭에 "하나님은 늘 오늘의 하나님이다"(디트리히 본회퍼). 오늘의 주인은 언제나 하나님이시기에 우리는 오늘이라는 날을 하나님과 함께 걷지 않으면 안 된다Vaya Con Dios. 주님과 함께하지 않는 하루는 덧없고 무상하고 헛된 날에 지나지 않는다. 하지만 주님과 함께하는 하루는 언제나 영원에 잇닿은 날이다. 영원을 사모한다는 말은 영원에 잇대어 산다는 뜻이다. 오늘이라는 하루를 하나님의 선물로 여기고, 그 하루를 주님과 함께하는 것이다. 주님과 함께하는 오늘은 언제나 "오! 늘 황홀한 날!"이 된다. 그렇게 영원을 사모하는 이에게 주님은 삭개오에게 하신 말씀을 들려주신다. "오늘은 내가 네 집에서 묵어야 하겠다"(눅 19:5).

3

새로움을 가져올 유일한 길

새해를 맞은 지 닷새째이지만 새해 느낌이 들지 않는 신년 주일이다. 권좌의 내란 책동과 그 동조 세력의 그악한 발호를 보니 마음이 한없이 격해지고, 여객기 참사를 접하고 애도하느라 마음이 밑 모를 데로 까라져서인 듯하다. 그래도 시간은 중단 없이 흘러 을사년에 진입한 상태다. 하나님이 우리에게 새로운 시간을 선사하신 것이다.

하나님의 은혜로 새로운 '너머'에 진입한 우리의 마음 자세는 어떠해야 하는가? 찬송가 554장은 순결한 삶과 새 맘, 평화와 기쁨과 넓은 사랑, 참 자유와 행복, 그리고 무엇보다도 주 예수를 새로운 너머에 진입하여 맞아들여야 할 새것으로 꼽고, 이들을 맞아들이려면 먼저 송년의 종소리에 실어 떠나보내야 할 옛것들이 있다고 말한다. 시기와 분쟁, 옛 생각, 흉한 질병, 고통, 한없는 탐욕, 전쟁, 이 땅의 어둠 등이다. 그것들은 하나같이 사람의 내면과 삶을 시르죽게 하는 것들이다. 어째서 그것들을 떠나보내야 하는가? 출애굽 공동체가 이집트에서 몸에 붙인 옛 습성을 떨쳐 버리고 가나안 땅으로, 새로운 너머로 진입하는 데에 광야 생활 40년 세월이 걸렸듯이, 옛것은 스스로 물러나는 법이 없고 끝까지 새것에 엇서기 때문이다. 《신과 나눈 이야기》의 저자 닐 도널드 월쉬는 다음과 같이 말한다.

> 새길을 염원한다고 해서 그 길이 열리는 건 아니다.
> 오직 옛길을 끝장낼 때만 새로운 길은 열린다.
> 옛것을 고집하면서 새로운 것을 바란다고 말할 수는 없다.
> 옛것은 새로운 것을 허용하지 않는다.
> 옛것은 새로운 것을 부정한다.
> 옛것은 새로운 것을 헐뜯는다.
> 새로움을 가져올 유일한 길은
> 반드시 새로움이 자리할 여백을 마련하는 것이다.[1]

우리의 내면이 옛것을 떠나보내고 비우며 새로움을 맞아들일 준비가 되어 있을 때에만, 하나님에게서 오는 절대적 새로움이 우리 내면에 새록새록 자리 잡는다.

하나님은 새로움을 주시는 분이다. 하나님께는 옛것이 빌붙을 틈이 없다. 하나님은 언제나 새로움의 원천이시다. 그래서 주님은 말씀하신다. "보아라, 내가 모든 것을 새롭게 한다"(계 21:5). 마이스터 엑카르트는 "하나님은 늘 싱둥하시고, 늘 푸릇푸릇하시고, 늘 꽃이 만발한 상태이시다"라면서 하나님의 새로움에 관해 이렇게 말한다.

> 하나님의 모든 행위는 새롭다,
> 그분은 만물을 새롭게 하는 분이시므로.
> 하나님은 존재하는 것 중에서 가장 새로우신 분,
> 존재하는 것 중에서 가장 젊으신 분이다.
> 하나님은 시작이시다.
> 우리가 그분과 하나가 되기만 하면,
> 우리는 다시 새로워질 것이다.[2]

하나님을 등지는 것들은 낡고 늙고 썩고 죄를 짓게 마련이다. 바울 사도는 "죄의 삯은 죽음"(롬 6:23)이라고 말했다. 우리는 다른 어떤 것으로부터가 아니라 하나님으로부터 새로움을 받는 존재가 되어야 한다. 그러려면 하나님께로 되돌아가고, 하나님께로 나아가고, 하나님을 가까이 모시고, 하나님과 하나가 되어야 *Einheit mit Gott* 한다. 거기에 새로움, 선함, 깨끗함, 정화, 거룩함이 있는 까닭이다.

4

이는 내 사랑하는 아들딸이요

이 세계에는 수많은 소리가 있다. 온 누리에 하나님의 은총을 비는 교회 종소리, 깨달음을 알리는 절의 풍경 소리, 마음을 즐겁게 하는 음악 소리, 아이들의 해맑은 웃음소리, 빈 들에서 외치는 예언자의 소리, 깊은 계곡을 두루 돌아 흐르는 물소리, 아침을 열어 하루의 시작을 알리는 새소리, 솔숲 사이로 잉잉거리는 바람 소리, 복잡한 심사를 시원하게 쓸어내리는 파도 소리 등 사람의 마음을 갈데없이 들뜨게 하는 소리가 있다. 그런가 하면 도시의 정적을 가르는 경적, 고막을 찢을 듯한 소음, 온갖 기계음, 우리의 삶을 파괴하려고 달려드는 안팎의 부정적인 소리도 있다.

어디 좋은 소리 없나 하고 두리번거릴 때가 왕왕 있다. 하지만 굳이 바깥을 두리번거리지 않아도 들을 수 있는 참 소리가 있다. 우리 안에는 '들려지기 원하는 한 목소리'가 있다. 말로 다할 수 없는 어둠 속에 있는 사람이든, 상실로 지극한 슬픔에 잠긴 사람이든, 병상에 누워 시든 눈망울로 창밖을 응시하는 사람이든, 콘크리트 숲에서 바쁜 일상에 쫓기는 사람이든, 북적거리는 사무실에서 시간에 쫓기는 사람이든, 모든 사람 안에는 이 목소리가 숨어 기다리고 있다. 귀여겨듣고 갈피에 아로새기려고 쫑긋거리는 귀를.

그 소리는 예수님이 공생애를 시작하시며 세례자 요한에게 세례 받으시고 물에서 나오실 때 하늘로부터 들려온 소리다. "이는 내가 사랑하는 아들딸이다. 내가 그를 좋아한다"(마 3:1-7 참고). 그 소리는 비단 예수님께만 들린 소리가 아니라, 한없는 신뢰를 품고 자기의 내적 심층에 귀를 갖다 대는 모든 사람에게 들리는 복된 소리다. "사람들이 어떤 특별한 전통을 가지고 있건 아니건 간에, '이는 내가 사랑하는 아들딸이다. 내가 그를 좋아한다'라는 이 말은 모든 인류에 대한 가장 깊은 진리를 표현하고 있다."[1]

그 소리는 세상의 소음과는 전혀 다른 소리다. 그 소리는 안팎에서 우리의 삶을 파괴하려고 달려드는 부정적인 소리가 아니다. 부정적인 소리는 "너는 저주받은 존재다. 너는 아무짝에도 소용없는 존재다"라고 속삭이면서 우리에게 상처를 주어 우리 삶을 시득부득 말라가게 하려고 한다. 하지만 참 소리는 "너는 사랑받는 존재다. 내가 너를 좋아한다"라고 속삭이면서 우리를 복스러운 자리로 데려간다. 그 소리에 수굿이 귀를 기울이는 사람은 딛고 선 삶터의 명암이 어떠하건 간에 그곳을 볕 드는 자리, 복스러운 자리로 만든다.

5

하나님의 손길에 감촉된 사람

복 있는 사람은 악인의 꾀를 따르지 아니하며, 죄인의 길에 서지 아니하며, 오만한 자의 자리에 앉지 아니하며, 오로지 주님의 율법을 즐거워하며, 밤낮으로 율법을 묵상하는 사람이다. 그는 시냇가에 심은 나무가 철따라 열매를 맺으며 그 잎이 시들지 아니함 같으니, 하는 일마다 잘 될 것이다(시편 1:1-3).

복 있는 사람은 하나님의 손길에 감촉된 사람이다. 사람은 하나님의 손길에 감촉될 때만 최선의 상태, 가장 맞춤한 상태에 있을 수 있고, 하나님이 품부稟賦해 주신 자기만의 광채와 아름다움을 표출하며 자기 삶터를 환히 밝힐 수 있다. 하나님의 손길에 감촉되지 않고는 사람이 짐벙진 삶을 영위할 길이 없다. 사람이 하나님의 손길에 감촉되는 데 필요한 구멍수가 있다. 그것은 악과 죄와 오만함을 멀리하고 하나님의 말씀을 늘 가까이하는 것이다.

'복 있는 사람' 하면 가장 맞춤한 상태인 시냇가 혹은 강가에서 자라는 '미루나무'가 떠오른다. 하늘에 닿을 듯 우람하게 솟아올라 어디서나 눈에 띄고, 윤기 나는 잎사귀로 빛살을 사방팔방 튕겨 보내고, 바람이 약간만 불어 들어도 잎사귀로 경쾌한 소리를 내는 미루나무! 미루나무는 영락없이 하나님의 손길에 감촉된 사람을 닮았다. 땅속 깊이 뿌리를 벋는 모습은 한계를 모른 채 근원을 향해 뿌리를 벋으려고 하는 사람의 꿈틀거림을 연상케 하고, 하늘 높이 가지를 뻗는 힘찬 모습은 하나님께로 줄기차게 발돋움하려고 하는 사람의 열망을 생각하게 한다. 미루나무는 "영적인 성장에는 끝이 없다. 하나님의 손길에 감촉된 사람의 성장 능력은 다함이 없다"라고 말하는 것만 같다. 타일러 노트 그렉슨은 그것을 시로 표현한다.

> 나는 가늠할 수조차 없다.
> 당신이라는 나무가
> 얼마나 높이
> 올라갈 수 있는지.
> 다른 누군가가
> 당신을 잘라 버리는 게 두려워
> 당신 스스로
> 꼭대기를 자르는 일을 멈추기만 한다면.
>
> —〈무제〉 전문[1]

사람의 가장 맞춤한 상태는 영적 성장에 그 본질이 있다. 그러하기에 하나님의 손길에 감촉된 사람은 제 우듬지를 스스로 잘라 낼 줄 모른다. 악과 죄와 오만함을 멀리하고 그저 말씀을 통해 뻗어 오시는 하나님의 손길에 직수굿이 응종應從하여 자라고 또 자랄 뿐이다. 시냇가에서 자라는 미루나무처럼.

6

잔치를 베푸시는
하나님

성서의 하나님은 잔치를 베푸시는 하나님이다. "너희 모든 목마른 사람들아, 어서 물로 나오너라. 돈이 없는 사람도 오너라. 너희는 와서 사서 먹되, 돈도 내지 말고 값도 지불하지 말고 포도주와 젖을 사거라"(사 55:1).

하나님이 베푸시는 잔치는 크게 보아 두 가지다. 첫 번째 잔치는 우주적 잔치다. 하나님은 모든 이를 우주적으로 환대하시고 우주적 잔치에 초대하신다. 창조주 하나님은 은혜로우시고 풍성하시고 관대하시다. 그래서 차리는 데 수많은 세월이 걸린 성찬盛饌을 우리의 기쁨을 위해 베푸신다. 철마다 달마다 날마다 시시각각 새로운 잔치를 펼치신다. 형형색색으로 몸치장하는 피조물들, 경이로운 꽃들, 계절에 따라 다르게 부는 바람, 온갖 생명의 보금자리인 대지, 생명의 젖줄인 호수와 강줄기, 온갖 물고기의 보금자리인 대양, 밤하늘을 밝히는 별들, 하늘을 떠받치는 우람찬 나무들, 만물을 따스하게 감싸는 햇살, 만물을 촉촉이 적시는 비, 만물을 잠재우는 침묵의 밤, 떼 지어 물살을 가르는 물고기들, 창공을 훨훨 나는 새들, 울창한 갈맷빛 숲, 숲에 활력을 불어넣는 온갖 동식물, 추위와 더위, 봄 여름 가을 겨울 등. 그들 모두 아낌이 없으신 하나님의 잔치 목록이다. 그 잔치 목록은 이어지고 또 이어진다. 그런 목록들이 모여 이룬 덩어리가 바로 초록빛 정원 행성, 싱그러운 지구다.

대지의 성자 애니 딜러드Annie Dillard는 하나님이 차려 내신 우주적 잔치의 짐벙진 성격을 이렇게 말한다.

아낌없는 몸짓이야말로 만물의 참된 본성이다. 최초에 아낌없는 창조의 몸짓이 한 번 일어난 뒤로, 우주는 오로지 사치에 몰두해 왔으며, 영겁의 세월 동안 복잡한 것들과 거대한 것들을 무너뜨리고, 낭비에다 항상 신선한 활력을 공급해 왔다. 그 전체적인 인상은 처음부터 들떠 있었다.[1]

이처럼 아낌없으신 하나님의 사치를 온전히 누리려면 제대로 준비되어 있어야 한다. 마이스터 엑카르트는 말한다. "무엇보다도 우리는 항상 하나님의 선물을 받을 준비가 되어 있어야 한다. 우리는 항상 새로워질 준비가 되어 있어야 한다."[2] 우리가 준비 부족으로 아낌이 없으시고 감미로우신 하나님을 제대로 알지 못하고 인색한 분으로 여긴다면, 그것은 그분의 마음을 상하게 하는 일이 되고 말 것이다. 우리는 끊임없이 수용력을 기르고, 하나님의 아낌없는 잔치 목록을 온전히 맛보고, 하나님의 감미로움을 찬양해야 한다. 잔치를 제대로 맛볼 줄 아는 사람, 잔치를 한껏 음미할 줄 아는 사람, 기쁜 마음으로 받을 줄 아는 사람, 잔칫집 주인의 정성을 눈여겨보고, 마음 깊이 새기고, 들떠 노래하는 사람에게 그분의 눈길은 다사롭게 닿기 때문이다.

하나님이 베푸시는 두 번째 잔치는 우리의 일상생활과 관계있다. 하나님은 우리의 비근한 일상생활 구석구석에 은총의 선물을 보이지 않게 흩뿌려 두신다. 그 선물에는 하나같이 그것을 보내신 분의 지극한 선의가 새겨져 있다. 볼 줄 아는 이는 마음의 눈으로 이런 글귀를 읽을 수도 있다. "너를 사랑해!" 덕분에 우리의 삶터는 발견을 기다리는 궁전이 된다. 그 발견은 놀라움과 경탄을 자아내고, "아하! 아하!" 탄성을 지르게 한다. 우리가 할 일은 발견의 열의를 품고 그 궁전의 문을 열고 들어가, 각각의 궁방宮房을 차례차례 탐색하는 것이다. 보물찾기에 열중하는 아이처럼 잘 닦인 마음의 돋보기를 꺼내 들고, 일상의 삶 구석구석에 자리한 돌덩이를 뒤집어 그 선물을 찾아내는 것이다. 찾아낸 선물을 갈무리하고, 한동안 사랑땜에 힘쓰고, 선물의 감미로움을 지며리 음미하는 것이다. 그 끝머리는 당연히 "하나님, 감사합니다!"여야 한다.

7
마음의 돋보기를 잃어버렸을 때

안팎의 방해물로 인해 수용력 기르기와 새로워지기를 멈추고, 낯설게 보기, 새롭게 보기, 특별하게 보기를 가능하게 하는 마음의 돋보기를 잃어버리는 때가 더러 있다. 현존의 능력을 잃어버리는 때, 하나님의 방문이 이루어지는 '지금 여기에 *hic et nunc*' 온전히 있지 못하는 때가 있다. 삶이 도리 없이 혼탁해지고 주위의 모든 것이 부예지는 때가 있다. 곰이 잔뜩 낀 눈처럼 삶과 사람과 사물을 새롭게 보지 못하고, 그 무엇에도 별다른 감흥을 느끼지 못하며, 매사에 시큰둥한 상태가 되는 때가 있다.

몸과 마음이 한없이 아래로 아래로 까라져, 그저 누울 만한 캄캄한 동굴을 찾는 시기! 무無를 임신하고 무로 배부른 시기! 영혼의 어두운 밤과 씨름하는 시기!

마음이 바닷가 여염집 빨랫줄에 널려 바짝 건조된 곰치나 아귀처럼 말라 버리는 때가 있다. 마음속에 졸졸 흐르던 샘물 소리가 더는 들리지 않는 때가 있다. 마음속 샘가에 파릇하니 자라던 풀숲이 시들어 어두운 회갈색으로 변하는 때가 있다. 숨탄것들이 다가와 귀를 쫑긋 세우다가 물 흐르는 소리 듣지 못하고 발길을 돌리는 때가 있다. 마른 샘이 다시 살져 맑은 물 솟구칠 날을 기다리며 시신처럼 눕는 때가 있다. 물은 고이지 않고 먼지만 더께로 내려앉는 때가 있다. 샘물이 솟구칠 날이 오기는 하는 걸까, 의구심에 몸을 덜덜 떠는 때가 있다. 한 모금의 생기만 있으면 되겠다 싶어 코를 벌름거려도 여전히 코가 시린 때가 있다. 요컨대 하나님을 놓쳐 버리는 때가 있는 것이다.

그럴 때 우리는 어찌해야 하는가? 마이스터 엑카르트는 이렇게 권고한다.

> 가장 큰 위안이 되는 자리에 있을 때 했으면 하던 그 일을 쓰라린 고통의 자리에 있을 때에도 하십시오. 마치 큰 위안을 받는 자리에 있다는 듯이 처신하십시오. 나는 하나님을 놓쳐 버린 자리에서 하나님을 찾으라는 조언밖에는 달리 드릴 말씀이 없습니다. 여러분이 하나님을 놓쳐 버렸다면, 하나님을 마지막으로 소유했을 때 하던 것과 똑같이 하십시오. 그러면 여러분은 하나님을 발견하게 될 것입니다.[1]

이는 하나님을 놓쳐 버렸을 때 내가 곧잘 따르는 방법인데, 따라 하면 할수록 잃어버린 마음의 돋보기를 되찾게 하는 구멍수가 아닐 수 없다.

8
변방을 중심으로

예수님은 성령에 이끌려 광야에서 악마의 시험을 이기신 뒤, 성령의 능력을 입고 갈릴리로 돌아오셨다. 갈릴리는 어떤 지역이었는가? 갈릴리는 당시 유대 사회의 중심이 아니었다. 갈릴리는 누가 봐도 변방이요 가장자리였다. 물적 자원과 인적 자원이 집중된 중심은 따로 있었다. 예루살렘! 빠르고 직선적인 것, 높고 강한 것, 눈부시고 우뚝한 것이 위세를 부리는 곳이 당시 예루살렘이었다면, 갈릴리는 느리고 굽은 것, 낮고 약한 것, 그늘지고 비천한 것이 자리한 곳이었다. 세상의 중심은 화려한 것들, 빛나는 것들이 자리한 곳이다. 우리는 그 화려하고 빛나는 것들을 가리켜 자본 혹은 권좌라고 부른다. 그것들은 그 눈부심으로 그늘진 것, 약한 것을 짓밟거나 멀리 밀어내곤 한다. 그래서 세상의 중심은 쌀쌀맞고 난폭하다. 반면 세상의 가장자리, 이른바 변방은 고단함과 눈물, 남루함과 비루함, 왜소함과 약함이 도사린 곳이다. 밀려난 이들, 버림받은 이들, 상처 입은 이들이 서로 의지하며 하나님의 은총을 구하는 곳이다.

하나님은 광야 같은 변방과 가장자리로 애틋한 눈길을 보내신다. 그러고는 그곳을 신적 은총의 중심이 되게 하신다. 하나님은 예루살렘이 아니라 작은 동네 베들레헴을 메시아의 탄생지로 삼으셨다. 동방박사들이 찾아가 경배한 곳은 헤롯의 궁궐이 아니라 베들레헴의 한 민가였다(마 2:11). 목자들이 천사의 메시지를 전달한 곳은 예루살렘 특급 호텔이 아니라 베들레헴 마구간이었다(눅 2:17). 그야말로 엄청난 중심 역전이 아닐 수 없다. 하나님은 당신의 사람을 가장자리로 데려가셔서 그곳을 신적 중심으로 만들게 하신다. 마이스터 엑카르트는 말한다. "하나님은 사람의 영혼을 이끌어 광야로 사막으로 신성한 독거獨居로 데려가신다. 그곳은 하나님이 순전히 통짜가 되시는 곳이며, 자기 안에서 분출하시는 곳이다."[1] 이처럼 하나님이 순전히 통짜가 되시는 곳, 그곳이 바로 신적인 중심이자 정신없이 휘도는 세계의 고요한 정점이다. 미국 사상가 윌리엄 제임스가 말한 대로 가장자리를 중심으로 만드는 행위는 영적 경험의 핵심, 회심의 핵심이다.[2]

가장자리를 신적 중심으로 만드는 것은 무엇으로 이루어지는가? 예수님의 생애에서 생생히 드러난 대로, 예수님이 마태복음 25장 31-40절에서 말씀하신 대로, 삶의 변두리로 밀려난 사람들, 슬프고 아프고 고되고 괴로운 장삼이사張三李四들을 보살피고, 그 속에서 희망과 구원을 찾는 것으로 이루어진다.

9

덕담

　우리나라 사람들은 설날부터 정월 대보름까지 서로 덕담을 주고받는다. "새해 복 많이 받으세요. 새해 복 많이 지으세요. 새해 행복하세요. 새해 건강하세요" 등등. 그런데 덕담은 원래 완료형으로 주고받는 거라고 한다. 이를테면 "올해 복 많이 받으셨다지요. 올해 복 많이 지으셨다지요. 올해 성공하셨다지요. 올해 건강해지셨다지요. 올해 소원 성취하셨다지요"라고 말하는 것이다. 이는 말 자체에 그대로 이루어지게 하는 힘이 들어 있음을 믿는 데서 생긴 세시풍속이 아닐까 싶다. 그러니 우리는 아예 악담을 버리고 되도록 덕담을 많이 주고받아야겠다.
　덕담은 주로 복과 관련된 내용을 담고 있다. 성서는 그것을 복의 선언 benediction 이라고 부른다. 그러면 복이란 무엇일까? 히브리 성서에서 복을 뜻하는 히브리 단어는 '베라카 *berakah*'다. 베라카는 '창조하다'를 뜻하는 히브리 단어 '바라 *bara*'와 어원이 같다. 창세기 첫 대목은 이렇게 선언한다. "태초에 하나님이 천지를 창조하셨다"(창 1:1). 이로 미루어 우리는 하나님의 창조 세계 자체가 복덩어리라는 것을 알 수 있다.

더욱이 복을 뜻하는 베라카는 '연못'도 의미한다. 물이 자란자란 고인 저수지, 물이 찰랑찰랑 넘쳐흐르는 저수지, 저수지 수면을 은빛 금빛으로 물들이는 햇살, 저수지에서 한가로이 노니는 온갖 물고기, 그곳으로 물을 마시러 오는 각종 숨탄것, 저수지를 젖줄로 삼는 대지, 저수지 위로 불어 들어 파문을 일으키는 바람(하나님의 숨결)을 상상해 보라. 복이라는 말이 연못도 의미한다는 사실은 아낌없으신 하나님의 푼푼하심을 연상시킨다.

하나님은 당신의 자녀들을 위하여 푸짐한 잔치를 베풀어 주셨다. 복덩어리 창조 세계 자체가 바로 그 잔치다. 이 잔치는 낭비벽이 심한 잔치다. 생물다양성재단 대표 최재천 교수는 그 낭비벽에 관해 이렇게 기술한다. "자연은 스스로 지극히 낭비적인 삶의 방식을 택했다. 조개나 산호 같은 해양 무척추동물들은 엄청나게 많은 알을 낳지만 그중에서 성체로 자라는 개체는 종종 1퍼센트도 채 되지 않는다. 식물도 엄청나게 많은 씨를 뿌리지만 극히 일부만 발아하여 꽃을 피운다."[1]

볼 줄 아는 눈으로 보면 주위에 베풀어진 모든 것이 우주적 잔칫상임을 어렵지 않게 알 수 있다. 하나님은 철마다 다른 잔치를 걸판지게 차려 내신다. 모양도 크기도 색도 다른 피조물들, 경이로운 꽃들, 계절풍, 온갖 생명을 보듬어 안는 대지, 모든 살아 있는 것에게 젖을 물리는 강줄기, 해양생물의 보금자리인 바다,

초록 성자 푸나무들, 망토처럼 만물을 감싸는 햇살, 싱둥한 생명의 화살표인 물고기들, 숲의 활력소인 동물들. 이들 모두 하나님의 푼푼하심을 실감 나게 드러내는 신적 물목物目이다. 이 은물恩物들의 목록은 면면히 이어지려고 한다. 이처럼 우리가 복덩어리인 하나님의 창조 세계 안에 태어났다는 사실, 우리가 복을 타고났다는 사실, 이보다 더 감격스럽고 가슴 벅찬 사실이 있을까?

우리는 복덩어리인 창조 세계를 어떤 마음 자세로 마주해야 하는가? 복을 의미하는 베라카와 어원이 같은 '베레카berekah'라는 히브리 단어도 있는데, 이는 낙타가 휴식을 취하려고 저수지 물가에 무릎 꿇는 것을 뜻한다. 물이 찰랑찰랑 일렁이는 저수지 수변에 무릎을 꿇고 겸손히 물을 핥는 낙타를 상상해 보라. 이는 하나님의 복을 받으려면 무릎을 꿇어야 하며, 무릎 꿇는 자세야말로 하나님의 복을 누리는 데 꼭 필요한 자세임을 말하는 게 아닐까? 메히틸트 폰 마그데부르크는 말한다. "참으로 지혜로운 사람은 모든 피조물의 발 앞에 무릎을 꿇는다."² 진정 지혜로운 사람은 온화한 수용성의 사람이다. 마이스터 엑카르트는 권고한다. "그대의 앞길로 들어오는 모든 것을 참된 겸손과 사심 없는 마음으로 온화하게 마주하십시오."³ 이렇게 온화한 수용 자세를 체화한 사람의 눈과 마음은 마법을 부리게 마련이다. 빛과 어둠, 기쁨과 슬픔, 행불행 등 주위의 모든 것을 은총의 선물로 갈무리하는 것이다. 도종환 시인의 시 한 편이 떠오른다.

이른 봄에 내 곁에 와 피는

봄꽃만 축복이 아니다
내게 오는 건 다 축복이었다
고통도 아픔도 축복이었다
…

육신에 병이 조금 들었다고 어이 불행이라 말하랴
내게 오는 건 통증조차도 축복이다
…

이 봄 어이 매화꽃만 축복이랴
내게 오는 건 시련도 비명도 다 축복이다

— 〈축복〉 부분 [4]

하나님의 잔치에 어울리는 이미지는 무릎 꿇는 자세, 온화한 수용성의 자세다. 무릎을 꿇고 하나님의 잔치를 온화하게 마주할 때, 주위의 모든 것은 우리에게 복덩어리로 다가온다.

10

장래가 없는 사람

바울 사도는 우리에게 "잠에서 깨어나야 할 때가 벌써 되었습니다"(롬 13:11)라고 말한다. 이때의 잠은 육체의 수면을 의미하는 것이 아니다. 하나님에 대하여 무감각한 삶, 하나님이 어디에나 계심을 깨닫지 못하고 사는 것, 곧 영적인 잠을 의미한다. 우리가 깨닫지 못하는 상태의 삶을 지속한다면, 우리는 인생을 허비할 수밖에 없을 것이고, 우리의 신적 잠재력도 잃어버릴 수밖에 없을 것이다. 실제로 우리는 하나님에 대하여 무감각할 뿐 아니라 우리 자신의 신적 잠재력에 대해서도 무감각하다. 깊은 잠에 빠져 있기 때문이다.

왜 영적인 잠에서 깨어나야 하는가? 새로운 시간, 곧 영원이 이미 시작되었기 때문이다. 바울 사도는 "벌써 때가 되었다"고 말한다. 그가 말하는 '때'는 일상적인 시간을 의미하는 게 아니다. 의미와 섭리로 충만한 때를 의미한다. 깨어나라는 말은 그때가 시작되어 임께서 우리 머리맡에 와 계시니, 얼른 일어나 임을 맛보아 알라는 뜻이다. 하나님 나라가 지금 여기에서 시작되었으니 당장 맛보아 알라는 뜻이다. 신적 은총의 바다가 지금 눈앞에 펼쳐져 있으니 당장 뛰어들어 자맥질하라는 뜻이다. '지금 여기'를 하나님 나라 경험의 발판으로 삼으라는 뜻이다. 지금이 그때이고, 여기가 거기라는 뜻이다. 하나님 나라는 길을 아는 이에게 주어지는 특전이다. 지금 여기에서 하나님 나라를 맛보고, 지금 여기에서 하나님 나라를 일구는 사람만이 그 길을 알 수 있다. 지금 여기에서 몸과 마음을 다해 그 길을 익히지 않고 내세의 하나님 나라를 기약하는 것은 얼마나 어리석은 짓인가? 깨어나 손만 뻗으면 닿을 하나님 나라를 외면하고, 저기 바깥 먼 곳에 있는 것을 동경하는 것은 얼마나 부질없는 짓인가? 좋은 포도주 저장고를 곁에 두고 있으면서도 포도주를 맛보지 않는 사람이 어찌 깨어난 사람이겠는가? 그런 사람은 자기가 살아 있다고 여기겠지만 실상은 죽었거나 깊은 잠에 빠진 것이다. 깨어남은 하나님과 그분의 나라를 의식하고 맛보아 아는 것과 관계있기 때문이다.

 영적인 잠에서 깨어난 사람은 내일이 따로 없다. 그 사람에게는 언제나 오늘이 있을 따름이다. 나는 '오늘'이라는 말을 "오! 늘 황홀한 날"로 새기곤 하는데, 이 관점에서 보면 깨어난 사람의 하루하루는 "오! 늘 황홀한 날"의 연속일 것이다. 젤랄렛딘 루미 Dschelaleddin Rumi 는 늘 황홀하게 살아가는 사람의 특징을 다음과 같이 노래한다.

포도주가 술통 가득 넘쳐 나는데
잔盞이 없구나.
우리에겐 아주 참 잘된 일이다.
아침마다 덕분에 달아오르고
저녁에도 벌겋게 달아오른다.

그들이 말하기를, 우리에게
장래將來가 없단다.
옳은 말이다.
우리에겐 아주 참 잘된 일이다.

— 〈잘된 일〉 전문[1]

장래가 없고 늘 황홀한 날만 있는 사람, 그는 언제나 영원한 현재를 살아가는 사람이다. 마이스터 엑카르트는 이렇게 말한다. "하나님 안에 머무는 사람은 영원한 현재에 머무는 사람입니다. 거기서는 사람들이 절대로 늙는 법이 없습니다. 거기서는 모든 것이 현재하고, 모든 것이 새롭습니다."[2] 우리는 내일이 없는 사람이 되어야 한다. 눈앞에 넘쳐흐르는 신적 은총의 포도주에 입을 갖다 대고 핥는 사람이 되어야 한다.

11

하늘의 가장
뜨거운 꽃

　이 세상에서는 재물을 끊임없이 늘려 축적하는 것을 성공의 척도로 삼는다. 그리스도인 중에도 '달란트 비유'를 소유의 축적을 재가해 주는 비유로 오독誤讀하는 사람이 적지 않다. 하지만 디트리히 본회퍼는 이렇게 말한다. "소유는 하나님의 복이 아니다. … 소유는 책임이다."[1] 하나님 나라에서는 쌓은 재물이 아니라 자비의 실행을 성공 판정의 유일한 척도로 삼는다. 어째서 그럴까? 자비야말로 하나님의 옹글고 깔축없는 속성이기 때문이다. 그래서 예수님은 이렇게 말씀하신다. "너희의 아버지께서 자비로우신 것같이, 너희도 자비로운 사람이 되어라"(눅 6:36). 마이스터 엑카르트는 말한다. "자비야말로 하나님에게 가장 잘 어울리는 이름이다. 우리는 하나님을 진리라고 부를 수도 있고 … 선이라고 부를 수도 있다. 그것들 가운데 어느 하나가 다른 것보다 하나님에 대하여 더 잘 말한다고 해도, 하나님이 하시는 최고의 일은 자비다."² 우리가 저마다의 소유로 이웃에게, 타자에게 자비를 베풀면, "자비는 하나님의 옷을 우리의 영혼에 입히고, 하나님의 형상을 닮은 옷으로 우리의 영혼을 치장한다."³ 자비가 심판을 이기는 것은 그 때문이다.

예수님은 "불의한 재물로 친구를 사귀어라"(눅 16:9)라고 말씀하셨다. 하나님 나라에서는 누가 성공한 사람인가? 부의 획득과 축적에 골몰하는 사람이 아니라, 가진 소유를 덜고 나누어 하나님 나라를 줄기차게 확장해 가는 사람이다. 주님은 그런 사람에게 이렇게 말씀하신다. "잘했다! 착하고 신실한 종아. 네가 적은 일에 신실하였으니, 이제 내가 많은 일을 네게 맡기겠다. 와서, 주인과 함께 기쁨을 누려라"(마 25:21). 누가 착하고 신실한 종인가? "하나님의 가장 귀한 선물"인 "온기"⁴를 나누는 사람이다.

자비는 "땅의 가장 차가운 곳에서 피는 하늘의 가장 뜨거운 꽃"⁵이다. 주님은 자비의 씨앗을 우리 각 사람에게 맡기셨다. 부지런히 싹틔우고 힘차게 꽃 피워서 하나님 나라를 부단히 확장해 갈 수 있도록.

12

물 댄 동산 같은 사람

신앙인이 빛나는 존재가 되는 때가 있다. 다름 아닌 기도와 행동의 조화를 꾀하는 때다. 그때 그는 하나님의 은총을 힘입어 매혹의 아우라를 풍기는 존재가 된다. 그가 발산하는 매혹의 아우라는 그가 최선의 상태에 있음을 보여 주는 표식이다. 성서는 그 표식을 다음과 같이 표현한다.

너의 빛이 어둠 가운데서 나타나며, 캄캄한 밤이 오히려 대낮같이 될 것이다. 주님께서 너를 늘 인도하시고, 메마른 곳에서도 너의 영혼을 충족시켜 주시며, 너의 뼈마디에 원기를 주실 것이다. 너는 마치 물 댄 동산처럼, 물이 끊어지지 않는 샘처럼 될 것이다(사 58:10-11).

내밀한 골방에서 주님으로부터 "내가 여기에 있다"라는 '꿀 같은 속삭임'을 듣고, 그 경험을 밑절미로 삼아 세상과 사회를 개선해 가는 사람은 비할 데 없는 존재 가치를 내뿜어 주위를 끌어당기는 힘을 갖게 마련이다. 발터 벤야민은 그런 사람이 지닌 매혹의 아우라를 탐조등에 비유한다.

> 아주 복잡한 구역, 여러 해 동안 내가 발을 들여놓지 않았던 도로망이 어느 날 사랑하는 한 사람이 그곳으로 이사하자 일순간 훤해졌다. 마치 그 사람의 창문에 탐조등이 세워져 그 지역을 빛다발로 분해해 놓은 것 같았다.[1]

기도와 예언자적 행동으로 자신이 딛고 선 삶터와 그 주위를 매혹하는 사람이야말로 캄캄한 밤길의 등불처럼 빛을 발하는 사람, 모든 숨탄것을 불러들이는 물 댄 동산 같은 사람, 물이 마르지 않는 샘터 같은 사람이다. 세상은 바로 그런 사람이 있어서 살 만한 곳이 된다.

하나님은 우리가 있어서 이 세상이 살 만한 곳으로 바뀌기를 바라신다. 그러니 우리는 속에 있는 빛이 어두워져 매혹의 아우라를 발산하지 못한 채 "나에겐 빛이 없어"라고 말하기보다는, 내밀한 골방을 마련하여 주님의 은총을 구하여야 한다. "내가 여기에 있다" 하시는 주님의 속삭임을 듣고, 은총 받은 사람답게 세상을 살기 좋게 만듦으로 자기의 고유한 존재 가치를 내뿜어 주위를 끌어당기는, 물 댄 동산 같은 사람, 물이 마르지 않는 샘터 같은 사람이 되고자 힘써야 한다.

13

제자도의
출처

    자기의 등을 내주는 행위, 곧 업어 주기는 어떤 의미를 담고 있는가? 등은 내가 한 번도 제대로 본 적이 없는 무방비 상태의 구역이다. 누군가를 업는다는 것은 그 무방비 상태의 구역을 흔흔히 허락한다는 뜻이다. 누군가를 업는다는 것은 서로 체온을 나누는 가장 완전한 사랑의 표현이기도 하다. 업어 주는 행위는 업히는 사람의 다리가 되어 주는 행위다. 그리고 누군가의 등에 업히는 행위는 내 모든 것을 온전히 맡기는 행위다. 달리 말하면 안도의 믿음, 가장 완전한 안식처로의 안착이다.

    업는 사람은 업히는 사람의 바닥이 되어 주고 업히는 사람을 밑에서 받쳐 주는 사람이다. 업히는 사람보다 여러 면에서 건강하고, "하나님의 가장 귀한 선물"인 "온기"(메리 올리버)도 훨씬 푼푼한 사람이다. 하나님은 이처럼 바닥이 되어 세상을 따뜻하게 하는 사람을 높이신다. 바울 사도는 그것을 이렇게 표현한다. "그는 사람의 모양으로 나타나셔서, 자기를 낮추시고, 죽기까지 순종하셨으니, 곧 십자가에 죽기까지 하셨습니다. 그러므로 하나님께서는 그를 지극히 높이시고, 모든 이름 위에 뛰어난 이름을 그에게 주셨습니다"(빌 2:7-9). 예수님이 자기를 낮추시고 십자가에 죽기까지 하신 것, 이는 그분이 온 인류를 업어 주기 위해 바닥이 되신 것이 아니고 무엇이겠는가? 우리는 주님이 바닥이 되어 업어 주신 덕분에 지금 여기서 빛나는 존재로 살고 있다.

 삶이란 무엇일까? 우리가 누군가를 업어 주면서 지금도 계속되고 있는 하나님의 창조 활동에 이바지하는 것, 그것이 삶 아닐까? 우리가 이 세상에 있는 것은 스스로 돌볼 수 없는 이들을 보살피면서 동시에 나머지 세계의 돌봄을 받고, "형제자매 가운데 지극히 보잘것없는 사람 하나에게"(마 25:40) 무언가를 해주고, 그럼으로써 창조하시는 하나님의 참 생명이 그들 안에서 영광을 받게 하려는 것이다.

 한 시인은 자기 시의 출처를 다음과 같이 밝힌다.

 기실 내 시는
 저잣거리를 전전하는 탁발승의 언 발이며
 …

 인간사 연민의 서술이며
 거대 담론이나 혁명이나 초탈이 아닌
 …

 미주알고주알과 하찮음과 오지랖

바닥 중에서도

맨

밑바닥

— 손세실리아, 〈내 시의 출처〉 부분[1]

나는 그의 시에서 제자도의 출처를 본다. '밑바닥이 되어 업어 주기'야말로 그리스도를 따르는 삶, 곧 제자도의 출처다. '착한 행실'로 요약되는 업어 주기는 자신을 지속 가능한 세상, 지속 가능한 공동체에 꼭 필요한 존재로 여기는 제자가 마땅히 수행해야 할 의무다. 우리는 내남없이 남에게 베풀 만한 선물, 실행에 옮길 만한 자비를 어느 정도 가지고 있다. 예수님은 베풂과 자비의 실천을 위해 우리를 부르셨고, 그 부르심에 응답한 우리는 이미 '세상의 소금'이자 '세상의 빛'이다. 타자의 생명을 떠받쳐 삶의 맛을 북돋우고, 타자의 생명을 환히 밝혀 따스하게 해줌으로써 하나님께 영광을 안겨 드리는 세상의 소금이자 빛.

14

신비가의 길과
예언자의 길

예수님은 세상에 이르는 길로서 고심하며 찾아낸 자신만의 고유한 일들, 곧 가·포·눈·눌(가난한 사람들, 포로 된 사람들, 눌린 사람들, 눈먼 사람들, 눅 4:18)을 업어 주며 세상의 가장자리를 신적 중심으로 만드는 일을 잠시 내려놓고 산에 올라가셔서 기도에 전념하셨다. 바로 그때 제자들이 보는 앞에서 그분의 모습이 변하기 시작했다. 예수님의 얼굴이 해처럼 빛나고, 옷은 빛처럼 희게 되었으며, 시내산에서 하나님의 뒷모습을 본 모세와 호렙산에서 하나님의 세미한 음성을 들은 엘리야까지 나타나 예수님과 대화를 하고 있었다. 율법과 예언이 예수님을 존중하고 있었다. 구약성서와 신약성서가 변모의 빛 속에서 만나 말을 나누고 있었다. 이는 예수님이 하나님의 현존 속에 푹 잠겨 계심을, 예수님이 하나님을 등에 업고 계심을, 하나님이 예수님과 함께하고 계심을 드러내는 생생한 표지였다.

그 신비가 어찌나 놀랍고 매혹적이던지, 그것을 목격한 베드로는 도저히 잠자코 있을 수 없었다. 그래서 예수님께 말한다. "선생님, 우리가 여기에 있는 것이 좋습니다"(마 17:4). 이는 시편 작가의 권고대로 주님의 선하심을 맛보아 알게 된 사람의 고백이라고 할 수 있다. "너희 입을 벌려 맛보고, 너희 눈을 활짝 떠서 보아라. 하나님이 얼마나 좋은 분이신지"(시 34:8, 메시지). 그 매혹적 신비mysterium fascinans가 어찌나 감미로웠던지, 토머스 머튼은 이렇게 표현한다. "오, 하나님, 제가 관상 중에 당신과 함께 있는 동안, 저를 당신한테서 떼어 놓지 말아 주소서."[1]

곧이어 베드로는 예수님께 말한다. "원하시면, 제가 여기에다가 초막을 셋 지어서, 하나에는 선생님을, 하나에는 모세를, 하나에는 엘리야를 모시도록 하겠습니다"(마 17:4). 매혹적 신비 속에 영원토록 안주하고 싶다는, 하나님의 현존 속에 영원토록 머물고 싶다는, 영원히 신비가로만 남고 싶다는 바람의 표현이었다. 하지만 그것은 신비가의 길과 예언자의 길을 대립시키는 것이어서 하나님의 뜻과는 거리가 먼 바람이었다. 우리가 하나님의 현존 속에 푹 잠겨 신비가의 길을 걷는 이유는 하나님을 등에 업고 예언자의 길을 걸으려는 것이다.

그러면 예언자의 길이란 무엇일까? 세계에 이르는 길, 사회 참여, 현실 참여, 그것이 곧 예언자의 길이다. 예언자의 길은 인간의 마을로 이어진 길이다. 윤동주 시인의 시가 생각난다.

내를 건너서 숲으로

고개를 넘어서 마을로

어제도 가고 오늘도 갈
나의 길 새로운 길

민들레가 피고 까치가 날고
아가씨가 지나고 바람이 일고

나의 길은 언제나 새로운 길
오늘도 …… 내일도 ……

내를 건너서 숲으로
고개를 넘어서 마을로

— 〈새로운 길〉 전문[2]

    하나님의 현존 속에 푹 잠기는 경험을 하면서도, 그것을 사회 참여를 통해 입증하지 않는다면, 신비가의 길은 활동적인 사랑이 되기는커녕 오히려 영혼의 연애 기술에 그치고 말 뿐이다. 다들 마리아처럼 신비 경험만 고집하고 섬김과 봉사 활동에 나서지 않는다면, 누가 손님과 나그네와 고아와 과부를, 이른바 사회적 약자를 접대하고 돌보겠는가? 섬김과 봉사의 전범인 마르다도 당연히 있어야 하지 않겠는가? 하나님의 현존 속에 잠겨 있기만 해서도 안 되고, 섬김과 봉사라는 바깥일에만 매달려서도 안 된다. 방법은 하나밖에 없다. 그 둘을 아우르며 살아가는 것이다. 저마다 신비가이면서 동시에 예언자가 되고 마리아이면서 동시에 마르다가 되는 것이다.

15

거룩함은

'옆'과 '곁'에 있다

하나님은 레위기에서 "너희의 하나님인 나 주가 거룩하니, 너희도 거룩해야 한다"(레 19:2)라고 말씀하신다. 이는 하나님이 우리에게 그분과 같아지기를 요구하신 것이라고 할 수 있다. 자녀가 부모를 닮듯이, 우리가 하나님을 닮는 것은 지극히 당연한 일이다. 마이스터 엑카르트는 "무엇이 하나님을 찬미하는가?"라는 물음을 던진 뒤 이렇게 대답한다. "같은 것이 하나님을 찬미한다. 영혼 안에 있는 것 가운데 하나님과 같은 것은 무엇이나 하나님을 찬미한다. 하나님과 같지 않은 것은 하나님을 찬미하지 않는다."[1] 하나님이 우리에게 거룩함을 요구하시는 이유는, 우리가 하나님과 같아지기를 바라시기 때문이다. 그런 점에서 바울 사도는 이렇게 말한다. "그러므로 여러분은 … 하나님을 본받는 사람이 되십시오"(엡 5:1).

거룩하게 되려면 어찌해야 하는가? 도대체 거룩함이란 무엇인가? '거룩함'으로 번역되는 히브리 단어 '코데쉬קדש'는 원래 '절단'(끊어 냄, 잘라 냄) 혹은 '분리'를 의미한다. 세속적인 것들로부터 완전히 구별된 것, 세속적인 것들을 완전히 끊어 낸 것이 곧 거룩함이다. 그래서일까? 속된 것이 조금도 들러붙지 않은 것, 먼지와 땀과 눈물로 얼룩진 이웃을 멀리한 채 홀로 청청靑靑한 것을 거룩함으로 여기는 사람들이 많다. 그들은 대개 자신들의 거룩함을 유지한답시고 비속한 세상사를 멀리하거나 사람과 이웃을 멀리하는 자세를 취한다. 틈을 만들고 사이를 벌리고 곁을 멀리 밀어냄으로써만 거룩한 사람이 될 수 있다는 것이다. 신약성서에 등장하는 사람들 중에도 그런 자들이 있었다. 바리새파 사람들이다. 그들은 자신들만이 율법을 엄수하므로 거룩함도 자신들의 전유물이라고 주장하면서 그렇지 못한 사람들을 곧잘 정죄하곤 했다. '위'만 바라보면서 '옆'은 안중에도 두지 않고, 이웃과의 사이를 벌리고, '곁'을 멀리 밀어낸 것이다.

과연 옆을 도외시한 채 위만 바라보는 것, 틈을 만들고 사이를 벌리며 곁을 멀리 밀어내는 것이 거룩함일까? 하나님은 그런 오해를 불식하기 위해 거룩함을 옆 내지 곁과 연결하신다. "다만 너는 너의 이웃을 네 몸처럼 사랑하여라"(레 19:18). 이는 이웃 사랑이 곧 거룩함이라는 뜻이다. 하나님은 우리가 옆은 아랑곳하지 않고 위만 바라볼까 봐 옆과 곁을 제시하신다. "너희는 거룩함이 오로지 위와 관계가 있다고 생각하지만, 사실 거룩함은 옆과 관계있어. 거룩한 사람이 되려면 너희 마음과 눈과 손과 발을 옆과 곁으로 돌려야 해."

이병일 시인은 〈옆구리의 발견〉이라는 시에서 "살아간다는 것은 옆구리의 비명을 엿듣는 일 … 옆구리는 환하고 낯선 하나의 세계"[2]라고 노래한다. 하나님은 옆구리, 곧 "환하고 낯선 … 세계"로 우리를 유인하신다. 우리는 그분의 유인을 따라 그 세계로 다가가야 한다. 그 세계는 누군가의 곁으로 다가가 따스한 곁이 되어 주는 조화와 상생의 공간이다. 또한 그 세계는 우리가 우주 안에서 외톨이가 아님을 확인할 수 있는 공간이다. 우리는 섬이 아니고[3] 잠든 상태도 아니다. 우리는 하나님이 우리를 유인해 가시는 옆구리에서 고귀하고 감미로운 접촉을 익히며 하나님 나라를 이 땅에 오게 하려고 힘써야 한다.

16

지구의

선한 이웃

온갖 생명의 둥우리인 지구는 지금 빈사 상태에 놓여 있다. '자비를 베푼 사마리아 사람'(눅 10:30-35)에 등장하는 강도 만난 사람처럼 인간들에게 온갖 것을 탈탈 털리고 폭행을 당해 거의 죽게 된 채 널브러져 있다. 자원은 한정되어 있는데도, 수요가 무한하니 생산과 성장도 무한해야 한다고 생각하는 팽창주의자들에게 끊임없이 착취를 당하다가 급기야 온몸이 상처투성이가 되고 말았다. "이 세계는 하나님의 몸"이라고 한 샐리 맥페이그Sallie McFague의 표현을 그대로 수용해서 말하면, 하나님의 몸은 지금 물질적인 복을 무한정 늘리려는 인간들 때문에 폭행을 당해 죽음 직전에 놓여 있다.

지구에 폭행을 가하는 것이 얼마나 큰 죄인지 아는가? 힐데가르트 폰 빙엔Hildegard von Bingen은 하나님의 몸인 지구를 황폐하게 하는 것을 가리켜 "가장 결정적인 죄"라고 부른다. 그러면서 이렇게 말한다. "지구는 어머니다. 지구는 자연적인 모든 것의 어머니, 인간적인 모든 것의 어머니, 만물의 어머니다."[1] 그러므로 지구에 상처를 입히는 행위, 지구를 빈사 상태에 이르게 하는 행위는 모친 살해 matricide 나 다름없다. 사람만의 편리와 만족을 위해 우주 착취를 가속화하고, 무한 성장이라는 허구적 신화를 앞세워 한정된 자원을 마구 파헤치는 것은 성스러운 하나님의 몸을 짓밟는 가장 결정적인 죄다. 인간 우월주의를 앞세워 인간과 만물의 평등을 깨고, 인간과 우주의 조화를 깨는 것은 자기중심적 태도를 버리지 못한 유아기적 행동에 지나지 않는다.

빈사 상태에 놓인 지구, 가쁜 숨을 몰아쉬며 신음하는 하나님의 몸은 지금 착한 사마리아 사람의 출현을 학수고대하고 있다. 죽어가는 하나님의 몸을 눈여겨보고, 함께 아파하며 치유책을 모색하는 사람, 만물이 상호 의존하고 있음을 깨닫고, 자신도 생명의 망상조직 網狀組織 을 구성하는 일부임을 인식하고, 군데군데 찢어지고 끊어진 생명의 그물을 깁고 수선할 줄 아는 사람을 애타게 기다리고 있다. 그런 사람은 구체적으로 어떤 사람인가? 한 시인은 상처 입은 하나님의 몸, 황폐해진 지구를 녹색 누비옷으로 감싸는 사람들을 보면서 "성스런 바느질"을 떠올린다.

… 이글거리는 뙤약볕 아래 검게 그을은 늙은 아낙네들이 두더지처럼 납죽 엎디어 있다. 겨우 10㎝쯤 될까 말까 한 어린 자작나무 묘목을 촘촘히 심고 있는 저 갈퀴손들은, … 지금 뻥 구멍 뚫린 지구를 꿰매고 있는 것이다. … 바늘 대신 쪽삽으로, 한

땀 한 땀 지구의 뚫린 구멍을 푸르게 푸르게 누비고 있는!

― 고진하, 〈성스런 바느질〉 부분 [2]

지구에 폭행을 가하기보다는 갈가리 찢긴 지구를 꿰매고 누비는 사람, 그가 이 지구의 선한 이웃이다. 우리는 상처투성이인 하나님의 몸, 이 초록별 정원 행성의 선한 이웃이 되어야 한다.

17

꽃 시간,

꽃자리!

현재를 충만히 살려면, 다시 말해 현존이라는 사명을 온전히 감당하려면 어찌해야 하는가? 코헬렛은 그 비결을 이렇게 소개한다.

이제 나는 깨닫는다. 기쁘게 사는 것, 살면서 좋은 일을 하는 것, 사람에게 이보다 더 좋은 것이 무엇이랴! 사람이 먹을 수 있고, 마실 수 있고, 하는 일에 만족을 누릴 수 있다면, 이것이야말로 하나님이 주신 은총이다(전 3:12-13).

기쁘게 사는 것도, 살면서 선행에 힘쓰는 것도, 먹는 것도, 마시는 것도, 자기 일에 만족을 누리는 것도 모두 다 과거에서 찾거나 미래로 미뤄 둘 일이 아니라 '지금' 할 일이다. 이 일들을 할 수 있는 시공은 '지금 여기'뿐이다. 지금 여기야말로 '하나님이 주신 은총'의 시공이다. 지금 여기야말로 다시없는 '꽃 시간'이자 '꽃자리'다. 우리가 이 꽃 시간에, 이 꽃자리에서 영위하는 것들, 곧 기쁨, 선행, 먹고 마시는 것, 하는 일에 만족하는 것은 모두 일회성일 수밖에 없다. 이 모든 일은 우리가 다른 시공에서 한다고 해도 똑같을 수 없다. 마이스터 엑카르트가 말한 대로, "모든 피조물에는 변화라는 낙인이 찍혀 있기" 때문이다.[1] 그래서 한 시인은 다음과 같이 노래한다.

> 두 번은 없다. 지금도 그렇고
> 앞으로도 그럴 것이다. 그러므로 우리는
> 아무런 연습 없이 태어나서
> 아무런 훈련 없이 죽는다.
>
> 우리가, 세상이란 이름의 학교에서
> 가장 바보 같은 학생일지라도
> 여름에도 겨울에도 낙제는 없는 법.
>
> 반복되는 하루는 단 한 번도 없다.
> 두 번의 똑같은 밤도 없고
> 두 번의 한결같은 입맞춤도 없고
> 두 번의 동일한 눈빛도 없다.
>
> — 비스와바 쉼보르스카, 〈두 번은 없다〉 부분[2]

이 꽃 시간에, 이 꽃자리에서 이루어지는 일은 언제나 일회성이다. 그런 까닭에 그 일은 언제나 새롭고, 언제나 특별하고, 언제나 경이로우며, 언제나 은총이다. 두 번은 없다. 언제나 한 번뿐이다. 그러니 때와 장소가 어떠하건 간에 당장 마주하는 지금 여기를 꽃 시간과 꽃자리로 여겨 '현존'에 힘써야 한다. 지금 여기를 신적인 분만이 이루어지는 시공으로 여길 때, 비로소 과거가 빛을 발하고 미래도 충실해질 수 있다. 나는 기도한다. "하나님, 지금 여기로 방문하시고, 지금 여기에서 탄생하시는 하나님을 제가 기쁨으로 영접하게 해주십시오. 그리하여 하나님이 선물로 허락하신 충만한 삶을 온새미로 영위하게 해주십시오."

18

거물주의의 유혹

사탄이 광야에서 예수님에게 제시한 세 가지 시험을 하나로 압축한다면 아마도 거물주의의 유혹이 아닐까 싶다. 작은 것을 깔아보고, 큰 것, 높은 것을 숭상하고 기어이 손에 넣으려고 하는 것이 거물주의다. 하지만 하나님은 크고 높은 것을 추구하는 사람들에게 이렇게 말씀하신다. "네가 이제 큰일을 찾고 있느냐? 그만두어라"(렘 45:5). 하나님은 바울 사도가 말한 대로 "지혜 있는 자들을 부끄럽게 하시려고 세상의 어리석은 것들을 택하셨으며, 강한 것들을 부끄럽게 하시려고 세상의 약한 것들을 택하"신 분이다(고전 1:27).

정채봉 동화 작가의 성장소설 《초승달과 밤배》에서 주인공 난나와 누이동생 옥이가 주고받는 대화 한 대목이 생각난다. 난나는 성장통을 앓고 있는 소년이고, 곱사등이 옥이는 동네의 공소에 열심히 다니는 꼬마 소녀다.

"오빠, 저기 저 고드름 참 이쁘지?" "어디?" "오빠 눈에는 안 보여?" "응." "오빤 바보다. 이만큼, 내 키만큼 허리를 낮춰 봐." 난나는 허리를 꾸부렸다. 옥이의 어깨높이에서 석류나무 가지 사이로 내다보았다. 그러자 마당 귀퉁이의 무 구덩이를 덮어 둔 짚 이엉이 보였다. 아, 지푸라기. 그 가장자리에서 아침 햇빛을 튀기고 있는 가는 고드름. "오빠, 키가 크면 건물 간판이나 지붕만 보이지?" "그래, 그런 것이 잘 보인다." "오빠, 나처럼 키가 작으면 이쁜 것들이 보인다. 개미도 보이고, 아기 거미도 보인다. 이끼도 보이고, 불티도 보이고." "알았어, 그만해." "오빠, 그러니까 크지 말고 살아." "날더러 그럼 난쟁이가 되란 말이야!" 난나의 꽥 소리에 토끼장 속의 토끼가 놀라서 뛰었다. 옥이의 얼굴빛이 하얘졌다. "아니여, 오빠. 오빠 키가 크는 것이 나도 좋아. 나는 오빠, 오빠가 작은 것들을 잊지 말라고 한 말이야." "작은 것들을 왜 생각해? 큰 것들이 위대한 거야." "작은 것들은 착한걸." "아니야, 큰 것들이 좋아. 나는 고래가 좋고, 군함이 좋아. 빌딩이 좋고, 거인이 좋아." "오빠와 나는 반대다. 나는 작은 것이 좋다. 눈송이가 좋고, 피라미가 좋아. 돛단배가 좋고, 초가집이 좋아. 냉이꽃이 좋고, 아기가 좋아." … "큰 것한테 작은 것들은 못 당해. 열 번 싸우면 열 번 다 질 거야." "그래도 작은 것들은 예수님 편인걸."[1]

작은 것을 귀히 여기는 옥이의 마음씨가 참 깊다. 그렇다. 작은 것들은 예수님 편이고, 예수님은 작은 것들 편이다.

이사야의 예언대로 "상한 갈대를 꺾지 않으며, 꺼져 가는 등불을 끄지"(사 42:3) 않으시는 예수님은 광야 시험의 관문을 거침없이 통과하셨다. 예수님은 광야에서 지내는 동안 자신의 심장박동을 철두철미 하나님의 심장박동에 맞추셨고, 공생애 기간에도 내내 그러셨다. 예수님은 사탄의 시험을 받을 때마다 말씀에 자신을 조율하셨다. 거물이 되어야 한다는 사탄의 논리에 순치되지 않으시고, 오로지 하나님과 말씀에만 수긋이 응종하셨다.

사순절 초입이다. 사순절은 조율의 시기다. 거물주의에 맞춰져 있던 우리 마음과 삶의 초점을 주님의 가르침과 삶에 맞추는 절기다. 우리의 내적 상태와 외적 현실이 광야처럼 느껴질 때 그 광야를 외면하지 말고, 오히려 그 속에서 말씀을 더 굳게 붙잡고, 하나님과 더 깊이 친교를 다지며 주님을 뒤따라가는 우리가 되었으면 좋겠다.

19

하나님 안에 있다

바울 사도는 우리의 삶터가 어떤 곳인지를 확신에 찬 어조로 말한다. "우리는 하나님 안에서 살고 움직이고 존재하고 있습니다"(행 17:28). 수많은 사람이 꽃자리를 찾아 나선다. 하지만 사실 꽃자리는 다른 어딘가에 있는 게 아니다. 꽃자리는 다름 아닌 하나님 안이다. 하나님 안이야말로 우리의 진정한 삶터다. 구상 시인의 시 〈偶吟 2章〉이 생각난다.

반갑고 고맙고 기쁘다
앉은 자리가 꽃자리니라
네가 시방 가시방석처럼 여기는
너의 앉은 자리가 바로 꽃자리니라

……

우리는 저마다
스스로의 굴레에서 벗어났을 때
그제사 세상이 바로 보이고
삶의 보람과 기쁨을 맛본다

앉은 자리가 꽃자리니라
네가 시방 가시방석처럼 여기는
너의 앉은 자리가 바로 꽃자리니라.[1]

자신의 굴레에서 벗어나 자신이 하나님 안에 있음을 깨달을 때, 자신의 앉은 자리가 꽃자리라는 인식, 곧 '여기가 거기!'라는 튼실하고 알찬 인식이 싹튼다.

우리 교회 옆 바다에서 자맥질하는 숭어들을 유심히 보며 그들이 하는 말을 귀여겨듣는다. "우리는 목말라하지 않아요. 물 만난 물고기니까요. 그래서 이렇게 기뻐 뛰지요. 그대의 삶터는 다름 아닌 하나님 안이고, 그대의 영혼은 하나님이 깃드시는 보금자리예요. 우리는 바깥을 두리번거리지 않아요. 은총의 우물 안에서 은혜의 생수를 마시고 있거든요."

예수님은 하나님 안을 생생히 인식하며 사신 분이다. 대제사장의 기도로 통하는 요한복음 17장에서 예수님은 다음과 같이 기도하신다. "아버지, 아버지께서 내 안에 계시고, 내가 아버지 안에 있는 것과 같이, 그들도 하나가 되어서 우리 안에 있게 하여 주십시오"(요 17:21). 하나님 안의 인식을 끊임없이 갈무리하셨기에 그분은 다음과도 같이 말씀하신다. "내 안에 머물러 있어라. 그러면 나도 너희 안에 머물러 있겠다. … 나는 포도나무요, 너희는 가지다. 사람이 내 안에 머물러 있고, 내가 그 사람 안에 머물러 있으면, 그는 많은 열매를 맺는다. 너희는 나를 떠나서는 아무 것도 할 수 없다"(요 15:4-5). 이처럼 하나님 안을 인식하고, 하나님 안에 머물고자 힘쓴 사람들은 비슷한 목소리를 낸다.

"무지한 자들이 상상하는 것과 달리 하나님은 만물을 자기에게서 동떨어지게 창조하시지 않았다. 오히려 만물은 밖으로 흐르되 하나님 안에 머문다"(마이스터 엑카르트), "내가 영적으로 깨달음을 얻은 날은, 만물이 하나님 안에 있고 하나님이 만물 안에 계심을 보았던 때다"(메히틸트 폰 마그데부르크), "하나님은 그대를 껴안으신다. 그대는 신비로운 하나님의 팔에 감싸여 있다"(힐데가르트 폰 빙엔), "우리는 하나님 안에 있고, 우리가 보지 못하는 하나님은 우리 안에 계신다"(노리치의 줄리안).

만물 가운데 하나님의 품에 깃들이지 않은 건 하나도 없음을, 만물 가운데 하나님이 깃들이시지 않은 건 하나도 없음을 깨닫고, 우리가 하나님 품 안에 있고 하나님이 우리 안에 계심을 깨달을 때만, 우리는 목마른 삶에서 시원한 생수를 길어 올리는 삶으로 나아갈 수 있다.

20

광야가

있어야 한다

예수님은 내면의 북소리 "이는 내가 사랑하는 아들이다. 내가 그를 좋아한다"(마 3:17)를 듣는 가슴 벅찬 순간을 경험하신 뒤 광야로 가셔서 시험을 받으셨다. 광야 시험은 예수님이 공생애를 본격적으로 시작하시기 전에 필수적으로 통과해야 하는 관문이었다. 마태복음 4장 1절은 이렇게 표현한다. "예수께서 성령에 이끌려 광야로 가셨"다.

도대체 광야란 어떤 곳이기에 성령이 예수님을 그리로 이끄셨을까? 광야는 풀 한 포기, 나무 한 그루 제대로 살 수 없는 드넓은 사막이다. 사람들이 쓸모없다고 생각하여 좀처럼 찾지 않는 곳이 광야다. 우리의 의지대로, 우리의 뜻대로 할 수 있는 게 하나도 없는 곳이 광야다. 이 세상의 가치관과 지배 체제의 눈길이 조금도 거들떠보지 않는 곳이 광야다. 광야는 인간의 양양한 성공과 벅찬 성취가 조금도 힘을 떨치지 못하는 곳이다. 돈과 명예와 권력이 일절 맥을 추지 못하는 곳, 인간의 절망이 가득 도사린 곳, 그곳이 바로 광야다. 이 세상에는 눈에 보이는 물리적 광야만 있는 게 아니다. 눈에 보이지 않는 내적 광야도 있다. 그 광야는 다름 아닌 마음이다. 황폐하고 삭막하고 건조한 마음, 폐허처럼 상처와 절망이 깊숙이 도사린 마음, 낙담과 눈물과 한숨이 자리한 마음, 그래서 고독하기 그지없는 마음, 그곳도 우리가 탐험해야 할 엄연한 광야다.

밖이든 안이든 인간의 절망이 자리한 곳이지만, 광야는 신적인 희망이 솟구치는 곳, 하나님의 그윽한 눈길이 머무는 곳이기도 하다. 그곳은 하나님과 하나 되는 삶이 시작되는 곳이다. 하나님이 우리를 광야로 이끄시는 이유는 거기서 이루어진 합일의 재미가 쏠쏠했기 때문이다. 그 재미가 어찌나 쏠쏠했던지 하나님은 과거를 회고하시면서 이렇게 말씀하신다.

나 주가 말한다. 네가 젊은 시절에 얼마나 나에게 성실하였는지, 네가 신부 시절에 얼마나 나를 사랑하였는지, 저 광야에서, 씨 뿌리지 못하는 저 땅에서, 네가 나를 어떻게 따랐는지, 내가 잘 기억하고 있다(예레미야 2:2).

하나님은 광야에서 우리와 더불어 합일의 삶을 시작하고, 인간의 꿈과 희망이 무너진 곳에서 우리와 함께 당신의 꿈과 당신의 희망을 일으켜 세우고 싶어 하신다. 광야는 토마스 머튼이 말한 대로 "인간의 위안이 존재하지 않고, 인간이 세운 도시의 안전한 일상사들이 더는 지지를 얻지 못하고, 오로지 기도만이 신앙의 순수성 속에서 하나님께 지지를 받는" 곳이다.[1] 그러니 우리는 하나님과 깊은 친교를 다지기 위해 광야의 깊숙한 곳으로 들어갈 수 있어야 한다. 우리 각자에게는 하나님만이 고요하게 지지를 받으시는 곳, 할렐루야만이 고요하게 울려 퍼지는 광야가 있어야 한다.

21

대지가 찾는 사람

요즘은 시골의 농로, 시골집 마당도 다 시멘트 콘크리트로 포장하는 추세다. 내가 사는 마을만 해도 마당을 포장하지 않은 집이 거의 없다. 포장하지 않은 시골길을 걸을 기회가 거의 없다. 날이 갈수록 대지에서 헐거움과 틈이 사라지고, 멀쩡한 나무들이 잘려 나가고, 야트막한 아스팔트와 딱딱한 시멘트 콘크리트의 영역이 자꾸만 넓어지는 것 같아 여간 안타까운 게 아니다. 또한 소독되는 땅, 살균되는 땅, 중독되는 땅은 얼마나 많던가? 헐겁고 틈이 많아 뭇 생명의 보금자리던 대지에 막대한 양의 농약이 살포되고, 치명적인 중금속과 지독한 산성비가 스며들고 있다. 농약에 의지해서만 작물을 자라게 하는 대지를 볼 때마다 나는 깊이를 잃어가고 있는 인간 정신을 본다. 깊고 아득한 흙냄새를 잃어버린 채 아스팔트와 콘크리트 바닥만 밟고 다니는 사람의 마음이 모질고 각박해지는 것은 당연한 노릇인지도 모른다.

창세기는 대지의 가슴팍에 창조주 하나님의 감탄사, "참 좋구나!"라는 말이 새겨져 있다고 말한다.

> 하나님께서 "하늘 아래 있는 물이 한 곳으로 모여, 마른 땅이 드러나라!" 하시자 그대로 되었다. 하나님께서는 마른 땅을 뭍이라, 물이 모인 곳을 바다라 부르셨다. 하나님께서 보시니 참 좋았다(창 1:9-10, 공동번역).

이런 의미에서 본다면, 오늘날 지구 곳곳에서 진행되는 대지의 수난은 창조주 하나님의 수난이 아닐는지?

이렇게 대지가 수난을 겪게 된 것은 사람이 풍경이 되기를 거부한 탓이 아닐까 싶다. 풍경에서 똑 떨어져 나와 인위人為의 손길이 스쳐 간 대지마다 창조주의 신성이 벗겨지고, 아름다운 향기가 사라지고, 미생물들이 사라지고, 지렁이가 사라지고, 메뚜기가 사라지고, 개구리가 사라지고, 초록빛 숲이 사라지고, 아무개가 사라지고 사라진다.

틈이 사라진 땅, 헐거움을 빼앗긴 대지는 인간에게 더 이상 여백 같은 삶, 품 너른 삶을 주지 않는다. 소독되고 살균된 땅이 사람 살기에는 편리할지 몰라도 생명이 북적거리는 곳이 될 수는 없다. 인간이 대지 위에 인공의 단단한 구조물, 야트막한 아스팔트 문명을 세울 수 있을지는 몰라도, 부드럽고 아득한 흙냄새, 깊고 깊은 생명의 원천을 얻을 수는 없을 것이다. 대지가 풍경이 되기를 거부한 사람을 아늑하게 품어 주지 않는 까닭이다.

유럽의 녹색 운동가들이 생태계의 수호성인으로 떠받드는 힐데가르트 폰 빙엔은 대지와 창조 세계에 각별한 사랑과 관심을 기울였던 창조 영성가다. 그녀는 대지를 거스르고 파괴하는 죄야 말로 가장 궁극적인 죄라고 말한다. 대지에 상처를 입히고, 대지를 파괴하는 행위는 모친살해나 다름없다. 그것은 인간을 포함한 모든 생명을 파괴하는 행위이기 때문이다. 우리 시대는 그것을 가리켜 생태학적인 죄라고 부른다.

대지를 복원하는 일, 헐겁고 탄력 넘치고 틈이 많아 뭇 생명이 깃들이도록 놓아두는 일, 흙에서 생명의 냄새가 물씬 나게 하는 일, 새가 날아들고 들짐승들이 산책하도록 대지를 헐겁게 만드는 일, 대지의 깊은 곳에 신성神性이 깃들이게 하는 일은 농약과 중금속, 단단한 시멘트와 아스팔트, 섬뜩한 쇳덩이를 들이대는 것으로는 불가능하고, 사람이 맨발로 대지 한가운데로 들어가 대지의 온기에 몸을 맡기고, 대지와 어우러질 때에라야 가능한 일이다.

여기 대지 위에 풍경으로 섰던 사람이 있다. 성 프란체스코가 바로 그이다. 그는 대지를 가족의 일부처럼 느꼈던 분이다. 그는 〈태양 형제의 노래〉에서 대지를 우리의 누이, 우리의 어머니라고 부른다.

나의 주님, 우리의 누나요 어미인 대지의 찬미를 받으소서. 대지는 자신의 주권으로 우리를 먹이고, 울긋불긋한 꽃들과 풀들과 여러 가지의 과일을 낳아 줍니다.[1]

그는 대지의 품에 깃들인 만물과 대화를 나누고 그들을 대상으로 설교할 만큼 대지와 친밀하였다. 프란체스코의 임종 장면은 대지에 붙박여 풍경이 된 한 사람의 모습을 보여 준다. 그는 임종의 자리에서 자신을 알몸으로 맨땅에 눕혀 달라고 유언할 만큼 대지를 사랑하였다. 말하자면 그는 인위의 옷을 벗고 알몸으로 "우리의 누나요 어미인 대지"로 되돌아가 풍경의 한 부분이 되고자 한 것이다. 대지 한가운데로 들어가 풍경이 되었을 때, 그의 마음에는 만물을 품을 수 있는 여백이 자리하게 되었고, 만물을 통하여 하나님을 찬미할 여유를 얻을 수 있었던 것이다.

대지는 우리 몸의 구성 요소이자 성육신의 구성 요소이며 온갖 생명의 둥우리다. 또한 우리는 대지에 안겨 대지의 젖을 빠는 대지의 자녀들이다. 우리가 편리를 위해 대지를 소독하고 살균하는 자세를 버리고, 겸허하게 대지의 틈바구니로 들어갈 때, 우리네 삶은 만물이 자리할 여백과 하나님을 바라볼 여유로 충만해질 것이다. 더할 나위 없이 품이 넓은 대지 한가운데로 들어가 그저 대지의 온기에 온몸을 맡기는 사람은, 흙냄새에 취하고 새소리와 물소리에 빠져들고 나무 사이로 부는 바람을 들이마시게 될 것이다. 그럴 때 대지는 비로소 우리의 어머니가 되어 귀한 자양분을 내어 줄 것이고 우리의 참된 성숙을 도울 것이다.

대지의 사람 엠페도클레스를 떠올린다. 그는 불꽃을 뿜는 대지 한가운데로, 곧 에트나 활화산의 분화구로 뛰어들어 산화할 정도로 대지를 사랑한 사람이다. 대지는 지금 엠페도클레스처럼 자신을 성실히 사랑해 주고, 자신의 수수께끼를 무시하지 않을 사람을 찾고 있다.

    나는 저 엄숙하고 괴로워하는 대지에
    숨김없이 내 마음을 바쳤다.
    그리고 흔히 성스러운 밤이면,
    대지가 진 숙명의 무거운 짐과 더불어,
    죽는 날까지 대지를 성실히 사랑할 것과,
    또 대지의 어떠한 수수께끼도 무시하지 않을 것을
    대지를 향하여 맹세했다.
    그리하여 나는 죽음의 끈으로 대지와 맺어졌다.

    — 프리드리히 휠덜린 Friedrich Hölderlin, 〈엠페도클레스의 죽음〉 부분[1]

22

아름다운 순간에 대한 기억

　짊어진 짐이 얼마나 무겁든지, 어떤 눈으로 인생을 마주하건 간에 삶에는 우리가 애써 갈무리하면 결단코 사라지지 않고 남아서 끊임없이 우리네 기쁨의 원천이 되어 주고, 우리를 북돋우어 온갖 어려움을 돌파하게 해주는 것들이 있다. 나는 그중에서 아름다움과 아름다운 순간에 대한 기억을 으뜸으로 꼽고 싶다.

　아름다움과 그 순간에 대한 기억이 사라지는 순간, 우리 내면은 풀 한 포기 자라지 않는 황무지가 되고 만다. 잘 갈무리한 아름다움과 그 순간에 대한 기억은 정원사와 같다. 우리 내면에 희망의 씨를 산포散布하기 때문이다. 아름다움은 아이처럼 무구하고 순수하던 때를 떠올리게 한다. 또한 우리가 지금 여기라는 시공을 원하건 원하지 않건 간에, 우리가 성장하는 동안 아름다움이 자리를 잡고서 우리가 보지 못하는 방식으로 기어이 꽃을 피울 것임을 일깨운다.

그러한 아름다움은 구매하거나 일구거나 붙잡거나 사재기 할 수 있는 아름다움이 아니다. 그것은 우리를 일깨워 우리가 놀랍도록 경이로운 초록별 정원에서 살고 있으며, 그 정원은 파괴와 착취의 대상이 아니라 성실한 그느름의 대상임을 깨닫게 한다. 아름다움은 창조주 하나님의 놀라운 창조성을 표출하는 것을 목적으로 삼는다. 마이스터 엑카르트는 말한다. "피조물의 아름다움에 놀라고, 그들을 지으신 창조주의 아름다운 섭리를 찬양한다면, … 이것이야말로 구원일 것입니다."[1] 또한 아름다움은 우리가 자각하건 않건 간에 우리를 일깨워, 아름다움을 창출하는 능력이 우리 내면에 자리하고 있음을 깨닫게 한다. 그 능력은 아름다움의 알짬이신 창조주가 부여해 주신 최고의 능력이다.

자연스러운 웃음이 한순간을 풍부한 순간, 기억에 남는 순간으로 만들듯, 아름다운 것을 마주했던 찰나에 대한 기억은 그 순간이 지난 뒤에도 오래도록 잔영으로 남아서 아무리 괴로운 날이 많아도 인생은 아름다움이 피어날 꽃밭임을 일깨운다. 그런 기억은 인생의 심층에는 본질적으로 선이 자리하고 있음을 일깨운다. 우리가 탐심이나 미움이나 분노나 이기심에 사로잡혀 짓눌러 버린 모든 순간을 구원할 선이.

우리에게 필요한 것은 경탄과 찬양이다. 아름다운 것을 보고 놀라며, 그것을 지으신 창조주를 노래하는 것이다. 경탄과 찬양은 그러한 순간들을 증폭한다. 그 순간들은 우주의 고동鼓動과 같다. 우리의 가슴을 뛰게 하고, 우리의 생을 생생하게 해주는 것은 그런 순간들이다. 사람이든 사물이든 상황이든 간에, 주위의 온갖 것이 우리를 절망에 빠뜨리려고 할 때 우리를 희망 안에 들여앉히는 것도 그런 순간들이다. 그런 순간들은 오늘 우리의 행로가 어떠하건 간에, 우리가 일단 아름다움을 맛보았으니 그것을 다시 찾아낼 수 있다고 말한다.

23

하나님의 은혜로운 그물 속

돌산도에는 해맞이 명소가 몇 군데 있다. 향일암, 무슬목, 우리 동네 계동의 등대 주변 등. 며칠 전부터 '향일암 일출제,' '무슬목 일출제'를 알리는 현수막을 보았고, 일출제에 참여하려는 차량이 꼬리에 꼬리를 물고 가는 모습도 보았다. 해돋이 명소를 향해 장사진을 친 차량 행렬을 보면서 이런 생각을 했다. '저렇게 장사진을 이룬 차량 행렬은 덧없이 흐르는 시간의 물결에 빗금을 긋고, 그 빗금을 새로운 삶의 출발점으로 삼기 위함이 아닐까?' 그저 무심히 흐를 뿐인 시간의 한 지점에 성스러운 의미를 부여하고, 그 의미심장한 시점에 해맞이를 하려고 내달리는 차량의 모습이 마치 순례 행렬처럼 보였다. 어쩌면 그 순례 끝에 이루어지는 해맞이는 종교 의식에 닿아 있는 것인지도 모른다. 새해 새 아침에 바다를 박차고 떠올라 '금가루 흩뿌리는' 해를 마주하면서 복된 삶을 살겠다고 다짐하는 것이니.

정월 초하룻날 새벽에 우리 마을 등대에서 해돋이를 지켜보았다. 그러면서 말라기 예언자가 말했던 "의로운 해가" 내 마음속에 "떠올라서"(말 4:2) 은총과 치유의 광선을 발하는 것을 느꼈다. 장하게 떠오르는 태양을 마주하며 간절한 바람을 하얀 입김에 담아 향처럼 피워 올린 사람들의 기도가 성취되기를 바라면서, 나 역시 내 마음속 의의 태양을 향해 소원을 아뢰었다. '덧없는 시간에 매여 낡고 늙고 바스러지고 흐슬부슬해지는 것이 아니라, 인생과 우주에 대한 통찰과 비전을 끊임없이 새롭게 갈무리하며 존재의 환희, 살아 있음의 황홀, 정지된 시간 경험에 활짝 열려서 살게 하소서.'

이 소원을 이루려면 만물이 창조주 하나님의 은혜로운 그물, 복스러운 그물 안에 들어 있음을 자각하며 살아야 하지 않을까 싶다. 성서는 하나님을 가리켜 그물을 던지시는 분이라고 말한다(호 7:12; 겔 12:13). 우리는 피조물로 가득한 그물 속에 자리하고 있다. 하나님은 대양이시고 우리는 그 속에서 자맥질하는 신성한 아이들이다. 이 사실을 의식하고 마음의 갈피에서 놓치지 않을 때에만 우리는 모든 것 속에서 하나님을 알아보는 복된 삶, 환희와 기쁨이 넘치는 삶을 영위하게 될 것이다. 하나님의 그물 속에 자리하고 있음을 깨닫지 못한다면, 우리는 "하나님의 눈 밖에 난 죄인"처럼 덧없이 흘러가는 시간의 톱니바퀴에 짓눌려 "모아서 쌓는 수고"만 되풀이하는 죄스러운 삶에 빠지고 말 것이다. 그런 수고는 코헬렛이 말한 대로 "헛된 것, 바람을 잡으려는 것"(전 2:26 참고)에 지나지 않으며, 환희와 기쁨을 경험하는 것과는 거리가 먼 삶이다.

　우리가 하나님의 은혜로운 그물 속에 있음을 깨닫고, 그 깨달음을 간절히 붙잡는다면, 정지된 시간 경험, 존재의 환희, 살아 있음의 황홀을 맛보고, 숨 쉬는 순간마다 경이로움과 맞닥뜨리게 될 것이다. 정지된 시간 경험에 활짝 열려서 산다는 것은 외출 상태를 청산하는 것과 같다. 마이스터 엑카르트는 우리의 외출 상태를 이렇게 표현한다. "하나님은 우리 가까이 계시건만, 우리는 그분에게서 멀리 떨어져 있다. 하나님은 안에 계시건만, 우리는 밖에 있다. 하나님은 집에 계시건만, 우리는 외출 중이다."[1] 우리는 외출 상태를 청산하지 않으면 안 된다. 하나님이 줄곧 집에 계심을 깨닫고, 우리 역시 줄곧 집에 있었음을 자각하며 살아야겠다. 하나님은 우리의 생생한 자각을 거처로 삼으신다. 한 해 동안 하나님을 멀리 밀어낸 채 외출 상태로 살아갈 게 아니라 줄곧 집에 있었음을 깨닫고 "야, 신난다. 우리는 보잘것없어도 줄곧 집에 있었다"(노발리스)라고 노래하며 살아가는 것, 그것이 내가 올 한 해 동안 힘쓸 일이다.

24

자기에게

있는 것을 가지고

　　우리 문화가 사회 구성원들에게 제시하는 가르침은 다음과 같다. "큰 것이 작은 것보다 낫다. 강한 것이 약한 것보다 효과적이다. 평화를 이루기 위해 끊임없이 노력하기보다는 차라리 전쟁으로 굴복시키는 게 낫다. 거대 조직과 법인체와 초강대국 앞에서 개인은 무력하기 그지없다." 이러한 인생철학을 껴안은 결과, 우리는 거대 법인 조직의 신민이 되어 커다란 실수를 범하고 있다. 우리 사회는 마천루들을 수십 층 높이로 세우고, 소매점처럼 작은 건물, 우리네 일상생활 대부분이 이루어지는 소형 건물은 거들떠보지도 않는다. 현대 사회는 거대 군사 기구를 창설하여 자신이 얼마나 강한지, 자신이 얼마나 옳은지 증명해 보이려고 한다. 대개는 회담을 약한 것으로, 협상은 더 나쁜 것으로 여긴다. 사람들 대다수가 힘, 규모, 에너지, 양을 중시한다. 거대한 것과 수적 우위와 돈을 중요하게 여기고, 그렇지 못한 것은 불행한 것으로 여긴다.

　이처럼 거대화 경향이 주름잡는 세상에서 작은 것은 어느 정도의 힘을 지닐까? 우리 사회는 한 사람이 홀로 세계에 맞서 싸우는 것을 무가치하게 여긴다. 예컨대 길거리나 광장에서 홀로 피켓을 든 1인 시위를 우습게 여긴다. 그러다 보니 우리도 은연중 이런 생각을 품고 만다. "나는 무력해. 나는 영향력이 없어. 아무도 내 말에 귀 기울여 주지 않을 거야. 아무도 나처럼 생각하지 않을 거야. 아무도 관심을 보이지 않을 거야." 작은 일, 작은 힘이 효과를 발휘하리라고 생각하는 이는 거의 없고, 다들 거인들의 국가에서 작은 일에 힘쓰는 것을 애처로운 몸짓으로 여기는 것 같다.

　우리 사회의 병폐는 그동안 소년 다윗을 가소로운 인물로 여기고, 거인 골리앗을 성공한 삶의 기준으로 여겨 온 데 있다고 해도 과언이 아니다. 골리앗 같은 거인이 되려고 온갖 불법과 탈법을 저지르는 자도 적지 않다. 그런 거대화 경향에 매몰되면 거물들의 갑질이 당연시될 수밖에 없고, 그 결과 피해를 보는 쪽은 대개 작고 힘없는 약자일 수밖에 없다. 거대화 경향의 피해를 보지 않으려면 소년 다윗의 힘, 작은 한 사람의 힘을 새롭게 보는 눈을 떠야 한다.

　우리는 꼭 해야 할 일이 있을 때 그 일을 한 가지부터, 작은 것부터 하되, 자기에게 있는 것을 가지고 해야 한다. 소년 다윗은 골리앗이 욕보인 살아 계신 하나님을 위해 나서겠다고 마음먹는다. 하나님의 뜻, 하나님의 정의, 하나님의 자비를 거스르는 물결에 도도히 맞서겠다는 의지를 품은 것이다. 그러고는 남이 준 것(사울이 준 갑옷과 칼)이 아니라 자기에게 있는 것(무릿매 끈과 매끄러운 돌멩이 다섯 개)을 가지고 나서서 승리를 거둔다. 칼과 표창과 창 앞에서 무릿매 끈과 매끄러운 돌멩이는 무력하고 보잘것없어 보이지만, 자기에게 있는 것을 가지고 나서는 것, 이것이 대단히 중요하다. 우리 존재의 힘을 알리기 위해 우리가 할 수 있는 일은 늘 존재하게 마련이다. 꼭 해야 할 일이 효과가 있건 없건 간에, 자기에게 있는 것을 가지고 시도해 보는 것, 바로 그것이 차이를 만들어 낸다.

25

주인은

따로 있다

"우리는 하나님 안에서 살고, 움직이고, 존재하고 있습니다"(행 17:28). 우리는 하나님 안에서 존재를 얻은 사람들이다. 바울 사도는 이 사실을 다음과 같이 표현한다. "그분은 모든 사람에게 생명과 호흡과 모든 것을 주시는 분이십니다"(행 17:25). 이는 우리네 존재의 주인은 우리가 아니라는 뜻이다. 우리가 누리는 모든 것의 주인은 우리가 아니며, 우리는 다만 그 모든 것을 빌려서 받았을 뿐이다. 그렇다. 우리의 존재와 우리가 누리는 모든 것의 주인은 하나님이시다. 그래서 마이스터 엑카르트는 말한다.

자연이 주는 선물들과 은혜가 주는 선물들은 모두 우리에게 대여되어 주어진 것들입니다. 그 선물들의 소유권은 우리에게 있지 않고 하나님께 있습니다. … 마치 모든 것이 그대에게 대여되었다는 듯이 아무 소유권 없이 모든 것을 대하십시오. 그것이

몸이든 영혼이든 감각이든 힘이든 외적인 재산이든 명예이든 집이든 큰 방이든 어떠한 것이든 말입니다. 재산을 빌려 받는 대신 내가 지닌 재산을 소유하고자 한다면, 나는 주인이 되고 말기 때문입니다.[1]

물질의 획득과 축적에 골몰하고, 자기가 지닌 것의 주인 행세를 하는 것은 만물을 내신 하나님의 뜻에 합당한 삶이 아니다. 우리는 이 우주의 주인이 아니라 잠시 다녀가는 손님에 불과하기 때문이다. 하나님 안에서 존재를 얻은 사람으로서 우리가 지녀야 할 의식은 바울 사도가 말한 "나는 빚진 사람"(롬 1:14)이라는 의식이지 '내 것이야'라는 일그러진 의식이 아니다. 내 것이라는 의식이 고개를 드는 순간 독차지하려는 마음이 싹트고, 독차지獨食는 주위의 사물과 대상을 일그러뜨리며, 결국에는 자기마저 파괴하는 독식毒食이 되고 만다.

누구도 일그러뜨리지 않는 길, 가장 하찮은 것까지 숨을 헐떡이며 방금 도착한 선물이 되게 하는 길, 주위의 모든 것을 선물로 누리고 음미하는 길은 '나는 빚진 자'라는 의식을 늘 품는 것이다.

이 세상에 당연한 것은 없으며, 우리가 누리는 모든 것은 하나님께 빌려 받은 것임을 또렷이 의식하는 사람은 언제나 감사하는 마음과 사물을 그대로 두는 마음이 넘치게 마련이고, 자기에게 도착한 선물을 누군가와 통용하려는 마음이 두터워지게 마련이다. 그가 걷는 길은 우리가 너나없이 은총의 선물로 끈끈하게 이어진 동무임을 확인하고 기뻐하는 길이다.

흔히들 인생을 배에 비유하고, 그 여정을 항해에 비유한다. 그러면 인생이라는 배의 선장은 누구인가? 사람들은 대체로 자신을 인생호의 선장으로 자처하며, 그 배에 주님을 모시려 하지 않는다. 저마다 자기 인생의 개척자는 자기라고 여길 뿐, "사람이 마음으로 자기의 앞길을 계획하지만, 그 발걸음을 인도하시는 분은 주님"(잠 16:9)이심을 인정하려 하지 않는다. 그리스도인 중에도 인생이라는 배를 운전하면서 그 배에 주님이 계심을 알아채지 못하는 이들이 있다. 그래서 폭풍우를 만날 때마다 내적 고요를 잃어버리고 두려워 벌벌 떤다. 주님은 어떤 분인가? 제자들이 타고 있던 배가 거센 풍랑을 만나 배 안에 물이 들어차는데도 고물에서 베개를 베고 주무시고, "우리가 죽게 되었다"라는 제자들의 두려움 가득한 아우성을 듣고 일어나 바람을 꾸짖고 바다를 잠잠하게 하시며, 제자들에게 두려워하지 말고 믿기만 하라고 말씀하신 분이다(막 4:35-41). 우리 인생호의 진정한 선장은 주님이시지 우리가 아니다.

선박에는 밸러스트ballast를 싣는 탱크가 있다. 밸러스트의 사전적 정의는 "선체의 안정을 유지하기 위하여 배의 바닥에 싣는 석탄·돌·쇠 따위의 중량물"이다. 요즘은 주로 물이 그 중량물을 대신한다. 일명 평형수다. 선박이 변화무쌍한 바다 위에서 중심을 잃지 않고 안정적으로 항행하려면 반드시 적정량의 평형수가 있어야 한다. 그런데 이 평형수는 선박 상층부가 아니라 언제나 배의 바닥에 알맞게 채워져야 한다. 그래야 배가 전복되지 않고, 중심을 바로 잡아 거친 바다를 헤쳐 나갈 수 있다.

인생이라는 배에도 평형수가 필요하다. 인생호가 모진 세파를 헤쳐 나갈 때, 배의 중심을 잃지 않게 해주는 평형수, 그것은 다름 아닌 감사다. 감사야말로 우리가 인생호의 바닥에 항시 채우고 있어야 할 평형수다. 원망이나 불평이 삶의 밑절미가 되어서는 곤란하다. 우리 삶의 밑절미는 언제나 감사여야 한다. 인생 여정의 첫머리부터 끝머리까지 우리 생의 기저는 내내 감사여야 한다. "우리가 일생토록 바치는 기도가 '하나님, 감사합니다'라는 한마디뿐이어도 그것으로 충분하다".[2]

26

새날의 사람

"새들이 없는 집은 양념을 치지 않은 고기와도 같다"(하리반사).[1] 감사하게도 정원사는 봄·여름·가을·겨울 사시사철 거의 날마다 새소리와 함께 아침을 맞이한다. 새들이 '비밀의 정원' 여기저기서 새벽을 열고 아침을 깨우는 소리가 대단하다. 깊은 고요를 깨며 다가오는 소리에 정원의 꽃들도 더는 어쩌지 못하고 눈을 비비며 깨어난다. 정원사도 감긴 마음의 눈을 비비고 마음의 귀를 열어 날개 가진 천사들이 전하는 하나님의 의사를 말없이 우두커니 서서 새겨들으려 애쓴다. 이내 마음이 환해진다.

'하나님의 메시지는 하루 내내 방문객과 피조물 형제자매를 통해 다가올 것이고, 그 메시지에 귀 기울이는 재미는 영 오달지겠지?' 생각하니 쿵쿵 가슴이 뛴다. '나 역시 날개 없는 하나님의 메신저가 되어 누군가에게 메시지를 전하는 즐거움도 있겠구나' 생각하니 마음이 벅차오른다. 들풀 한 포기, 길가에 구르는 돌멩이, 구름 사이로 비쳐 드는 햇살, 장터의 시끌벅적한 활기, 개수대에서 덜그럭거리는 설거지 소리, 사람들 마음에 기름을 치고 웃음을 선사하는 유머 한 마디, 부산한 일터의 모습, 삶의 자리에서 이루어지는 모든 행위가 정녕 읽을 만한 책이라고 생각하니 마음이 사뭇 비장해진다. 하나님의 메시지를 헤아릴 줄 알고 마음의 청진기와 돋보기를 마련한 사람, 그런 사람을 내 삶터에서 만나게 될지도 모른다 생각하니 행동거지는 더욱 조심스러워지고, 혀는 한결 잠잠해진다. '나도 꼭 그런 사람이 되리라' 다짐하니 마음이 한없이 낮아진다.

자세히 오래 보고 듣고자 하는 의지를 품고, 눈과 귀를 활짝 열어 무시로 배달되는 하나님의 메시지를 감득하고, 저마다 자기 삶터를 읽을 만한 또 하나의 경전으로 여기고, 저마다 하나님의 메시지를 전하는 또 하나의 메신저가 되고, 매 순간 경이와 놀람, 기쁨과 감격을 맛보고 누리는 '새날의 사람'이 되도록 하나님은 날마다 우리에게 다가오신다. 새날의 사람! 어떤 사람인가? 시간을 남다르게 보고, 시간 속에서 하나님을 알아보는 사람! 그런 사람들은 대체로 이런 말을 한다. "모든 역사적 순간은 하나님과 직결되어 있다"(레오폴트 폰 랑케), "모든 순간은 하나님의 현묘한 도착이다"(아브라함 헤셸), "모든 찰나는 언제라도 메시아가 들어올 수 있는 조그만 문이다"(발터 벤야민).

모든 순간이 영원으로 통하는 문임을 알고, 매 순간 이루어지는 하나님의 도착에 마음을 모으고 눈길을 보내는 사람이야말로 정녕 새날의 사람이다.

봄꽃
완상

해마다 봄이 되면 정원사인 내가 품는 바람이 있다.
그것은 부활절에 주님과 함께 비밀의 정원을 거닐며
무수한 봄꽃을 완상하는 것이다.

1

꽃들에게
길을 물으며

    겨울의 막바지 2월 중순부터 파릇파릇 여린 손바닥으로 흙더미를 비집고 팔을 뻗어 기지개를 켜기 시작하더니 3월 초순인 지금 수선화 떼떼아떼떼와 크로커스, 명자 홍천조와 미선나무가 기어이 꽃망울을 터뜨렸다. 열린 꽃봉들 주변이 환하다. 카메라를 들이대는 정원사의 마음도 환해진다.

    '이 환함은 어떻게 온 거냐' 그들에게 속으로 물었다. '자발없이 이곳저곳 나다닐 줄 모르고, 앉은 자리를 더없이 소중한 자리로 여겨 거기에 온 힘을 기울이고, 안으로 깊어지고 속으로 맑아져서'라는 메시지를 들었다. "개개의 피조물은 하나님의 말씀이다"라는 마이스터 엑카르트의 말은 깔축없는 참말이다. 그들에게서 한말씀 배운다. 은총의 기름을 내면에 자란자란 고이게 하려면, 그리고 그 기름을 길어 올려 고샅을 환히 밝힐 꽃등 하나 내걸려면 독존 *Alleinsein* 이 꼭 필요함을.

꽃샘추위에 잠시 움츠리고 잎샘 바람에 이리 휘청 저리 휘청해도, 꽃은 다시 중심을 잡고 제 소임을 잊지 않는다. 묵묵히 제자리를 지키는 꽃의 길, 소리 없이 빛으로 향기로 말하는 그야말로 꽃의 길을 간다. 코로나19의 지속에 시달리며 불안과 두려움과 심리적 저조低調로 중심을 놓치기 쉬운 현시점에서 어찌 살아야 하는지 그들에게 길을 묻고, 그들을 보면서 내 걸음새를 점검하고, 그들에게서 답을 들으면서 다른 데서는 얻지 못할 위안을 얻는다.

2

정원

닦달

겨우내 얼고 녹기를 거듭하며 포슬포슬해진 정원의 대지 위로 수선화, 크로커스, 히아신스, 튤립 들이 무리 지어 싹을 밀어 올리고, 홍매화, 청매화, 산수유, 복수초, 서향이 꽃망울을 터뜨릴 무렵부터 몇 주째 정원을 소제하고 있다. 그새 홍매화와 청매화가 만개했다가 이울고, 노란 크로커스와 새하얀 크로커스 그리고 복수초가 활짝 피어 제 주위를 환하게 하고 있다. 정원 닦달은 해마다 식물들이 기지개를 켜기 시작하는 사순절이면 정원사가 빠뜨리지 않고 수행하는 연례행사다. 알록달록 무지갯빛 봄꽃을 무수히 데리고 오시는 부활의 주님을 정원에 맞아 모시는 데 초점을 맞추고 오로지 소제에 용심用心한다. 그때마다 젤랄렛딘 루미의 시구를 마음속으로 읊조린다.

봄의 과수원으로 오세요.

석류꽃이 피었고

봄볕과 포도주와 임의 애인이 있어요.[1]

정원에 쪼그려 앉아 숨을 갈앉히고 굵은 땀방울로 대지에 또박또박 적어 보낸 정원사의 초대장을 받고, 그예 더없이 환하고 싱그러운 봄빛을 온몸에 두르고 행차하실 으뜸 정원사(요 20:15) 부활의 주님을 떠올리노라면, 온몸이 쑤시고 결리는 것쯤은 아무 것도 아니게 된다. 두근거림, 설렘이 압도하기 때문이다.

이른 봄의 정원 닦달은 정원사가 반드시 수행해야 하는 작업이다. 이 작업을 소홀히 하거나 자칫 건너뛰면, 겨우내 자란 잡초들이 씨를 퍼뜨리게 되고, 움을 틔운 화초들이 무성히 자라는 철에는 도저히 손댈 엄두를 내지 못할 정도로 정원이 어질더분해지기 때문이다. 정원 여기저기에 감사납게 뻗어 나간 잡초를 호미로 차근차근 캐내어 제거한다. 지난가을에 떨어져 구석구석 어지러이 쌓여 있던 낙엽을 걷어 내고, 그 밑에서 월동하던 화초들의 묵은 잎들을 따낸다. 꽃나무의 웃자란 가지나 죽은 가지는 수형樹形을 봐가며 잘라 준다. 지난해에 새로 자라서 삐져나온 수국의 가지들은 둥그스름하게 모아들이고 노끈으로 둘러 묶어 준다. 제멋대로 줄기를 뻗는 목향장미와 덩굴장미의 가지들은 잘라내지 않고 정원사 마음에 들도록 유인하여 묶어 준다. 폭우에 흙이 유실되어 뿌리가 드러난 식물들에는 북을 듬뿍 준다. 흙을 두툼하게 보충해 주는 것이다. 캐거나 뽑아낸 잡초들, 걷어 낸 낙엽들, 잘라 낸 가지들은 퇴비장에 차곡차곡 쟁여 올린다. 말끔히 청소된 정원 구역이 차츰차츰 넓어지고 환해진다.

 부활의 주님을 맞이하기 위한 정원 닦달은 정원사의 잡박雜駁한 영혼을 말끔히 닦아 내는 길이기도 하다. 정원 닦달의 모든 과정은 영혼을 새뜻하게 정화하는 과정이다. 사람의 영혼은 생각들의 각축장이다. 생각이 일단 영혼 안에 떠오르면 떠날 줄 모르고 끊임없이 새로운 생각들을 불러온다. 대개는 부정적인 생각이 꼬리에 꼬리를 물고 일어나 사람의 영혼을 시르죽게 하고, 사람의 낯빛을 어둡게 하며, 사람의 마음을 아래로 한없이 까라지게 한다. 그래서 화가 폴 세잔은 "생각이 모든 걸 망친다"라고 말했는지도 모른다. 정원 닦달에 각근恪勤하면서 내 마음을 청소하는 일에도 힘쓴다. 잡초를 뽑아내면서는 마음속 부정적인 생각들을 뽑아낸다. 가지치기에 힘쓰면서는 마음속 잡다한 생각의 가지들을 쳐낸다. 추레한 낙엽들을 걷어 내면서는 마음속에 도사린 추한 생각을 걷어 낸다. 덩굴장미를 유인하면서는 마음속 생각을 유인하여 주님에게로 향하게 한다. 이렇게 뽑아내고, 쳐내고, 걷어 낸 생각들을 퇴비장에 부려 놓듯 하나님 앞에 부려 놓으며 기도한다. "주님, 이렇게 안팎을 청소하고 있으니 이번 부활절에 이 정원과 제 영혼에 꼭 행차하셔서 주님을 맞이하는 기쁨을 생생히 맛보게 하소서." 생각과 염려가 마구 얽혀 가리사니를 잡지 못하던 마음이 주님께로 향하며 순일해지고, 내 영혼은 나무처럼 구석구석에 물이 오르고 새 움이 돋는 게 느껴진다.

3

흙에 묻힌

밀알

예수님은 자신을 밀알에 빗대어 말씀하신다. "내가 진정으로 진정으로 너희에게 말한다. 밀알 하나가 땅에 떨어져서 죽지 않으면 한 알 그대로 있고, 죽으면 열매를 많이 맺는다"(요 12:24). 이 말씀은 "인자는 섬김을 받으러 온 것이 아니라 섬기러 왔으며, 많은 사람을 구원하기 위하여 치를 몸값으로 자기 목숨을 내주러 왔다"(막 10:45)는 말씀을 달리 표현한 것이다.

씨알 자체는 하나의 완성된 세계다. 그것은 정진규 시인이 '알'을 두고 말한 대로[1], 하나의 "소우주", "봉합된 자리가" 전혀 보이지 않는 "무봉無縫"의 "순수 생명체"다. 이 순수 생명체가 지닌 힘이 어느 정도인지 아는가? 예컨대 벼 한 포기에는 대략 열 개의 이삭이 있고, 이삭 한 개에는 대략 200개의 낟알이 달린다. 그러니까 벼 한 포기에는 얼추 2,000개의 낟알이 달린다고 할 수 있다. 이처럼 벼 한 알의 힘은 어마어마하다. 하지만 하나의 완성된 소우주로서 제아무리 엄청난 가능성을 지니고 있다고 해도 땅에 떨어져서 죽는 길, 자기를 내려놓고 비우는 길, 텅 빈 충만의 길을 걷지 않으면, 씨알 하나는 그냥 소우주 자체로 머물 뿐 생명의 열매를 드레드레 맺는 사건은 일으키지 못한다.

창조와 출산과 결실의 기쁨이 충만한 분만실로 나아가려면 자기 이익만 꾀하는 태도, 낱낱의 씨알로 겉도는 태도, 자기에게 무언가 자꾸 덧붙이는 태도, 자기가 사라질까 두려워하는 마음을 놓아 보내야 한다. 우리는 놓아 보냄이 얼마나 좋은 것인지 알아야 한다. 마이스터 엑카르트가 예찬한 대로 놓아 보냄은 "모든 덕 가운데 가장 뛰어난 덕이다. 그것은 영혼을 정화하고 양심을 깨끗하게 씻어 주고 마음을 불태우고 영을 깨우고 소망에 생기를 주고 하나님을 알려 주기 때문이다."[2] 우리는 놓아 보냄을 신뢰할 줄 알아야 한다. 놓아 보냄이 우리의 으뜸 기도 제목이 되어야 한다. D. H. 로렌스는 의미심장한 물음을 던진다.

> 당신은 기꺼이 지워질 수 있고, 삭제될 수 있고, 철회될 수 있고, 아무것도 되지 않을 수 있는가? 당신은 기꺼이 아무것도 되지 않을 수 있는가? … 그렇지 않다면 당신은 절대로 바뀌지 못할 것이다.[3]

우리는 자기 본위의 태도, 자기 본위의 성공 법칙을 놓아 보냄으로써 결실의 기쁨을 맛보고, 꽃이 만발한 과수원이 될 수 있다.

4
자기답게

    한 주에 한 번씩 꽃샘추위와 잎샘 바람이 달려들지만, 그래도 비밀의 정원에서는 봄 화초들이 날마다 몇 송이씩 개화하며 주위를 환히 밝히고 있다. 그 환한 빛에 도리 없이 끌렸다. 발견의 궁전에 들어서기라도 한 듯 카메라를 들이댄다. 이른 봄에 피는 꽃들은 대부분 키가 작다. 복수초, 산자고, 바람꽃, 크로커스, 노루귀, 수선화 등등. 이들은 키 큰 것들이 잎을 피워 그늘을 드리우기 전에 한 줌의 빛과 온기만 있어도 지면에 밀착하여 서둘러 꽃을 피워 낸다. 그래서 그들을 카메라에 담으려면 낮은 포복 자세를 취하는 수밖에 없다. 배를 땅에 대고 기다시피 하면서 크로커스에 카메라를 들이대는데 환청처럼 한 소리가 들린다. "나는 키는 작지만 이래 봬도 사랑 고백을 받은 몸이랍니다. 창조주의 사랑 고백이지요. 지금 나의 빛깔과 향기는 사랑 고백을 받은 나의 환희에 겨운 표현이랍니다. 그래서 나는 작고 보잘것없다고 시르죽지 않아요." 이 소리를 듣고 보니, 세상 모든 꽃은 창조주의 사랑 고백을 받고 있음을 자각한 이의 당찬 표현임을 알겠다.

사실 창조주 하나님은 크고 작음, 높고 낮음에 아랑곳하지 않고 모두를 사랑하신다. 하나님은 어떤 사람이 크고 잘났다고 해서 더 사랑하고 작고 못났다고 해서 덜 사랑하는 분이 아니다. 마이스터 엑카르트는 그런 하나님의 마음을 의미심장하게 표현한다. "하찮은 벼룩도 하나님 안에 있으면, 그는 자기 자신 안에 있는 치품천사보다 더 고귀하다. 하나님 안에서는 모든 것이 동등하다."[1] 하나님은 초록별 구성원들에게 사랑을 고르게 베푸는 분이시다(마 5:45). 이렇다 할 업적 없이 그저 숨만 쉬며 존재하는 이에게도 하나님은 동등한 사랑을 베푸신다. 그러니 우리는 잘났다고 우쭐대거나 못났다고 풀 죽을 이유가 전혀 없다. 하나님 안에서는 모두가 동등하고, 모두가 하나님 나라의 중요한 구성원이니까.

창조주의 사랑 고백은 피조물의 자기다움을 가능하게 하는 결정적 요소다. 창조주의 사랑 고백을 받고 있음을 자각하는 이는 저마다 자기답게 사는 일에 용심하게 마련이다. 비밀의 정원에서 앞다퉈 피는 꽃들을 찬찬히 살펴본다. 꽃들은 서로 키를 재거나 서로 부러워하는 법이 없다. 노루귀는 수선화를 시새우지 않고, 수선화는 히아신스를 부러워하지 않으며, 히아신스는 튤립을 시샘하지 않고, 튤립은 모란을 닮고 싶어 하지 않는다. 저마다 제 본성에 충실하게 피어나 더없이 환한 꽃 빛깔로 창조주 하나님의 영광을 드러내고, 보는 이의 마음속에 놀람과 감탄을 불러

일으킬 뿐이다. 그들은 어째서 그러는 걸까? 저마다 하나님 안에서 존재를 얻었음을 자각하기 때문이다.

어찌하는 게 잘사는 걸까? 남 따라 살지 않고, 대체할 수 없는 존재로서 자기다움을 잃어버리지 않고 사는 것이 그 비결이다. 자기다움처럼 이 세상에 값진 선물은 없다. 각 사람 안에는 값을 매길 수 없을 만큼 귀중한 보물이 자리하고 있다. 남의 것과 비교할 수 없을 만큼 소중한 보물이다. 각 사람은 남에게는 없는 자신만의 숨은 가치를 지니고 있다. 그러니 우리는 자신을 존중하면서 한껏 자기답게 살지 않으면 안 된다.

5

하나님이 그림을
그리실 수 있도록

하나님은 덧붙임을 통해서가 아니라
덜어 냄을 통해서만 영혼 안에서 발견되신다.
— 마이스터 엑카르트

 탑처럼 쌓아 올리고, 게걸스럽게 먹고, 사재기를 일삼고, 온통 채워 달라는 요구만이 어지러이 춤추고, 소위 충만을 요구하는 시대에 하나님을 찾아 나서기란 여간 어려운 일이 아니다. 이미 있는 것에다 더 보태는 것을 미덕으로 여기고, 텅 빈 구석을 보면 메우지 못해 안달하는 시대에 우리가 살고 있기 때문이다.
 하지만 충만은 자기를 온전히 비운 사람, 곧 하나님의 뜻과 그분의 나라가 둥지를 틀도록 여백을 마련한 사람에게 주어지는 선물이다. 하나님의 은혜와 성령은 사도 바울이 말한 대로 '날마다 죽는' 사람에게 임하는 법! '나'를 버젓이 세우고 욕심을 여의지 못한 채로 충만을 구하는 것은 발을 헛디디는 것이나 다름없다. 그런 삶은 중심을 잃고 기우뚱하기 마련이다.

    하나님은 덕지덕지 덧칠하는 사람, 쌓고 또 쌓아 올리는 사람이 아니라 동양화의 여백처럼 욕심을 덜고 덜어 내어 휑하니 빈 사람 속에 깃들이신다. 하나님의 눈길은 언제나 자신을 담을 만한 여백에 가 닿는다. 그러니 하나님이 몸소 깃들이실 틈, 휑한 빈터를 찾아내셔서 그 위에 그림을 그리실 수 있도록, 덜어 내고 비워 내어 우리의 영혼과 삶에 텅 빈 여백을 마련하고 볼 일이다.

6

반만 차는
금 단지

    코헬렛은 세상만사가 헛되다고 말한다. "헛되고 헛되다. 헛되고 헛되다. 모든 것이 헛되다"(전 1:2). 언뜻 보면 세상 모든 것을 부정하고 하나님마저 부정하는 것처럼 보인다. 그러나 전도자는 그런 뜻으로 말한 것이 아니다. 그는 하나님이 빠진 세상, 하나님이 없는 사람, 하나님이 없는 수고가 헛되다고 말한 것이다. 전도서의 끄트머리를 보면 이 사실을 분명하게 알 수 있다. "할 말은 다 하였다. 결론은 이것이다. '하나님을 두려워하여라. 그분이 주신 계명을 지켜라. 이것이 바로 사람이 해야 할 의무다'"(전 12:13). 코헬렛은 세상 모든 것을 무화無化함으로써 그 배후에 계신 하나님을 경외하고, 하나님의 계명을 지킬 것을 권한다. 그는 우리의 시선을 만물에 고정하는 것이 아니라 하나님께 고정하기 위해 세상만사를 부정한다.

    하나님 없이 만물이 있다고 착각하며 만물에 집착할 때 무슨 일이 벌어지는지 들려주는 이야기가 있다.

황실 이발사가 유령 붙은 나무 아래로 지나가는데 문득 소리가 들렸다. "황금 단지 일곱 단지 갖고 싶지, 그렇지?" 이발사는 사방으로 두리번거리다가 아무도 안 보이자, 욕심이 일어 간절히 외쳤다. "예 그럼요, 갖고 싶고말고요!" "얼른 집으로 달려가 봐. 가보면 있을 테니까." 단숨에 이발사는 집으로 달려갔다. 아니나 다를까 단지 일곱 개가 있고, 모두 금돈이 가득했다. 아니, 그중 하나만은 반만 차 있었다. 이발사는 반만 차 있는 단지를 생각하면 마저 채우고 싶은 충동을 걷잡을 수 없이 느꼈다. 그걸 가득 채워 놓기 전에는 도무지 행복할 것 같지 않았다. 이발사는 자기 집 패물을 모조리 금돈으로 바꾸어다 반만 찬 단지에 쏟아 넣었다. 그러나 그 단지에 반만 차 있기는 매양 한가지였다. 이런 분통 터질 노릇이 있을까? 이발사는 저축하고 절약하고, 자기 자신과 식구들의 허리띠를 졸라맸다. 그러나 일껏 애써 봐야 결국 헛일, 아무리 금돈을 갖다 넣어도 단지는 그저 반만 찬 단지였다.

이제 이발사는 임금님께 봉급을 올려 달라고 간청했다. 봉급이 배로 올랐고, 또다시 단지 채우기 싸움이 이어졌다. 나중에는 동냥질마저 나섰다. 그래도 금 단지는 금돈을 넣는 족족 삼켜 버릴 뿐, 반밖에 차지 않는 것은 매양 일반이었다. 이발사의 궁상맞은 꼴이 임금님의 눈에도 띄었다. "무슨 좋지 않은 일이라도 생겼느냐? 봉급이 적을 적에는 그다지도 행복하고 흡족한 기색이더니 봉급이 두 배가 된 이제는 도리어 맥이 빠진 꼴이로구나. 혹시 일곱 금 단지를 가진 게 아니냐?" 이발사는 소스라치게 놀랐다. "누구한테 들으셨습니까, 폐하?" 임금님이 껄껄 웃었다. "요즘 네 행색이 영락없이 금 단지 받은 자의 증상 그대로구나. 나도 그걸 받았던 적이 있었더니라. 그때 난 그 돈을 내가 써도 좋다거나 아니면 그냥 그대로만 저장할 수 있게 해달라고 청했는데, 그랬더니 유령은 두말없이 사라져 버리더구나. 그 돈은 쓸 수 없는 돈, 축적하고 싶은 충동만 부채질하는 것이야. 당장 가서 유령에게 되돌려주도록 해라. 그러면 다시 행복해질 거야."[1]

변화하는 사물의 세계에 끌리기보다는 하나님 안에서 요지부동의 기쁨을 맛보겠다는 각오를 옹골차게 피력한 예언자 하박국을 떠올린다. 사물을 그러모으고 축적하는 일에 고정된 시선을 거두어 하나님께 고정하라고, 온통 마음을 사로잡던 쌓아 올림을 무화해 보라고, 그러면 거기에서 참된 기쁨이 솟구칠 거라고, 그는 말한다(합 3:17-18).

7

_____
                          대지의
_____
                          성품
_____

> 겸손은 땅과 같은 것입니다. 땅은 항상 거기 있고, 그래서 늘 그러려니 하고 생각되어서 아무도 기억하지 않습니다.
>
> ─안토니 블룸

단단한 겨울을 통과한 요즘의 대지는 부쩍 탄력이 생긴 것 같다. 하늘을 살짝 들어 올릴 만큼의 공기가 흙 속에 들어 있는 것 같다. 걸음을 옮길 때마다 발끝에 닿는 감각이 어지러울 정도로 폭신폭신하다.

정원의 흙을 한 줌 쥐어 코끝에 대니 가슴과 머릿속이 환해진다. 무어라 형용하기 힘든 깊은 향기가 폐부 깊은 곳을 두루 돌아 몸 구석구석 닿지 않는 곳이 없다. 이 향기는 어디서 나오는 것일까? 틈에서 나오는 것일 터.

봄의 대지는 틈 투성이다. 대지의 틈은 만물이 자유롭게 출입하는 문이다. 대지의 틈은 뿌리를 끌어당기고 꽃대를 밀어 올리는 문이다. 대지는 뿌리를 끌어당기는 중력 덩어리일 뿐 아니라 나무와 꽃을 들어 올리는 탄력 덩어리다.

대지가 품은 중력과 탄력의 관계는 시소와 같다. 대지가 품은 중력과 탄력은 대지의 성품인 겸손의 이중적인 기능이다. 겸손으로 번역되는 영어 단어는 'humility'인데, 이것은 본래 '기름진 땅'을 의미하는 라틴어 '후무스humus'에서 유래하였다. humility를 다른 말로 표현하면 '땅성earthiness'으로 번역할 수 있을 것 같다. 하늘 위에 서려고 하지 않는, 늘 하늘 아래 있고자 하는 땅의 마음!

땅성이 널 돋움의 작용을 한다. 널 돋움은 한쪽이 내려가면 다른 쪽을 들어 올리고 한쪽이 올라가면 다른 쪽을 내려가게 하는 중심축 역할을 한다. 이 널 돋움을 중심으로 예수님의 죽음과 부활이 일어났다. 예수님의 몸을 끌어당기는 중력과 예수님의 몸을 일으켜 세우는 부활의 탄력이 땅성을 중심으로 작용한 것이다.

예수님에게서 일어난 땅성의 중력과 탄력의 관계를 바울 사도는 다음과 같이 표현한다. "(그는) 자기를 낮추시고, 죽기까지 순종하셨으니, 곧 십자가에 죽기까지 하셨습니다. 그러므로 하나님께서는 그를 지극히 높이시고, 모든 이름 위에 뛰어난 이름을 그에게 주셨습니다"(빌 2:8-9). 우리는 예수님이 죽기까지 자기를 낮추신 것을 겸손이라고 말한다. 예수님은 하늘 위에 서거나 하늘과 같아지려 하지 않고, 언제나 하늘 아래 있고자 하는 땅성을 지니셨던 분이다. 예수님은 마침내 낮고 낮아져서 무덤의 중력에 끌리셨지만, 하나님이 작용하신 탄력을 받아 부활하셨다. 우리도 예수님처럼 대지의 인력에 끌리고 끌려서 자기를 낮추고, 하나님이 작용하시는 탄력을 받아 일어서야겠다.

8. 새봄이다

코로나19의 세계적 대유행으로 봄이 왔어도 봄같이 느껴지지 않는 요즘이지만, 그래도 불안과 공포와 심리적 저조 상태로 지내기보다는 일부러라도 멀리 밀려난 봄을 바싹 끌어당겨 있는 힘껏 두 팔 벌려 맞아야겠다. 그사이 봄비도 자주 내려 얼부푼 대지에 촉촉이 젖을 물려서인지, 하루가 다르게 봄꽃들이 앞다투어 피어나고 있다. 복수초, 매화, 산수유꽃, 미선나무꽃은 이미 퇴색하고, 이제는 수선화, 크로커스, 히아신스, 이페이온, 향기별꽃, 천리향, 명자꽃이 봄의 초입을 알리며 "새봄이다!" 외치고 있다. 한 시인은 그 외침 소리를 이런 부추김으로 듣는다.

뒤도 안 돌아보고 가는 데까지 가서는
미련 없이 툭툭 떨어지는 꽃들이 있다
…

갈 데까지 가보는 일탈과
가는 데까지만 가야 하는 일상이
모두 다 한 판 꽃놀이임을 눈치채라고

지난봄은 딱 가는 데까지만 갔다 돌아와서는
이 봄에겐 언제나 갈 데까지 가라 부추긴다.

— 이인원, 〈새 봄이다!〉 부분 [1]

이루 말할 수 없이 까라지고 위축되어 몸도 마음도 일으키기 힘든 시절일수록 우리에게 필요한 자세는 이런 게 아닐까 싶다. 이를테면 봄 신명에 지펴 갈 데까지 꽃놀이를 벌이듯, 마음 밭을 꽃밭처럼 향기로 빛으로 가득 채우는 거다.

마음 밭을 향기로 빛으로 채우려면 어찌해야 하나? 다른 방도가 없다. 저 멀리서 봄이 오기를 무작정 기다리지 않고, 내 마음이 먼저 봄이 되는 수밖에. 정원사인 내게는 내 나름의 봄이 되는 방법이 있다. 자발없이 정원을 들락날락하며 힘껏 봄을 끌어당기고, 정원만 드나드는 게 아니라 '내가 먼저 봄이 되겠다'고 작정하는 거다. 그래서 지난 서너 주 내내 정원의 빈 곳과 빈 화분들에 꽃모종 심는 일을 지속했다. 덕분에 살도 몇 킬로그램 빠지고, 체중이 줄어서인지 겨우내 정원사를 괴롭히던 족저근막염도 씻은 듯이 사라졌다.

9

슬픔은
그리스도인의 특장特長

우리는 지금 사순절을 지내고 있다. 사순절은 주님의 고난을 회상하면서 참회하는 영적 준비 기간이자 부활의 신앙을 견고히 하기 위한 영적 성장의 준비 기간이다. 이 시기에 교회에서는 그리스도의 고난과 죽음에 초점을 맞추는데, 특별 회개의 날인 재의 수요일Ash Wednesday부터 주님이 못 박히신 날인 성금요일Good Friday을 거쳐 부활절 전날 해 질 때까지 의미 있는 예배와 활동을 수행한다.

사순절의 주된 기조는 주님의 고난과 죽음에 대한 애통과 애도다. 사순절을 지내는 사람은 '기쁨의 편'이 아니라 '슬픔의 편'이 되어야 한다. 장인수 시인은 사람들이 "너는 누구 편이냐 너는 어느 진영이냐" 끊임없이 묻는데, "나는 내 삶의 편이다"라며 이렇게 읊조린다.

명랑하게 슬픔을 부른다

붓을 들고 형형색색 그림을 그려도 슬픔의 편, 슬픔의 채색

한 끼 밥에서도, 한 잔 술에서도 슬픔을 뜬다

내 마음속 진보, 내 행동 속의 좌파는 오직 슬픔

…

엘리 엘리 라마 사박다니

너는 누구 편이냐

어느 쪽이냐고 묻는다면

나는 슬퍼하는 자의 삶, 슬픔의 편이다

―〈슬픔의 편〉 부분[1]

해마다 사순절과 고난주간이 교회력의 한 부분을 차지하듯, 슬픔은 그리스도인의 특장 중 하나가 되어야 한다. 그리스도인의 입에서 타인의 슬픔에 대해 "이제는 지겹다"라는 말이 나와선 안 된다. 우리가 평생토록 수행해야 할 공부가 있다면 그것은 슬픔 공부다.[2]

사순절을 지내는 그리스도인에게는 당연히 참회가 따라야 하고, 바울 사도가 말한 대로 그리스도의 남은 고난(골 1:24)을 자기 몸에 채우는 일이 수반되어야 한다. 이 일을 지머리 실답게 수행하려면 사방팔방 분산된 마음의 초점을 예수님께 순일純一하게 모아야 한다. 리 호이나키Lee Hoinacki는 "예수는 이 세상이 시작될 때부터 그가 영광 속에 다시 이 세상에 올 때까지 고통 속에

있는 바로 그 사람이다. 이런 모든 사람이 아직도 남은 그리스도의 고난을 채우고 있다"라고 말한다.[3] 빵빵하게 부푼 욕망의 바람을 빼고, 누군가를 탓하거나 미워하던 태도도 내려놓고, 오로지 마음을 깨끗하고 고요하게 하여 예수님께 모아야 한다.

    사순 시기의 전례색은 보라색이다. 제단 벽에 걸린 배너, 제단보, 설교 단보, 목사가 어깨에 걸치는 영대 stole의 색도 보라색이다. 보라색은 참회의 색이면서 동시에 마음과 몸과 삶을 깨끗이 하기 위해 삼가는 것을 상징하는 색이다. 이렇게 삼가고 그리스도의 고난에 실팍하게 동참하면서 준비하는 사람만이 부활의 그리스도를 만나 뵙는 기쁨을 맛볼 수 있다.

10
정원사의 길

꽃밭에 있을 때면 정원사는 대개 꽃들도 감상하라고 음악을 크게 틀어 놓고 음악을 들으면서 꽃을 돌보곤 한다. 어제는 이런 노래가 들려왔다.

음~ 꽃밭을 그냥 지나쳐 왔네
새소리에 무심히 응대하지 않았네
밤하늘의 별들을 세어 보지 않았네
친구의 신발을 챙겨 주지 못했네
곁에 계시는 하느님을 잊은 시간이 있었네
오늘도 내가 나를 슬프게 했네

노랫말이 참 좋아, "누가 저리 아름다운 노랫말을 쓰셨을까?" 궁금해서 서재로 들어와 찾아보니 고故 정채봉 선생님이 쓰신 〈오늘〉이라는 시에 가수 김현성 님이 곡을 붙인 거였다. 다시 꽃밭으로 돌아가 계속 음미하며 따라 부르는데, 자연과 사람과 하나님께 고루고루 가닿는 시인의 맑은 눈길이 사부자기 정원사의 가슴속에 스며들었다.

시를 뒤집어 읽으면 '나를 기쁘게 하는 방법' 세 가지가 보인다. 자연, 곧 꽃밭과 새소리와 밤하늘의 별들을 그냥 지나치지 않기, 사람에게 배려하기, 나 혼자가 아님(곁에 하나님 혹은 따스한 동행이 있음)을 깨닫기. 날마다 '오늘(오! 늘 황홀)'이라는 날을 선물로 받고 그 선물을 제대로 활용하는, 하루를 기쁘게 살아 내는 구명수를 일깨우는 노래가 아닐 수 없다.

정원사의 길은 이 세 가지 구명수를 체화하는 길이다. 꽃 한 송이 한 송이를 찬찬히 들여다보며 두 눈을 꽃들에게 거울로 제공하고(꽃들에게는 보아 주는 이의 눈이 유일한 거울이다. 꽃들이 몸치장을 하는 것은 자신들의 모습을 보여 줄 그 거울을 만나기 위함인지도 모른다), 정원에서 울려 퍼지는 제비, 참새, 딱새, 박새, 휘파람새, 꾀꼬리, 직박구리의 노랫소리에 노래로 화답하고, 밤중에 정원 위로 바짝 내려앉는 별들을 우러러보며 "별 하나 나 하나, 별 둘 나 둘" 헤아리다가 자기도 또 하나의 별임을 자각하고, 정원을 찾는 방문객이 누구이든, 그는 한 세계를 안고 오는 하나의 어엿한 꽃이므로 최대한 온화하게 맞이하고, 정원사의 원형으로(창 2:8) 사람에게 정원사의 소임을 맡기셨으며(창 2:15) 사람이 그느르는 정원을 친히 거닐기까지 하시는 하나님(창 3:8)을 절대로 놓치지 않는 것이 정원사의 길이기 때문이다.

11
푸릇한 생의
한가운데로

    이따금 샛바람이 불어와 몸을 움츠러들게 해도 비밀의 정원은 완연한 봄이다. 수선화와 히아신스, 명자꽃과 목련과 팥꽃이 활짝 피어 바라보는 이의 마음을 더없이 환하게 한다. 산야의 푸나무도 잿빛 옷을 훌훌 벗어 던지고 신록 빛깔의 옷으로 갈아입고 있다. 신달자 시인은 신록이 번져 가는 모습을 보면서 큐 사인 cue sign 을 듣는다.

    누가 시작이라고 크게 외쳤나 보다
    어디에서 어디까지 내 편 네 편을 가를 수 없이
    온 천지에 신록이 번져 간다
    막을 수 없었다
    신록의 무대는 무릇푸릇 푸푸푸푸릇 번져 나간다
    막을 수 없다.

참 좋다. 신록의 물결은 정말 막을 수 없는 것 같다. 시인은 그런 신록의 가장자리에서 스스로 다짐을 세운다. "신록의 무대 언저리에 내가 있다 같은 무대에 존재하는／ 이 푸푸푸릇한 생／ 숨넘어간 사람 절대로 같이 설 수 없는 이 무대／ 시무룩하게 어둡지 말자."[1]

바야흐로 몸도 마음도 더는 어둡지 않게, 더없이 명랑하게 챙겨야 할 시기다.

봄은 참 좋은 계절이다. 부활절이 봄 한가운데 자리하고 있는 건 여간 의미심장한 게 아니다. 주님은 아가雅歌에서 겨울철의 춥고 삭막한 오솔길을 지나 사순절을 보내고 있는 우리를 부르신다. "나의 사랑 그대, 일어나오. 나의 어여쁜 그대, 어서 나오오. 겨울은 지나고, 비도 그치고, 비구름도 걷혔소. 꽃피고 새들 노래하는 계절이 이 땅에 돌아왔소. 비둘기 우는 소리 우리 땅에 들리오"(아 2:10-12). 이 초대를 시무룩하고 어두컴컴한 데 틀어박히지 말고 "신록의 무대", 곧 그분이 펼치시는 "푸푸푸릇한 생" 한가운데로 나오라는 초대로 듣고, 신록의 무대 한가운데로 그분을 찾아 나서야겠다.

그분을 찾아 나서는 우리의 발걸음은 어떠해야 하는가? 나는 초대교회 교부 오리게네스의 말을 이 물음에 대한 답으로 듣는다.

그리스도가 얼마나 감미로운 분이신지, 그분이 얼마나 향기로운 분이신지 경험한 영혼들, 그분의 향기를 받아들인 영혼들,

그분이 오신 이유, 구원과 수난의 동기, 모든 사람의 구원을 위하여 십자가에 달려 죽기까지 하신 사랑을 이해한 영혼들, 신적이고 형언할 수 없는 향기에 끌리듯 그 모든 것에 매료되어 힘과 민첩함으로 충만해진 영혼들은 아가씨들처럼 그분을 뒤쫓고, 느리고 더딘 걸음이 아니라 신속하고 재빠른 걸음으로 그분의 감미로운 향기를 찾아 나서게 마련이다.[2]

12
하나님의
초대

　우리는 일상생활 중에 많은 초대를 받으며 산다. 하나님이 마련하신 잔치에 참여하라는 초대다. 그 잔치는 이미 시작되었다. 하나님은 매 순간 우리를 손님으로 초대하신다. 봄이면 피어나는 연초록 잎과 알록달록 주위를 환히 밝히는 꽃들, 초록으로 무성한 숲, 밤하늘의 달빛, 하늘을 무심히 떠가는 구름, 넘실대며 바다로 흘러가는 강물, 섬들이 올망졸망 떠 있는 바다, 파도에 몸을 맡기며 사르륵사르륵 구르는 몽돌들이 우리를 부른다. 그런데 우리는 분주한 일상에 고부라져 "미안해요. 할 일이 너무 많아요"라는 말만 되풀이한다. 그러다 보니 잔치는 늘 뒷전으로 먼 미래로 밀려나고 만다.

　분주한 일상에 매몰되면 그 일상은 덫이 될 수도 있다. 잔치 같은 삶으로 나아가지 못하도록 하는 덫. 일상을 소중히 챙기되 언제든 하나님의 초대장이 날아올 수 있음을 마음속에 갈무리하고, 깨어서 일상을 영위하지 않으면 안 된다.

유대인의 지혜서 탈무드에는 "모든 사람은 허락받은 모든 즐거움 가운데 자신이 즐기지 못한 즐거움에 대해서 그 이유를 설명해야만 한다"라는 말이 있다. 우리가 외출을 끝내고 하나님 앞에 서게 되는 날, 하나님이 우리에게 외출하고 돌아온 소감을 물으실 것임을 의미하는 말이다.

"외출을 마치고 돌아온 소감을 말해 보아라."
"별로 즐겁지 못했습니다. 그저 지긋지긋하기만 했습니다."
"왜 즐기지 못했느냐?"
"누릴 만한 것이 거의 없었습니다."
"네가 외출했을 때, 나는 이미 네가 누릴 만한 모든 것을 선물로 주었다."
"정말입니까? 그런데 왜 저는 아무것도 누리지 못했을까요?"
"네가 눈을 뜨지 못했기 때문이지."
"저는 항상 눈을 뜨고 보았는데요?"
"아니지, 너의 눈은 네게 주어진 선물에 가 있었던 것이 아니라, 네게 없는 것에만 가 있었거든."
"그러면 제게 주어진 그것이 잔칫상이었단 말입니까?"
"그렇지. 네가 삶을 누리지 못하고 지루함만 느낀 것은, 네가 잔칫상을 받고도 그것이 잔칫상임을 알아보지 못했기 때문이야."

천상에서 이루어질 대화가 이렇다면 참 안타까운 노릇이 아닐 수 없다. 하나님은 우리의 부정적인 소감을 들으시고 얼마나 속상하실까? 우리에게 외출을 허락하신 하나님의 뜻을 거스르지 않으려면 '허락받은 모든 즐거움'을 온전히 누리고 시인처럼 노래할 수 있어야 하겠다.

나 하늘로 돌아가리라.
새벽빛 와 닿으면 스러지는
이슬 더불어 손에 손을 잡고,

나 하늘로 돌아가리라.
노을빛 함께 단 둘이서
기슭에서 놀다가 구름 손짓하며는,

나 하늘로 돌아가리라.
아름다운 이 세상 소풍 끝내는 날,
가서 아름다웠더라고 말하리라.

― 천상병, 〈귀천〉 전문[1]

하나님 나라는 하나님의 초대에 마음을 열고 살아가는 이들의 몫이다. 그들의 입에서는 늘 이런 말이 터져 나온다. "불러만 주세요. 저는 이미 준비되어 있습니다." 하나님 나라는 과거에 매여 사는 사람이나 미래를 위해 현재를 유보한 사람의 것이 아니라, 지금 여기에서의 삶을 소중히 여기고 영위하되 깨어서 하나님의 초대에 선뜻 응하는 사람들에게 주어지는 선물이다.

13

꽃피는 중심

　사순절에 접어들 즈음부터 지금까지 비밀의 정원에서 눈코 뜰 새 없이 바쁘게 지냈다. 봄 길을 열고 오시는 대★정원사 그리스도를 위한 봉사로 정원 일에 몰두하는 나날이었다. 대지를 그느르고 북돋워 그 속에 자리한 꽃씨들과 뿌리들을 깨우고, 마음 속으로 오매불망 흐놀던 임을 온갖 꽃 만발한 정원으로 청하여 모신다면 정원사에겐 이보다 더 좋은 일은 없겠다 싶었다. 카비르Kabir는 "이 세상에는 마음을 흡족하게 하는 것이 하나 있다. 그것은 손님으로 오시는 임을 마중하는 것이다"라고 말한다.[1] 그러니 정원만큼 주님을 맞이하기에 맞춤한 곳은 없고, 정원에서 주님을 환대하는 것만큼 마음을 갈데없이 들뜨게 하는 일도 없을 것이다. 해마다 봄이 되면 정원사인 내가 품는 바람이 있다. 그것은 부활절에 주님과 함께 비밀의 정원을 거닐며 무수한 봄꽃을 완상하는 것이다.

정원에서 보내는 요즘의 나날은 '그날이 그날!'이 결단코 아니다. 날마다 새날이다. 요즘은 수선화와 명자꽃, 자두꽃과 살구꽃, 목련과 앵두꽃이 활짝 피어 빛과 향기를 주위에 흩뿌리며 벌과 나비를 부른다. 복사꽃과 팥꽃, 튤립과 무스카리의 꽃봉오리도 하루가 다르게 벙글고 있다. 이들 모두 너그러우시고 은혜로우신 창조주가 정원 여기저기에 마구 흩뿌려 놓으신 동전과 같다. 정원은 날마다 새 꽃들을 등장시키며 발견의 돋보기를 든 사람을 기다린다. 하여 정원은 발견의 기쁨에 들뜬 사람을 반기는 "발견의 궁전"(메리 올리버)이 된다. 파스칼 키냐르Pascal Quignard는 정원을 '얼굴'로 '미궁'으로 표현하기도 한다.

> 정원이란 얼굴이야! 그저 꽃을 심은 화단이 아니야. 그저 채소밭이 아니란다. 더구나 흐드러지게 핀 백합이며 국화, 글라디올러스의 보급소는 더더욱 아니지. 우리는 성인들에게 경의를 표하고자 축일이면 교회 꽃병에 꽂으려고, 주 예수의 희생을 기려 제단보에 올려놓으려고, 죽은 가족을 추모하기 위해 무덤 판석에 놓으려고 꽃을 꺾잖니. 정원은 늙지 않는 신비로운 얼굴이란다. 오, 심지어 나날이 젊어지는 경이로운 얼굴이야. 계절마다 한층 아름다워지는 얼굴이지. 나는 점점 더 아름다워지는 미궁에 빠져 있단다.[2]

빠져들면 헤어나올 수 없는 미궁! 정원사에게 참 적실하게 다가오는 표현이다. 정원사는 "점점 더 아름다워지는 미궁" 속에서 헤어나지 못하는 사람이다. 그 이유는 정원의 식구들이 저마다 자기 좀 봐 달라고 정원사의 바짓가랑이를 잡아당기기 때문이다. 그러면 정원사는 잃어버린 동전을 되찾은 여인처럼(눅 15:8-10) 그 궁전에서 푸나무 하나하나를 날마다 새롭게 발견하고, 그들을 자세히 오래 들여다보고, 그들과 눈을 맞추고, 그들의 아름다움에 놀라고 감탄하는 수밖에 다른 구명수가 없다.

그들이 전하는 묵직한 메시지를 얻어듣는 때도 있다.

중심이 어디 따로 있나요?
인적 자원과 물적 자원이 몰려드는 곳이라고요?
휘도는 세계의 중심은
이렇게 꽃피는 자리예요.

자신이 딛고 선 자리를 꽃피는 중심으로 여기는 여리디여린 꽃들의 당당함은 어디서 오는 것일까? 땅에 묻힌 씨앗으로서 자기가 죽어야만 가능해지는 삶, 자기가 죽어야만 영위할 수 있는 생명을 체현했기 때문이 아닐까. 그러니 '죽음 기억하기 memento mori'를 일깨우는 화초들의 거소居巢인 정원은 꽃피는 중심일 수밖에 없다. 땅에 묻힌 씨앗은 자기중심성을 고집하지 않는다. '자기 안으로 고부라진 상태 incurvatus in se'로는 환한 꽃등을 내걸 수 없는 까닭이다. 강기원 시인은 자기 안으로 굽은 사람이 하는 말을 다음과 같이 듣는다.

어림없지
내게로 오는 것
다가와 내 문을 여는 것
…
어림없지
어림도 없지

— 〈블랙〉 부분 [3]

시인이 이 시에 붙인 제목은 〈블랙〉이다. 그렇다. 열려 있지 않은 사람의 상태는 언제나 블랙, 어두운 상태일 수밖에 없다. 땅에 묻힌 씨앗이 자기중심성을 고집하지 않는 것은 그 때문이다. 예수님은 "밀알 하나가 땅에 떨어져서 죽지 않으면 한 알 그대로 있고, 죽으면 열매를 많이 맺는다"(요 12:24)고 말씀하신다. 이전에 없던 전혀 새로운 생명을 영위하려면 자기중심성의 죽음이 반드시 이루어져야 한다.

정원의 식구들은 말한다. 하나님의 입술은 자기중심성의 죽음이 이루어지는 데 가닿고, 하나님의 입술이 닿는 이는 누구나 존재를 받으며, 그렇게 존재를 받은 이는 내남없이 꽃피는 중심이 되는 법이니, 그 지점으로 나아가라고.

14

하나님과 우리 사이에는 사이가 없다

하나님은 우리의 옷과 같으시다. 그분은 우리를 두르고 껴안고 에워싸실 뿐 우리를 버리지 않으신다.
— 노리치의 줄리안

하나님의 모성, 곧 어머니 하나님을 생생히 그려 냈다고 평가받는 노리치의 줄리안은 14세기 영국에서 활동한 영성가다. 중세기에는 아이들의 생존율이 3분의 1밖에 되지 않았다. 그래서 중세의 어머니들은 자녀와 가까워지는 걸 상당히 두려워했다고 한다. 이는 자녀와 이별하는 아픔을 겪지 않기 위해서였다. 당시에 그려진 성화를 보면 성모 마리아마저 아기 예수와 일정한 거리를 유지하는 모습으로 그려졌음을 알 수 있다.

이처럼 접촉에 대한 두려움이 지배하고, 사람과 사람 사이의 거리감, 글자 그대로 '사이'가 지배하는 시대 한복판에서 줄리안이 하나님의 모성을 생생히 증언한 것은 대단한 통찰이 아닐 수 없다. 그녀에게는 당시의 지배적인 문화와는 정반대로 살았던 특별한 어머니가 있었음이 틀림없다. 어머니와의 따스한 접촉, 어머니와의 생생한 포옹이 그녀의 유년기를 경이롭게 만들었을 것이다.

사이를 믿는 것은 나와 남의 분리, 주체와 객체의 분리를 믿는 것이다. 그것은 사람과 하나님의 분리, 사람과 우주의 분리, 사람과 사람의 분리를 믿는 것이다. 이처럼 분리가 성행하는 이분법의 사회에서는 접촉을 두려워하고, 관능을 죄악시하고, 육체와 영혼의 행복한 결합을 가로막게 마련이다. 세상 모든 문제는 사람들이 분리를 믿어서 발생하는 것이다. 생태계 파괴, 테러, 전쟁, 식민지주의, 경쟁의 우상화, 빈부 격차의 심화 등등.

글머리에 적은 줄리안의 문장은 분리와 사이를 싫어하시는 하나님의 모성과 관능성을 여실히 표현하고 있다. 분리에 기초한 거리감을 거부하고, 상호 의존에 기초한 자비의 회복을 부르짖는다.

분리와 사이를 믿는 것은 "외톨박이 생활, 따돌림의 삶이 아름답다"라는 거짓말을 믿는 것이나 다름없다. 설령 그런 사람들이 동아리를 이룬다고 해도, 그들은 기껏해야 끼리끼리의 동아리를 만들 따름이다.

분리는 안쓰러워 보일지언정 아름다운 게 아니다. 갈라냄, 떼어 냄, 따돌림이 우리 삶을 지배하게 해서는 안 된다. 접촉을 두려워하고 그러면서도 외로움을 타는 우리 시대에 필요한 이미지는 두름, 껴안음, 감싸안음이다.

　하나님의 망토는 온 우주를 감쌀 만큼 넓다. 하나님은 우리에게 분리를 믿으라고 요구하지 않으신다. 하나님은 그분과 우리의 친밀한 관계에 눈뜨라고 말씀하신다. 하나님은 나 자신보다 더 가까이 내 곁에 계신다. 우리는 나 자신을 놓쳐 버린 채 쓸쓸하고 괴로운 삶을 살 때가 많지만, 하나님은 그런 때에도 우리를 놓지 않으신다. 옷을 벗어 던지고 사이와 거리감을 느끼는 쪽은 우리 쪽이지 하나님 쪽이 아니다. 하나님과 우리 사이에는 사이가 없다. 우리 모두 이 사실을 마음속에 새기고, 벌어진 사이를 넘어서 옷과 살갗의 친밀함처럼 하나님과 하나 됨, 이웃과 하나 됨, 사물과 교감하며 사는 삶을 향해 나아가기를 기도한다. 두르고 껴안고 감싸시는 하나님을 본받아 우리도 다가오는 모든 이를 두르고 껴안고 감싸는 옷의 미덕을 갖추기를 기도한다.

15

정원사

주님처럼

비밀의 정원에서 여러 빛깔의 꽃들과 함께 맞이하는 절기여서 그런지 내게는 부활절이 남다르게 느껴진다. 부활절은 꽃들이 앞다퉈 피는 봄의 한가운데에 자리하고 있다. 그 이유가 뭘까? 나무들을 보면 그 이유를 짐작할 수 있다. 무성히 달고 있던 것을 훌훌 털어 버리고 겨우내 나목으로 죽은 듯 멈춰 서서 칼바람과 눈보라를 맞던 나무들이 봄바람에 기대어 파릇파릇 새순을 밀어내고, 꽃망울을 빵빵 터뜨리며, 생명의 약동을 뿜내는 모습은 영락없이 부활을 떠올리게 한다.

적절히 멈추거나 비울 줄 알면 그리고 고난과 시련을 갈무리하여 잘 참고 견디면, 빛나는 삶을 영위할 수 있음을 이즈음의 나무들은 푸르디푸른 몸짓으로 묵묵히 증언한다. 백무산 시인의 시구가 생각난다. "정지에 이르렀을 때, 우리가 달리는 이유를 안다/ 씨앗처럼 정지하라, 꽃은 멈춤의 힘으로 피어난다."[1] 사냥을 위해 말을 타고 한참 달리다가도 갑자기 멈춰 서서 자기 뒤에 따라오는 자기 영혼을 차분히 기다린다던 인디언 이야기를 떠올리게 하는 시다. 멈춤으로써 예배가 얼마나 귀한 것인지, 식탁 친교가 얼마나 소중한 것인지, 자유로운 일상이 얼마나 지킬 만한 것인지, 살피고 헤아리는 배려가 얼마나 값진 것인지 깨닫게 되었다. 이처럼 부활절은 우리가 당연시하던 것들을 전혀 새로운 눈으로 보게 한다.

예수님은 막달라 마리아에게 동산지기의 모습으로 나타나셨다. "마리아는 그가 동산지기인 줄 알"(요 20:15)았다. 동산지기로 번역된 그리스 단어 '케푸로스$\kappa\eta\pi o \nu\rho o\varsigma$'는 '정원'을 뜻하는 '케포스$\kappa\eta\pi o\varsigma$'와 '지키는 사람'을 뜻하는 '우로스$o \nu\rho o\varsigma$'의 합성어로 정확하게는 '정원사'로 번역할 수 있다. 부활하신 예수님의 첫 모습이 정원사였다는 사실에서, 우리는 정원사가 그리스도론적 칭호 중 하나임을 알 수 있다. 정원사야말로 주님께 가장 잘 어울리는 이름이다. 영성가 노리치의 줄리안은 환시 중에 모든 정원사의 수석 정원사이신 그리스도를 뵙는다. 그녀에 의하면 부활하신 주님이 하늘나라에서 하시는 일은 놀랍게도 정원 일구기였다고 한다. 부활하신 주님의 모습이 정원사라는 사실은 무엇을 의미하는가? 주님이 부활 이후에도 전과 마찬가지로 생명 돌봄과 뭇 생명의 평화로운 공생을 위해 힘쓰신다는 뜻이다. 그런 주님을 본받고 따르는 길이 바로 정원사의 길이다. 그 길은 생명을 그느르고 생명의 조화를 도모하며 세상을 좀 더 아름답게 만드는 길이다.

마리아가 알아보지 못하자 정원사이신 예수님이 이름을 부르셨다. "마리아야!" 그제야 마리아는 예수님을 알아보고 "라부니! 선생님!" 하였다. 정원사가 정원에 핀 꽃들을 하나하나 호명하자 꽃들이 "정원사님!" 하는 것과 같지 않은가? 김춘수 시인이 그의 시 〈꽃〉에서 "내가 그의 이름을 불러 주었을 때/ 그는 나에게 와서 꽃이 되었다"라고 노래한 대로, 예수님이 우리의 이름을 불러 주셔서 우리는 정원사 예수님의 꽃이 되었고, 우리는 예수님께, 예수님은 우리에게 잊히지 않는 어마어마한 의미가 되었다.

부활하신 주님은 이 세상을 아름다운 정원으로 만들자며 우리를 호명하고 계신다. 주님의 부르심에 성실히 응답하여 주님의 손발로서 자비를 실천하고, 정원사 주님처럼 생명을 그느르며 뭇 생명의 평화를 꾀하고, 서로 호명하며 잊히지 않는 의미가 되어 부활절 이후를 살아가는 우리가 되면 좋겠다.

16

다리 역할에
충실한 사람

　　의미심장하게도 부활 이후 제자 공동체에 현신하신 주님의 일성은 평화다. "평화가 너희에게 있기를! *Pax vobis*" 주님이 주시는 평화에는 내적인 면과 외적인 면이 있다. 이 인사말에 담긴 평화는 내적인 평화로 읽어도 무방하다. 내적인 평화는 내면에 넘치도록 차오르는 평화다. 안개처럼 자욱하게 내려앉은 좌절과 절망, 두려움과 불안을 말끔히 걷어 내는 평화다.

　　주님은 요한복음 14장 27절에서 당신이 주시는 평화를 이렇게 표현하신다. "나는 평화를 너희에게 남겨 준다. 나는 내 평화를 너희에게 준다. 내가 너희에게 주는 평화는 세상이 주는 것과 같지 않다. 너희는 마음에 근심하지 말고, 두려워하지도 말아라." 주님은 지금도 우리에게 이 평화를 건네신다. "평화가 너희에게 있기를!" 인생의 어두운 밤, 캄캄한 절벽 길을 걷는 듯 절망적인 밤을 통과할 때, 불안과 공포가 엄습해서 옴짝달싹할 수 없을 때

일수록, 평화를 건네시는 주님을 떠올리며 그 평화에 푹 잠길 수 있어야 한다.

평화의 인사말을 건네신 예수님은 아직 부활을 믿지 못하는 제자들에게 두 손과 옆구리를 보여 주심으로써 당신이 정말로 부활하셨음을 확인하게 하신다. 그리고 또다시 평화를 기원하신다. "너희에게 평화가 있기를 빈다." 반복은 강조를 의미한다. 결단코 잊어서도 안 되고 놓쳐서도 안 된다는 것이다. 주님은 평화를 기원하시며 "아버지께서 나를 보내신 것과 같이, 나도 너희를 보낸다"(요 20:21)라고 말씀하신다. 여기서 우리는 평화의 또 다른 면을 보게 된다. 체포당하시기 전 "네 칼을 칼집에 도로 꽂아라. 칼을 쓰는 사람은 모두 칼로 망한다"(마 26:52)라고 말씀하신 주님답게 예수님은 외적인 평화를 일깨우고 계신 것이다. 외적인 평화는 관계에 초점을 맞춘 평화, 밖으로 번져 가는 평화다. 이 평화를 위해 주님은 우리를 평화의 사절로 보내신다. 우리가 평화의 도구가 되고, 험한 세상의 다리가 되라고.

무릇 그리스도인은 '다리' 역할에 충실한 사람이 되어야 한다. 흐릿하고 눅눅한 자리에서 화창하고 보송보송한 '너머'로, 암울한 자리에서 명랑한 자리로, 절망의 자리에서 희망의 자리로, 갈등과 불화의 자리에서 화해와 평화의 자리로, 죽음의 자리에서 생명의 자리로 사람을 건네 주는 다리! 이것이 바로 그리스도인의 상징이다. 이처럼 다리 역할을 충실히 수행하다가 그리스도를 업고 강 건너편으로 건네 주기까지 한 성인이 있다.

로마제국 시대의 사람인 크리스토포로스는 가나안 출신의 거인으로 운전사들의 수호성인이다. 그의 원래 이름은 레프로부스다. 힘센 사람을 섬기기 위해 순서대로 왕과 악마를 찾아갔다가 악마가 십자가를 무서워하는 걸 보고 그는 그리스도를 섬기기로 했다. 그때 한 은수자에게서 가난한 사람들을 섬기는 일이 곧 그리스도를 섬기는 일이라는 말을 듣고 레프로부스는 돈이 없어 강을 건너지 못하는 사람들을 어깨에 태워 옮겨 주는 일을 하기 시작했다. 그러던 어느 날 한 아이가 찾아왔고, 그는 당연히 그 아이를 어깨에 메고 강으로 들어갔다.

그런데 건너가는 동안 아이가 점점 무거워지기 시작했다. 바위처럼, 그다음에는 언덕처럼, 그다음에는 산처럼, 그다음에는 대륙처럼, 또 지구처럼, 그리고 이 세계 전부인 것처럼. 레프로부스는 반대편 기슭으로 지팡이를 뻗어 겨우 그 무게를 지탱할 수 있었다. 그러자 그 아이는 "너는 지금 전 세계를 옮기고 있다. 내가 바로 네가 그토록 찾던 왕 예수 그리스도다"라고 말했다. 그 순간 물에 닿은 레프로부스의 지팡이에서 푸른 잎이 돋아나고 땅에 뿌리를 내려 종려나무가 됐다. 그 한 번의 만남으로 그의 이름은 그리스어로 그리스도를 업고 가는 사람인 성 크리스토포로스 Ἅγιος Χριστόφορος 로 바뀌었다.[1]

우리는 언제 어디서든 평화의 사절이 될 수 있다. 갈라져 다투는 이들을 이어주는 다리, 험한 세상의 다리가 되라고 주님은 우리를 저마다의 삶의 자리로 보내셨다.

17

비밀의

정원

　보름 전 비밀의 정원에 딸린 텃밭을 삽으로 갈아엎고, 두둑을 만들고, 고랑을 내고, 비닐로 멀칭 작업을 했다. 멀칭을 안 하면 좋겠는데 한여름에 김매느라 고생할 아내를 생각해서 하는 수 없이 비닐을 씌웠다. 매년 봄가을에 두둑마다 상토와 유기농 유박과 거름을 푸짐하게 흩뿌리고 갈아엎으며 15년 가까이 그들러서인지 흙이 여간 포슬포슬하고 폭신폭신한 게 아니다. 삽으로 파서 뒤집을 때마다 지렁이는 또 얼마나 많이 나오던지. 텃밭이 '생명의 보금자리 *der lebendige Acker*'로 바뀐 듯하여 정원사의 마음 깊은 곳에서 뭐라 표현할 수 없는 기쁨과 흐뭇함이 솟구쳐 올랐다.
　어제는 멀칭을 해놓은 두둑에 고추 모종 100여 주를 심었다. 해마다 200주 정도 심었는데 올해는 절반으로 줄었다. 지난겨울 텃밭 끄트머리에 온실을 마련하면서 텃밭 규모가 줄어든 까닭이다. 그래도 정원사 부부와 교우들이 여름내 따먹고도 남을 분량이다.

 이렇게 밭일을 하는 사이에도 맑은 날과 궂은날을 가리지 않고 날마다 탐방객 대여섯 팀이 마스크를 착용하고 비밀의 정원을 찾아온다. 정원에 들어서는 순간 보이는 그들의 반응이 참 인상적이다. 무슨 환희에 접하기라도 한 듯 "우와! 예쁘다! 어머나! 멋져! 대단해!" 하며 감탄사를 연발한다. 그들의 감탄에 정원에 핀 꽃들이 한층 더 밝은 빛깔과 은은한 향기를 발하고, 정원사의 마음은 화환을 목에 두른 듯 갈데없이 벅차오른다.

 탐방객들은 꽃을 접사하거나 꽃을 배경으로 사진을 찍거나 꽃을 감상하며 이야기 나누거나 꽃을 바라보며 묵상에 잠기기도 한다. 때로는 정원사에게 설명을 부탁하기도 하는데, 정원사는 그때마다 왜 정원사의 길을 걸어야 하는지 성서적으로 신학적으로 풀어 차분히 설명하며 "정원사의 길이야말로 에덴의 창설자이신 창조주 하나님을 닮는 길, 정원사의 모습으로 부활하신 그리스도를 닮는 길이며, 참으로 실다운 생명과 평화의 길이니, 저마다 삶의 자리에서 힘차게 정원을 일구며 생명을 성심껏 그느르라"고 간곡히 당부하곤 한다.

 탐방객 중에는 육신의 병을 앓거나 마음에 은결든 이들도 있는데, 그들은 돌아갈 때 대개 이런 인사를 한다. "좋은 기운 많이 받고 가요. 생명 에너지 많이 받고 가요. 치유 받고 갑니다." 정원에 들어서기 전 일촉즉발의 갈등 상황으로 치달아 서로 붉으락푸르락 낯빛을 짓던 이들도 비밀의 정원에 들어섬과 동시에 '언제 우리가 갈등했더냐?' 하며 더없이 친밀한 사이가 된다. 그들의 모습을 보면서 정원과 꽃의 힘이 실로 대단함을 실감한다.

　이렇듯 갈릴리교회 비밀의 정원이 놀람과 감탄을 자아내는 자리, 생명 에너지와 치유 에너지를 뿜어내는 자리, 갈등을 내려놓고 평화를 맛보게 하는 자리, 정원사의 길이 왜 필요한지 일깨우는 자리가 된 것 같아서 여간 뿌듯한 게 아니다. 하다 베자르 Hada Bejar는 장미를 건네는 손에는 오래도록 향기가 머문다고 말했다. 장미로 상징되는 것이 감탄이든 생명 에너지이든 평화이든, 부디 비밀의 정원이 그것을 실답게 건네고 그 향기가 오래오래 머무는 곳이 되었으면 좋겠다.

18

느릿느릿 걷는 신앙의 길

갯가 길이나 산길을 이따금 걷는다. 걷기는 "인간의 발걸음에 맞춰진 세계를 되찾"는 행위이다. 우리가 "걸을 때마다 세계가" 우리"에게로 돌아오는 것이다."[1] 신학적으로 말하면, 걷기는 우주가 열어 보이는 신비와 환희에 자기를 개방하는 일이며 길에서 만나는 사물을 통해 배달되는 하나님의 메시지를 감득하는 일이기도 하다. 꽃과 나무, 들풀과 돌덩이, 온갖 숨탄것이 저마다 자기 속살을 열어 보이며 제 속에 감추어진 신의 광채를 은연중 드러낸다. 노리치의 줄리안은 피조물 속에 자리한 신의 광채를 이렇게 표현한다.

> 하늘과 땅과 모든 피조물은 위대하고 관대하고 아름답고 선하다. 하나님의 모든 피조물과 그분의 신성한 작품 속에는 그분의 선이 가득 차서 끊임없이 흐르고 있다.[2]

우리가 대지를 걸으면서 만나는 피조물들은 자기 안에 깃들인 창조 에너지를 맘껏 방출하면서, 보는 이의 마음을 즐겁게 쥐고 흔드는 경향이 있다. 성서 신학자 게르하르트 폰 라트Gerhard von Rad는 "창조 세계는 존재할 뿐만 아니라 진리도 방출한다"라고 말했는데[3], 이는 걷는 이만이 확인할 수 있는 분명한 사실이다. 우리는 걷기를 통해 우주의 속살을 발견하고, 그 속에 자리한 신의 광채를 만나며, 만물이 맘껏 내뿜는 하나님의 선을 보면서 자기 영혼을 푸릇하게 가꾸어 가는 기쁨을 맛볼 수 있다.

걷기를 통해 우주의 신비와 환희를 마주하고 음미하다 보면, 내가 날거나 뛰는 존재가 아니라 걷는 존재라는 사실이 여간 고마운 게 아니다. 쌩쌩 달리는 길, 공중부양 하듯 솟구치는 길에서는 임의 손길을 느낄 수 없고, 느릿느릿 걷는 신앙의 길에서만 임은 오롯이 다가와 입술을 갖다 대시기 때문이다.

19

일상의 성화

신성은 모든 피조물을 통하여 우리를 에워싸고 우리에게 스며들어 우리를 반죽처럼 이겨 만든다. 우리는 신적인 것을 멀고 접근할 수 없는 것으로 여기지만, 실은 신성의 바다에 푹 빠져 살고 있다. … 실로 이 세계, 권태와 불경을 안고 사는 이 현실 세계야말로 성스러운 장소다.
— 테야르 드 샤르댕

일상의 성화는 우리가 늘 보는 사물과 사람, 우리에게 익숙한 장소와 공간, 우리 몸에 익은 행위와 일에서 하나님의 손길을 느끼고 하나님의 섭리를 알아채는 것이다. 바꾸어 말하면 일상의 성화는 매사에 하나님을 모시고 임하는 것, 일상생활의 모든 소재를 하나님의 눈으로 마주하는 것과 다르지 않다.

"하나님은 내가 사물을 보는 그 눈으로 나를 보신다." 마이스터 엑카르트의 이 말은, 내가 일상적인 것들 속에서 하나님을 보고 알아챌 때 하나님도 그 눈을 통해 나를 알아보신다는 뜻이다. 하나님이 찾으시는 눈이 있다. 일상생활의 모든 소재에서 신성을 알아보는 눈이다. 우리가 일상생활의 모든 소재에 깃들인 신성을 알아보기만 한다면, 그것은 곧 하나님께 맑고 투명한 눈을 선사해 드리는 셈이 된다. 하나님은 모든 사람 속에 볼 줄 아는 눈, 들을 줄 아는 귀, 살피고 헤아릴 줄 아는 마음을 숨겨 두셨다. 그런 다음 그분은 우리가 그 눈과 귀와 마음을 찾아내기를 바라신다. 그분은 우리가 찾아낸 그 눈으로 우리를 보고, 그 귀로 우리의 속삭임을 듣고, 그 마음으로 우리를 헤아리고 싶어 하신다.

이러한 눈과 귀와 마음을 찾아내어 자기 것으로 삼는 것, 그것이 바로 일상의 성화로 나아가는 길이다. 이러한 눈과 귀와 마음을 발견함으로써 우리는 발 딛고 선 현실 세계가 숨을 헐떡이며 달려와 우리 앞에 방금 도착한 하나님의 선물임을 깨닫게 된다. 우리를 에워싼 것이 사물이든 사람이든 일이든 간에, 그것들 하나하나에서 하나님의 의사를 읽고, 평범하다 못해 진부하기까지 한 것들 속에서 새로운 맛을 찾아낸다면, 우리의 현실 세계는 권태라든가 불경과는 거리가 멀어질 것이다. 그때부터 우리가 만나는 사람은 늘 새로운 사람이 되고, 우리가 마주하는 사물은 늘 새로운 사물이 되며, 우리가 하는 행위는 늘 새로운 행위가 될 것이다.

우리는 일상을 등지고 별난 것을 찾으려고 두리번거릴 필요가 없다. 일상생활의 성화는 우리가 늘 마주하는 것에서 별스러움을 찾는 것이지, 별스러움을 찾겠다고 일상생활을 떠나는 게 아니기 때문이다. 날마다 대하는 밥상을 걷어차고 별식을 찾아서 고급 음식점만 찾아다닌다면 그 사람의 식생활, 그의 미각은 얼마 못 가서 황폐해지고 말 것이다.

일상의 성화는 예컨대 우리가 늘 먹는 김치를 어떻게 조리해서 먹을 것인지에 빗댈 수 있다. 알뜰한 주부라면 익히 아는 사실이지만, 신학생 시절 나는 자취를 하면서 김치를 다양하게 조리해서 먹는 법을 익혔다. 갓 담근 김치는 싱싱한 맛으로 먹는다. 잘 익은 김치는 이따금 보쌈으로 먹기도 한다. 시간이 지나서 발효라는 선물이 임하면 그 김치를 신맛으로 먹는다. 신맛이 짙어지면 거기에 들기름을 두르고 볶아서 먹기도 하고, 볶음밥을 해 먹기도 한다. 때로는 김치찌개를 만들어 먹기도 하고, 김치 김밥을 만들어 먹기도 하고, 김치 부침개를 만들어 먹기도 하고, 김치 라면을 조리해 먹기도 한다. 군내 나는 김치는 물에 우려내어 쌈 싸 먹기도 한다. 김치라는 소재는 늘 같지만 매번 맛은 다르다.

일상생활의 성화도 이와 다르지 않다. 평범해 보이는 삶의 모든 소재를 마주하여 거기에서 새로운 맛을 찾아내는 것이 곧 일상을 성스럽게 가꾸어 가는 묘미이기 때문이다. 일상을 벗어나 다른 데서 성화를 찾아서는 안 된다. 일상의 모든 소재야말로 성화의 누룩을 품은 반죽이다. 이 반죽을 이기고 치대어 부풀어 오르게 하는 것이 우리 몫이다. 일상이라는 소재는 누구에게나 주어져 있다. 그것을 절이고 버무리고 담가서 성스러운 맛을 내는 일은 우리에게 주어진 즐거운 몫이다. 이 일을 위하여 볼 줄 아는 눈, 들을 줄 아는 귀, 살피고 헤아릴 줄 아는 마음이 누구에게나 주어져 있다. 그것들을 찾아내어 자기 것으로 삼고, 숨 쉬는 순간마다 경이로움을 맛보고 누리는 일, 늘 같아 보이고 늘 익숙해 보이고 군내가 날 만큼 진부해 보이는 일상의 모든 소재에 낯섦, 별스러움, 성스러움을 부여하는 일이야말로 우리가 힘써야 할 몫이다.

20 가능성을 품은 들판

성서는 하나님이 사람을 당신의 형상대로 창조하셨다고 선언한다(창 1:27). 하나님의 형상은 창조주 하나님의 창조성을 의미한다. 사람은 본래 창조주 하나님의 창조성을 듬뿍 품부 받은 상태로 창조되었다. 영국 시인 윌리엄 블레이크는 그것을 시적으로 표현한다. "인간은 미리 나무가 심어지고 씨앗이 뿌려진 정원처럼 되어 태어난다."[1] 다들 정원처럼 되어 태어났으니 자라면서 그리고 살아가면서 기어이 알록달록 무지갯빛 정원이 되고, 과일을 울멍줄멍 거느린 과수원이 되면 얼마나 좋을까? 아가는 노래한다.

> 그대는 낙원,
> 즙 많은 과일이 주렁주렁 열린 과수원.
> 잘 익은 살구와 복숭아 오렌지와 배
> 개암나무와 육계나무

향이 나는 온갖 나무들,

박하와 라벤더

향기로운 온갖 허브가 그대 안에 있어요(아 4:13-14, 메시지).

우리가 살면서 이런 찬사를 받게 된다면 얼마나 좋을까? 하지만 안타깝게도 우리는 살아가면서 정원과 과수원이 될 가능성을 서서히 망실하고 급기야 꽃 한 송이 피워 내지 못하는 메마른 사막이 되는 때가 많은 것 같다.

마이스터 엑카르트는 영혼을 두고 이렇게 말한다. "The soul is a field."[2] 사람의 영혼은 정원이 될 가능성과 잠재력을 품은 들판이다.

이 들판은 반드시 정원사를 만나야 한다. 정원사를 만나느냐 못 만나느냐에 따라서 영혼은 꽃과 나무, 벌과 나비, 새 등 온갖 숨탄것이 깃들이는 정원이 되기도 하고, 생명이 자라지 못하는 불모지나 푸서리가 되기도 한다. 이 정원사는 다름 아닌 예수 그리스도시다. 막달라 마리아에게 나타나신 대로 예수님은 정원사의 모습으로 부활하셨으니 말이다(요 20:15). 이 정원사의 손길에 감촉될 때만 사람의 영혼은 가장 맞춤한 상태의 정원이 될 수 있다. 따라서 들판으로 은유되는 영혼에 가장 종요롭고 가장 긴절한 것, 영혼이 바람직하게 사는 데 더없이 필요한 것, 그것은 다름 아닌 정원사의 모습으로 부활하신 예수님을 찾아 모시는 믿음의 여정이다.

21

천상의 화가가
그림을 그리도록

    정원사에게 봄철은 벅찬 요구와 함께 다가드는 철이다. "낙원의 창설자이신 천상의 화가가 그림을 그리려고 붓을 드셨으니 알록달록 만화방창의 세계를 그리시도록 어서 속히 화폭과 물감을 준비해 드려라." 이 요구에 수굿이 응종하는 것은 구슬땀과 적당한 피로를 수반하는 일이다. 나는 그분이 그림을 그리시도록 대지를 갈아 화폭을 준비해 드리고, 거기에 이런저런 꽃씨를 뿌리고 각종 모종을 심어 물감도 준비해 드린다.
    천상의 화가가 그리신 화폭의 그림이 시간마다 날마다 달마다 바뀐다. 매화, 산수유, 미선나무꽃, 명자꽃, 복사꽃, 팥꽃, 목련, 서부해당, 살구꽃, 자두꽃, 앵두꽃, 황매화, 옥매화, 크로커스, 수선화, 히아신스, 무스카리, 영란수선, 튤립 등이 잠시 화폭의 중심을 차지하고, 저마다 고유한 빛깔로 주위를 찬란히 밝히다가 이운다. 그 뒤를 이어 분꽃나무꽃과 모란이 화폭의 중심을 차지한다. 장미와 작약과 아이리스도 뒤를 이으려 용심한다.

정원사는 땀방울을 훔치며 그때그때 천상의 화가가 그리신 그림을 자신의 눈 속에 마음속에 갈무리하며 그분의 감탄사를 듣는다. "좋구나, 참 좋아!" 이 감탄사가 이어지지 못하도록 화폭을 북북 찢는 세상 한가운데서 천상의 화가가 계속 그림을 그리시도록 대지를 성심껏 그느르고, 그분의 감탄사가 줄기차게 이어지도록 돕는 길, 그게 바로 내가 걸어야 할 정원사의 길이다.

22

지구의 날에

우리는 촌장이 아니다

　우리의 삶에는 무슨 일인가 일어나고, 그러면 직전의 과거로는 되돌아갈 수 없는 때가 있다. 그렇게 일어난 것을 우리는 '사고'가 아닌 '사건'이라고 부른다. 사고와 사건의 차이는 무엇일까? "그 일이 일어나기 전으로 되돌아갈 수 있느냐 없느냐?"가 그 차이다. "사고가 일어나면 최선을 다해 되돌려야 하거니와 이를 '복구'라고 한다. 그러나 사건에서는, 그것이 진정한 사건이라면, 진실의 압력 때문에 그 사건 이전으로 되돌아갈 수 없게 된다. 무리하게 되돌릴 경우, 그것은 '퇴행'이 되고 만다."[1] 어느 날 갑자기 베를린장벽이 무너지고, 어느 날 갑자기 세계무역센터가 잿더미로 변하고, 어느 날 갑자기 세월호가 침몰한다. 이런 일들이 일어나면 그 직전까지 존재했던 세계는 붕괴되고 만다. 지금은 또 하나의 세계가 붕괴되는 중이다. 코로나19의 대유행 이전에 홍

청망청하던 세계다. 코로나19는 이전 세계와 이후 세계가, 이전의 인간과 이후의 인간이 어떻게 달라져야 하는지를 한동안 시퍼런 하늘과 쭉쭉 벋어 가는 가시거리로 선명하게 보여 주었다. 지금 우리는 지구 환경을 오염시키는 주범의 길에서 지구 환경을 그느르는 선한 청지기의 길로, 초록별 지구를 파괴하는 약탈적 소비자의 길에서 생명을 돌보는 정원사의 길로 나아가라는 강력한 촉구를 받고 있다. 이 촉구를 무시하고 과거 세계로 되돌아간다면 우리의 걸음은 진보가 아닌 퇴행이 되고 말 것이다.

젤랄렛딘 루미는 말한다. "우리는 뜨내기일 뿐 촌장이 아니다. 우리는 천한 머슴일 뿐 감독자가 아니다."² 우리가 촌장과 감독자 역할을 자임하는 바람에 하나님의 밭 ager Dei인 초록별 정원 행성이 구석구석 중병을 앓고 있다. 그 위중한 상태를 해마다 폭우와 대홍수로, 폭염과 폭서로, 대형 산불로, 초강력 태풍으로, 생물 종의 대량 멸절로 여실히 드러내고 있다. 이는 인류가 퇴행의 걸음걸이를 지속해 왔음을 보여 주는 생생한 증거들이다. 수많은 생물 종을 학살하고biocide 어머니 대지를 학살하며 정원 행성 지구까지 학살하고geocide 있는 인류는 결단코 진보한 게 아니다! 프랑스 가수 조르주 무스타키Georges Moustaki는 그런 퇴행적 걸음걸이가 우리를 얼마나 암울하게 할 것인지 이미 1971년에 미래의 시점에서 충격적으로 노래한다.

> 이것은 철과 역청 사이,/ 콘크리트와 아스팔트 사이에/ 태어나 살면서 지구가/ 정원이었다는 사실을 아마/ 절대로 모를 아이

들을 위한 노래./ 지구라는 이름의 정원이 있었네./ 햇빛 속에선 금지된 열매처럼 보였어./ 아니, 그건 천국이나 지옥이 아니었어./ 전에 보거나 들어 본 것도 아니지./ 정원, 집, 나무들이 있었지./ 사랑을 나눌 거품 침대도 있었어./ 작은 시내가 파도치지 않고 찾아와/ 정원에 물을 주고는 제 갈 길을 계속 갔단다./ 골짜기 같은 커다란 정원이 있었지./ 어느 계절에나 먹을 것이 있었어./ 타오르는 땅이나 얼어붙은 풀 위에서도/ 이름 없는 꽃들을 찾아냈단다./ 지구라 불리던 정원이 있었네./ 수많은 아이가 들어갈 만큼 넉넉했어./ 우리 조상들이 옛날에 살았던 곳,/ 그들이 다시 자기 조상들에게서 물려받은 곳./ 우리가 태어났을 수도 있었을 이 정원은 어디에 있나?/ 우리 벌거벗고 근심 없이 살았을 그곳은?/ 이 집은 어디 있나? 모든 문이 열린 곳,/ 내가 아직도 찾고 있지만 찾을 수 없는 그곳은?

— 〈정원이 있었네 Il y'avait un jardin〉 전문

초록별 정원 행성이 뜨내기 인류의 탐욕으로 인해 기후 파괴로 중병을 앓고 있는 현재 상황을 훤히 내다본 듯 예언자적 음성을 담고 있는 이 노래가 현실화한다면, 인류와 지구상의 모든 숨탄것에 남는 것은 암울한 절망뿐일 것이다.

우리를 정원사로 부르시는 하나님
암울한 절망과 절망적 현실을 견디는 일이 우리와 후세의 양

식이 되지 않게 하려면, 성서로 눈길을 돌려 우리를 향해 품고 계신 창조주 하나님의 뜻을 묻고 찾아야 한다. 지금은 현재의 생활방식, 약탈적 소비자의 길이 정녕 하나님의 뜻에 맞는 생활방식인지 차분히 살필 때다. 시간이 촉박하다 Die Zeit drängt. 지금은 초록별 정원 행성을 그느르려는 손길이 긴절하다. 그 그느름은 어떤 손길이어야 하는가? 다름 아닌 정원사의 손길이다. 김경희 시인은 그 손길이 어떠해야 하는지 다음과 같이 노래한다.

> 물이 썩고 공기가 썩고 흙이 썩고/ 우리가 썩어도,/ 욕망만이 썩지 않을 때/ 썩은 것이 썩어 거름이 되지 못하고/ 썩은 것이 썩어 해탈이 되지 못하는/ '지구'라는 상처−슬픈 생체生體는/ 영악무지에 벌레먹혀/ 통째로 썩어 떨어지려 하나니/ 신神을 능가하자던 자축자행의 손들을 놓자,/ 놓은 손 씻자, 씻은 손을 잡자,/ 50억의 잡은 손들 오그려!/ 눈물겹게 들어올려야 할/ '지구'라는−절세의 수정水晶
>
> −〈클린 업〉전문[3]

"'지구'라는 절세의 수정"을 눈물겹게 받들어 올리는 손길! 그 손길이 바로 정원사의 손길이다.

초록별 정원 행성을 창조하신 하나님은 에덴에 정원을 **손수 일구셨다**(창 2:8a). 온갖 과실수와 생명나무와 선악을 알게 하는 나무가 자라고, 들짐승과 날짐승과 집짐승이 서식하는 정원이다.

에덴 정원을 일구신 창조주 하나님은 원형적 조원가造園家이시며 모든 정원사의 시원始元이다. 따라서 모든 정원 일은 연년세세 켜켜이 접힌 시간의 주름을 단숨에 뛰어넘어 그 시원과 직결되는 행위라고 할 수 있다.

에덴에 정원을 조성하신 하나님은 흙으로 지으신 사람을 거기에 두셨다(창 2:8b). 이는 사람이 본래 있을 자리가 정원임을 암시하는 게 아닐까. 여러 숨탄것이 창조주가 품부해 주신 생명 에너지를 한껏 내뿜으며 서로 어우러져 조화를 이루는 정원만큼 사람에게 맞춤한 자리는 없다. 게다가 하나님은 사람에게 에덴 정원을 맡기시고 돌보게 하셨다. 이는 조원가이신 하나님이 사람을 동업자로 부르셨음을, 사람의 일차적 성소聖召는 정원 돌봄임을 의미한다. 최초의 사람은 하나님의 부르심에 직수굿이 응종하여 정원을 돌보며 거기에 거주하는 온갖 숨탄것의 이름을 붙여 주며 살았다.

그랬던 그가 어느 날 갑자기 그 정원에서 추방되고 말았다. 하나님의 명을 어기고 선악을 알게 하는 나무의 열매를 먹었기 때문이다. 그로 인해 땅은 저주를 받았고, 그때부터 인간은 추방 이후의 시간, 곧 '실낙원'의 시간을 살게 되었다. 낙원을 떠나면서 낙원 한 조각을 기억 속에 담아 간 최초의 사람은 가시덤불과 엉겅퀴가 자라는 황무지에서 죽는 날까지 수고하지 않으면 안 되었다. 그의 후예인 우리는 그가 기억 속에 갈무리한 낙원 한 조각, 곧 신적 상상력의 결정체나 다름없는 에덴 정원의 한 조각을 이 현실 세계에 구현하기 위해 수고하지 않으면 안 된다.

우리는 내남없이 하나님의 밭인 이 정원 행성을 잘 돌보라고 부름 받은 정원사들이다. 창조 세계를 돌보는 것은 성령의 성전인 우리 몸을 돌보는 것에 뒤지지 않는 참으로 바람직한 책무다. 하나님은 그 책무를 인간에게 맡기셨다. 그 책무는 모든 창조물에 대한 그분의 위대한 사랑의 상징이다. 우리는 그 위대한 사랑에 깊이 참여하는 정원사가 되어, 하나님의 밭인 이 초록별을 낙원처럼 가꾸지 않으면 안 된다.

착한 보행

'지구 생태용량 초과의 날', 즉 '오버슈트 데이Earth Overshoot Day'라는 게 있다. 국제 환경단체인 세계 탄소발자국 네트워크 GFN가 계산해서 발표하는 지구 생태용량 초과의 날은 인류의 생태자원 수요량(탄소발자국)이 그해에 지구가 재생할 수 있는 자원의 양(생태용량)을 넘어서는 날을 말한다. 2019년에는 7월 29일이었지만, 2020년에는 코로나19로 인간의 경제활동이 위축되면서 초과일이 24일이나 늦춰진 8월 22일이었고, 올해는 2019년과 마찬가지로 7월 29일로 추산되었다고 한다. 이는 올해 7월 29일 이후에 소비하는 생태자원은 미래 세대가 쏠 걸 앞당겨 쓰는 거나 다름없다는 뜻이다. 전 세계적으로 진행되고 있는 현재 수준의 자원 소비를 충당하려면 지구가 1.6개 필요하고, 전 세계가 한국 수준으로 자원을 소비한다면 그것을 충당하는 데는 지구가 서너 개나 필요하다고 한다.

지금 우리에게는 획기적인 보법步法이 요구되고 있다. 탄소발자국, 즉 생태 발자국을 되도록 적게 남기는 보법이다. 우리의 행보가 생명을 파괴하지 않고 생명을 살리는 행보가 된다면 얼마나 좋을까? 우리의 보법이 지구를 지속 가능케 하는 착한 보법이 된다면 얼마나 좋을까? 한 수도자의 이야기가 생각난다.

한 수도자가 살고 있었다. 그는 수많은 세월 묵상과 기도와 수행으로 영혼의 무게를 줄여 나갔다. 그런 그의 발길이 닿는 곳마다 환희의 춤판이 벌어지고, 손길 닿는 일마다 그윽한 사랑의 향기가 은은히 퍼지고, 임의 광휘가 소박하게 반짝였다. 남들이 그를 보고 성인이 아닌지 의심했지만, 정작 그는 자기를 성인으로 여긴 적이 없었다. 무슨 일을 하든지 그저 하나님의 자비를 구할 뿐이었다. "죄 많은 이 사람에게 자비를 베푸소서!"

어느 날 천사가 나타나 그에게 물었다. "복 있으라, 그대여! 그대를 갸륵하게 여기신 하나님이 나를 그대에게 보내셨네. 원하는 기적이 있으면 무엇이든 말하게. 그대가 바라는 기적을 하나님이 들어주기로 하셨네. 남을 고치는 치유의 은사를 받고 싶은가?" "아닙니다. 저는 하나님이 몸소 치료하시기를 바랄 따름입니다." 천사가 다시 물었다. … "그러면 그대는 덕행의 모범이 되고 싶은가? 사람들이 그대의 덕행을 보고 그대를 본받도록 말일세." "아닙니다. 그러면 제가 관심의 초점이 될 것입니다. 저는 사람들의 이목을 끌고 싶지 않습니다. 관심을 기울여야 할 대상은 하나님 한 분이십니다." 답답해진 천사가 다시 물었다. "그러면 그대가 바라는 것은 무엇인가?" "그저 하나님의 자비를 바랄 뿐입니다. 하나님의 자비만 있으면 더 바랄 게 없습니다." 천사가 다시 말했다. "하나님의 자비는 누구에게나 내리네. 선한 사람에게나 악한 사람에게나 한결같이 내리지." "잘 알고 있습니다." "그러니 하나님의 자비 말고 그대가 바라는 기적을 말하게. 그러지 않으면 앞서 말한 기적 가운데 하나를 떠맡기겠네." "제가 바라는 것을 꼭 들어주고 싶으시다면, 저를 통해서 좋은 일이 이루어지게 하되, 저 자신은 결코 그것을 알아채지 못하도록 해주십시오."

하나님이 그의 소원을 들어주셨다. 하나님은 그 수도자의 그림자가 그의 뒤에 드리워질 때마다 치유와 감화와 덕행이 풍성히 일어나게 하셨다. 그의 그림자가 닿은 땅은 더없는 영혼의 길지吉地, 치유의 땅이 되었다. 몸과 마음의 질병으로 신음하던 수많은 사람이 치유되고, 황무지가 푸나무 무성한 정원으로 바뀌고, 삶의 무게에 짓눌려 시름겹던 이들의 얼굴에 화색이 돌았다. … 그의 그림자가 드리워진 땅에서는 사람들이 어깨동무하고 환희의 춤판을 벌이며 하나님의 자비를 노래했지만, 정작 그는 자신을 통해 일어난 일들을 전혀 낌새채지 못했다.[4]

생태학적으로 많은 것을 시사하는 이야기가 아닐 수 없다. 라오쯔老子가 도덕경 27장에서 "잘 가는 자는 자취를 남기지 않는다善行無轍迹"라고 말한 대로 이야기 속 수도자는 착한 걸음걸이의 전형이라 할 수 있다. 아무리 걷고 걸어도 누구 하나 다치게 하지 않고 생명과 치유와 평화와 환희만 솟구치게 하고, 아니 온 듯 다녀가면서 하나님의 영광만 드러낼 뿐 자신의 자취나 흔적,

이른바 생태 발자국을 조금도 남기지 않았으니 말이다. 우리는 이 수도자의 보법, 생태 발자국을 최소화하는 소박한 생활 방식을 하루빨리 체화하지 않으면 안 된다.

사람이 지나간 자연은 참혹하다. 꽃이 꺾이고 나무가 꺾이고 풀잎이 밟히고 표토表土가 깎여 나가고 쓰레기가 쌓인다. 하지만 새가 지나간 자리, 구름이 지나간 자리는 흔적이 없다. 새는 산속을 날아다녀도 날개가 나뭇가지에 닿지 않는다. 구름과 비가 지나간 자리는 참 맑고 깨끗하다. 그야말로 선행무철적善行無轍迹이다. 그래서 자연의 모든 것은 정말로 싱둥한 풍경이 된다. 사람도 이와 같을 수 없을까? 우리의 걸음걸이에 무엇 하나 꺾이지 않고, 누구 하나 다치지 않는 그런 길을 걸어가면 얼마나 좋을까? 우리의 행보가 생명을 파괴하지 않고 생명을 살리고 북돋우는 착한 걸음걸이가 되는 것! 생각하면 생각할수록 엄청난 꿈이지만 결단코 떨쳐 버려선 안 될 꿈이다.

자신의 터를 장소로 만들어라

생태 발자국을 최소화하는 소박한 생활 방식을 체화하는 것과 더불어 우리에게 필요한 것은, 딛고 선 자리를 장소화場所化하는 것이다. 자신의 터를 장소로 만들라니 무슨 뜻인가? "좀 더 작게, 좀 더 느리게, 좀 더 가난하게, 좀 더 불편하게!"라는 예언자적 표어를 소박한 삶의 실천 지침으로 삼고, 철두철미 생명을 긍정하고, 어떤 경우에도 생명을 살리는 쪽에 방점을 찍는 삶의 형식을 일구고 거기에서 행복의 거처를 마련하라는 것이다.

사람이 추방된 곳, 가시덤불과 엉겅퀴를 내는 황무지는 우리가 자리한 곳이기도 하다. 황무지는 불가능과 불편, 무능이 도사린 궁한 곳이다. 궁한 곳에서는 어떻게 해야 하는가? 궁한 곳을 통하는 곳으로 만들어야 한다. "그 불가능 속에서 새로운 장소성이 태동하도록, 그 불편 속에서 새로운 운신의 가능성이 생성되도록, 그 무능 속에서 새로운 생산성이 돋도록 해야"만 한다.[5] 우리가 힘써 그리할 때 하나님은 우리의 터를 보시고 이렇게 극찬하실 것이다. "이전에는 지나가는 사람들이 황폐한 땅을 보며 지나다녔으나, 이제는 그곳이 묵어 있지 않고, 오히려 잘 경작된 밭이 될 것이다. 그래서 사람들이 말하기를, 황폐하던 바로 그 땅이 이제는 에덴동산처럼 … 되었다고 할 것이다"(겔 36:34-35).

여기 자신의 터를 장소화한 사람이 있다. 그는 프랑스 작가 장 지오노가 소개한[6] 엘지아 부피에다. 정현종 시인은 그를 기려 시를 지었다.

나무 심는 사람 엘지아 부피에,/ … / 알프스 고지대 버려진 땅에/ 나무 심어 물을 내고 새들을 부르고/ 죽은 땅을 살려 생명을 붐비게 한/ 글 모르는 시골 사람,/ 세상일 아랑곳하지 않고,/ … / 무엇보다도 말 같은 거 하지 않고,/ 심은 나무로만 말을 하고/ … / 피는 꽃들로만 말을 하는/ … / 사람의 모습을 한/ 한 하느님.

─〈한 하느님〉 부분[7]

엘지아 부피에, 그는 지극한 정성으로 자신의 터를 장소화하여 자신의 그늘에 이웃이 머물게 한 신인神人, 모든 정원사의 시원이신 창조주 하나님과 직결된 사람이다.

그런 사람이 더 있다. 중국 내몽골 사막 한가운데 나무를 심어 10여 년 만에 1400만 평의 초원을 일궈 낸 인위쩐 부부다. 이문재 시인은 그 부부의 실화를 한 편의 시로 재구성한다.

사방 어디를 둘러봐도 모래만 보이는 내몽골 한복판에 한 부자父子가 살았다. 여자를 데려오마고 길을 나선 아버지는 10년이 지나도 돌아오지 않았다. 아들은 사방이 사막인 곳에서 고독과 씨름하며 모래의 남자가 되어 갔다. 말을 잊는 게 두려워 밤하늘의 별을 향해 말을 건네기도 했다. 그러던 어느 날 아들은 문밖을 나섰다가 소스라치게 놀랐다. 사람의 발자국이 모래 위에 찍혀 있었던 것이다. 모래바람이 불면 그 발자국이 사라질까 봐, 그는 양푼으로 그 발자국을 덮어놓았다. 사람이 그리운 날이면 양푼을 치우고 발자국을 들여다보기도 했다. 그렇게 반생이 지나갔다. 어느 새벽 밖에서 사람 소리가 들려왔다. 키가 작고 두 눈이 반짝이고 얼굴이 작고 둥근 여자였는데, 근처에서 잃어버린 발자국을 찾으러 왔다는 거였다. 시인은 시의 대미大尾를 다음과 같이 감동적으로 그린다.

모래의 남자는 양푼 속의 발자국을 보여 주었다./ 모래의 여자는 모래의 남자와 살기 시작했다./ 모래 부부는 새벽같이 일어나 나무를 심기 시작했다./ 밤늦게까지 물을 길어 와 모래에다

물을 부었다./ 모래가 물을 간직하기 시작했다./ 풀과 나무가 잎사귀를 내놓기 시작했다./ 모래를 움켜쥔 식물의 뿌리가 부부의 발자국이었다./ 이윽고 꽃이 피고, 벌 나비가 날아들었다./ 천 리 밖에서 사람들이 찾아와 지붕과 창이 있는 집을 지었다./ 모래 부부가 낳은 아들딸들은 모래를 잘 몰랐다./ 모래의 아들은 사막 초원의 아버지가 되어 있었다.

― 〈사막에 나무를 심었다〉 부분[8]

이 부부는 실낙원의 시간을 살면서 복낙원復樂園을 이룬 현대판 '아담과 하와'라고 하겠다.

창조주 하나님은 당신의 정원 행성이 지속되기를 바라셔서 우리를 정원사로 부르신다. 우리 모두 그 부르심에 성실히 응하여 "좀 더 작고, 좀 더 느리고, 좀 더 가난하고, 좀 더 불편한" 소박한 삶의 양식을 이드거니 일구는 보법으로 초록별 지구의 지속 가능성에 이바지하고, 저마다 딛고 선 삶터와 교회 공동체를 에덴동산처럼 장소화하고, 낙원을 얼핏 보여 주는 곳으로 만들어, 그 그늘에 피조물 형제자매가 찾아와 쉬게 하면 좋겠다. 우리 모두 '심은 나무로', '새들의 지저귐'으로, '피는 꽃들로' 실답게 말하는 하나님의 정원사가 되면 좋겠다.

23

영혼의

오솔길

　　세계화를 표방하는 현대 사회는 인간 개성의 파괴에 골몰한다. 현대 사회에서 경쟁과 각축을 부추기는 다양한 이데올로기는 개성 발현에 필요한 힘과 용기와 에너지와 자유를 빼앗고, 좀비처럼 자아 없는 획일적 존재를 양산하는 데 전념한다. 종교도 별반 다르지 않다. 성장 제일주의, 승리주의, 번영 신학을 구현하고, 교회 사유화와 세습을 성사시키는 데 교인 대다수를 동원하고, 그 도도한 흐름에 의혹을 품거나 이의를 제기하는 일이 없도록 으르대는 교회가 적지 않으니 말이다. 사람들에게 자유와 해방의 기쁨을 안겨 주어야 할 교회가 좀비처럼 자아 없는 존재를 대량으로 양산할 수 있다니 참 섬뜩한 일이 아닐 수 없다.

　　성서는 인간이 하나님의 형상대로 창조되었다고 말한다. 이는 사람이 하나님처럼 자유롭게 살도록, 대체할 수 없는 존재로, 소위 원본으로서 창조적으로 살도록 지어졌음을 의미한다. 각 사람 안에는 값을 매길 수 없을 만큼 귀중한 보물, 다른 사람에게 있는 것과는 다른 보물이 들어 있다. 그런 까닭에 개개인은 마땅히 존중되어야 한다. 각 사람은 남에게는 없는 자신만의 숨은 가치를 지니고 있기 때문이다. 랍비 수시야는 죽기 전에 이런 말을 했다고 한다. "내가 저세상에 가면 '너는 왜 모세가 되지 못했느냐'가 아니라 '너는 왜 수시야가 되지 못했느냐'고 문초를 받게 될 것이다."[1] 남 따라 살거나 남의 명령이나 외부의 강요에 떠밀려 사느라 자기만의 고유한 가치를 잃어버리고, 하나님의 형상을 거스르고 만다면 이보다 더 슬픈 일은 없으리라.

대체할 수 없는 존재, 자기만의 고유한 가치를 지닌 원본으로 살려면 어찌해야 하는가? 에덴의 오솔길을 거니시는 하나님처럼(창 3:8), 우리는 자기만의 오솔길을 걸을 줄 알아야 한다. 아브라함 헤셸은 그 오솔길에 대해 다음과 같이 말한다.

> 사람에게는 혼자서 걸어가는 오솔길이 있다. 사회에 닿지 않는 길이 있고, 대중의 눈에 미치지 않는 혼자만의 세계가 있다. 인생은 경작할 수 있는 생산지만 지니고 있는 게 아니다. 거기에는, 사람이 기계가 되어 모든 나사못이 제 기능을 발휘하거나 그렇지 못할 경우 제거되는 기계로 둔갑하지 않는 한, 사회의 이익만을 위하여 활용될 수는 없는 꿈의 산맥도 있고, 슬픔의 지하도 있고, 그리움의 탑도 있다.[2]

자기만의 오솔길, 곧 영혼의 오솔길을 걸을 줄 알아야 하나님의 자녀로서 자유의 몸으로 하나님과 함께 생을 충만히 영위할 수 있다.

    자기의 영혼을 맑고 밝고 고요하게 하는 데 영혼의 오솔길을 걷는 것만큼 좋은 방법은 없다. '영혼의 오솔길 걷기'는 외부의 어떤 흐름과 압박에도 휘둘리지 않는 참된 정체성을 유지하는 데 꼭 필요한 구명수다. 그러하기에 영혼의 오솔길 걷기는 날마다 밥 먹듯이 수행해야 좋다. 그것은 다양한 방식으로 이루어질 수 있다. 나는 먼저 성서 읽기와 기도를 꼽는다. 그다음에는 정원 일을 꼽는다. 정원 일을 할 때면 성서를 읽거나 기도를 할 때와 마찬가지로 마음이 한없이 맑고 밝고 고요해지는 걸 느끼고, 급변하는 시류에 결단코 휘둘리지 않는 내적 평온을 맛보며, 정원사의 모습으로 부활하신 주님과 어깨동무하고서 생명의 길을 걷고 있음을 생생히 느끼곤 한다. 정신을 벼리고 내면을 풍부하게 해주는 독서도 영혼의 오솔길 걷기가 될 수 있다. 발터 벤야민은 스페인으로 망명하려고 험준하기 그지없는 피레네산맥을 넘는 와중에도 독서를 했다고 한다. "내일 지구가 멸망해도 나는 한 그루의 사과나무를 심겠다"고 했던 마르틴 루터처럼, 절체절명의 순간에도 자신의 참 정체성을 잃지 않기 위해 영혼의 오솔길을 걸었던 것이다.

    창조 영성은 영혼의 오솔길 걷기의 실례로, 묵상으로서의 생활예술을 제시한다. 그림 그리기, 시작詩作, 글쓰기, 일기 쓰기, 정원 일, 분재, 자수, 뜨개질, 퀼트, 목공예, 작곡, 악기 연주, 춤, 십자수, 사진 찍기, 서예 등 다양한 생활예술이 묵상의 방편이 될 수 있다. 이러한 생활예술은 우리의 하나님 경험을 담는 거룩한 그릇이 될 수 있다. 누구나 자기에게 알맞은 생활예술이 있기 마련인데 그것을 찾아내어 영위하는 게 중요하다. 그것을 통해 창의력과 상상력을 펼치고, 하나님 경험을 담아내고, 그리하여 영혼이 맑고 밝고 고요해진다면, 우리는 하나님이 신뢰하시는 피조물로서의 사명을 감당하며 실로 생명력 넘치는 삶, 치유와 기쁨이 분수처럼 솟구치는 삶을 영위하게 될 것이고, 우리의 잿빛 일상은 나날이 푸릇해질 것이다.

24

권력 언저리에
서지 말고

    그리스도교 역사 속에서 그리스도를 뒤따르는 이들을 끈질기게 붙좇으며 위세를 부려온 영성이 있다. 그것은 다름 아닌 위아래를 설정하는 영성이다. 수직적인 상승과 하강을 설정하는 영성! 이 영성은 지극히 높은 하늘을 하나님이 계시는 더없이 복된 곳으로 설정하고, 낮고 낮은 대지와 이 세상을 한없이 저주스러운 곳으로 설정한다. 이 영성은 영적 상승을 신적인 것으로 하강을 악마적인 것으로 규정한다. 그래서 지극히 높은 곳에 다다르려면 저주스러운 이 세상을 뒤로하고 날마다 위로 올라가고 또 올라가야만 한다고 주장한다. 중세 교회의 무수한 첨탑 양식과 그 후예인 오늘날의 마천루는 거의 모두 이를 형상화한 것이라고 할 수 있다. 찬송가 중에도 이 영성을 밑절미로 삼은 곡이 있다. 찬송가 491장 1절은 "저 높은 곳을 향하여 날마다 나아갑니다. 내 뜻과 정성 모아서 날마다 기도합니다. 내 주여, 내 맘 붙드사 그곳에 있게 하소서. 그곳은 빛과 사랑이 언제나 넘치옵니다"라며 그 높은 곳을 참으로 있을 만한 바람직한 곳으로 제시한다. 2절은 우리가 발 딛고 선 대지를 "괴롬과 죄가 있는 곳"이라며 깔보고 천대하게 한다. 하나님이 몹시도 사랑하셔서 강림하신 대지이자 귀한 외아들을 보내신 세상인데 말이다.

　이 영성이 영적 여정의 이상형으로 내면화된 모델을 꼽자면 그것은 아마도 그리스 신화의 이카로스일 것이다. 아버지이자 미궁 설계자 다이달로스가 만들어 준 밀랍 날개를 달고 한없이 높은 곳으로 비상하는 이카로스! 하지만 이카로스는 너무 높이 날아오르지 말라는 아버지의 당부를 무시하고 높이 높이 비상하다가 그만 태양열에 밀랍 날개가 녹아내려 바다로 추락하여 익사하고 만다.

　위아래를 설정하는 영성이 제시하는 이미지가 있다. 다름 아닌 계단과 사다리다. 예컨대 기원후 6-7세기에 시나이산에서 수도했던 요한 클리마쿠스는《천국의 사다리》혹은《거룩한 등정의 사다리》라는 책까지 썼다. 이 영성은 지극히 높은 곳에 다다르기 위한 여러 단계를 제시하고, 사다리의 여러 가로대를 제시하며, 추종자들에게 계단과 사다리의 가로대를 차례차례 밟고 올라가야 한다고 말한다. 그러고는 그들의 영적 체온을 재는 물음을 던진다. "당신은 어느 단계에 있나요? 당신은 사다리의 몇 번째 가로대에 있나요? 첫 번째 단계인가요? 아니면 두 번째 단계인가요? 아니면 세 번째 단계인가요?" 이런 물음을 던짐으로써 이 영성은 추종자를 통제하는 힘을 확보한다.

이 영적 계단, 영적 사다리의 꼭대기에는 거의 언제나 성직자가 있다. 오죽하면 '계급 제도, 위계 제도'를 뜻하는 영어 단어 hierarchy가 성직자를 뜻하는 말에서 왔겠는가? Hierarchy는 '성직자'를 의미하는 그리스 단어 '히에로스*iερός*'와 '지배, 통치'를 의미하는 그리스 단어 '아르케*ἀρχή*'의 합성어다. 사다리는 온통 불안으로 가득하다. 일단 높은 곳에 올라간 이들은 자신들의 높은 지위를 지키는 데 골몰한다. 이것을 가장 잘 완수하는 방법이 무엇일까? 그것은 사다리 꼭대기와 가로대를 성역화하는 것이다. 사다리를 성역화하여 붙인 이름이 바로 hierarchy다. 위계 제도에서 꼭대기는 거룩함을 의미하고, 다른 사람들의 행위를 가늠하고 규제하는 규범이 된다. 위계 제도가 작동하는 곳에서 꼭대기는 본질상 난폭하기 쉽다. 높은 꼭대기, 가령 마천루의 옥상에 서서 아래를 내려다본다고 상상해 보라. 밑에 있는 사람들이 아주 작게 보일 것이고, 그러면 폭력을 초래하는 결정을 합리화하기가 매우 쉬워질 것이다. 밑에 있는 사람들의 얼굴을 마주하여 볼 수 없기 때문이다.

그리스도인 중에도 사다리 꼭대기에 이르려고 애면글면하는 사람이 적지 않다. 이 변질의 역사는 실로 유구하다. 그리스도를 뒤따른다는 제자들 가운데도 권력의지 *der Wille zur Macht*에 사로잡힌 자가 더러 있었다. 세베대의 아들들의 어머니가 아들들과 함께 예수님에게 다가가서 절하며 청한다. "나의 이 두 아들을 선생님의 나라에서, 하나는 선생님의 오른쪽에, 하나는 선생님의 왼쪽에 앉게 해주십시오"(마 20:21). 그러자 예수님은 통치자들과 고관들의 폭력성을 지적하시며 이렇게 대답하신다. "너희 가운데서 위대하게 되고자 하는 사람은 누구든지 너희를 섬기는 사람이 되어야 한다"(마 20:26-27). 이는 지배하려는 의지가 얼마나 악한지, 하나님 나라는 어떤 사람들로 이루어지는지 밝히신 것이라고 할 수 있다. 정현종 시인은 〈나쁜 운명〉이라는 시에서 이 세상의 지배자들을 나쁜 사람이라고 말한다.

> 이 세상은
> 나쁜 사람들이 지배하게 되어 있다.
> …
> '좋은' 사람들은 '지배'하고 싶어 하지 않고
> '지배'할 줄 모르며 그리하여
> '지배'하지 않으니까.
>
> ─ 〈나쁜 운명〉 부분[1]

그렇다. 하나님 나라는 지배하고 싶어 하지 않는 사람들, 지배할 줄 모르는 사람들로 이루어진 나라다. 그러니 우리는 어떤 형태로도 권력 언저리에 서려 하지 말고 오로지 "섬기러 왔다"(마 20:28) 하신 예수님을 본받아 서로 섬기는 일에만 전념해야겠다.

무시로
다가드시는
분

무엇을 마주하건 무슨 일을 겪건 간에
늘 감사의 렌즈를 끼고 살아야겠다. 무시로 다가드시는
하나님을 맑고 고요한 마음의 눈으로 알아보고
내 삶터를 환대와 잔치와 축복이 어우러지는 공간으로,
감사가 넘치는 공간으로 만들어 가야겠다.

1

내면의 아이

정원의 푸나무들이 하루가 다르게 몸피를 불리며 꽃을 피우고 있다. 그 꽃들을 유심히 관찰한다. 크건 작건 화려하건 수수하건 꽃들은 제 옆의 꽃을 시샘하거나 부러워하지 않는다. 꽃들은 비교라는 것을 아예 모른다. 저마다 자기에게 품부된 본성에 충실하게 피어나 더없이 환한 꽃등으로 창조주의 영광을 드러내고, 보는 이의 마음속에 경이감을 불러일으킬 뿐. 다른 꽃들의 그늘 속에 있어도 시샘할 줄 모르는 꽃들의 마음을 아주 잘 표현한 시가 있다.

뒤로 물러서 있기
땅에 몸을 대고

남에게

그림자 드리우지 않기

남들의 그림자 속에서
빛나기

— 라이너 쿤체, 〈은엉겅퀴〉 전문[1]

　자기가 아무리 작아도, 남이 드리운 그늘 속에 있어도, 시르죽거나 샘내지 않고 오히려 제 속에 있는 빛을 한껏 뽑아 올려 제 주위를 환히 밝히는 꽃들은 교범教範이 전혀 없는 자기만의 고유한 삶, 대체할 수 없는 존재의 삶을 영위한다.
　식물의 세계는 이러한데 우리 인간 사회는 어떤가? 구성원 누구나 대체할 수 없는 존재로서 생을 충만히 영위하는 사회인가? 아무리 좋게 보려고 해도 그런 사회는 아닌 것 같다. 규격화된 존재를 양산하느라 분주한 사회, 경쟁과 각축에 최적화된 인간을 양산하기 위한 교범을 절대 기준으로 제시하는 사회, 그런 교범대로 살지 않거나 거기에 미치지 못하는 이를 실패자로 낙인찍는 사회, 우열을 가르거나 순위를 매겨 줄 세우는 사회, 남과 끊임없이 비교하며 우월감이나 열패감을 느끼게 하는 사회, 이게 바로 우리 사회가 아닌가 싶다. 이런 사회에서는 힘없는 약자들, 그중에서도 어린이들이 최대 피해자가 될 수밖에 없다. 설렘, 가슴 뛰는 삶, 그야말로 기운생동이 특징이 되어야 할 어린이들이 어른들이 제시한 수많은 교범을 따라가느라 기진맥진 상태이기 때문이다.

어른들이 어린이들에게 교범을 들이대는 이유는 어른들이 자기 내면의 아이를 멀리 떠나보냈기 때문일 것이다. 파블로 네루다는 《질문의 책》에서 이런 물음을 던진다.

> 나였던 그 아이는 어디 있을까,
> 아직 내 속에 있을까 아니면 사라졌을까?
>
> 내가 그를 사랑하지 않았다는 걸 그는 알까
> 그리고 그는 나를 사랑하지 않았다는 걸?
>
> 왜 우리는 다만 헤어지기 위해 자라는 데
> 그렇게 많은 시간을 썼을까?
>
> 내 어린 시절이 죽었을 때
> 왜 우리는 둘 다 죽지 않았을까?
>
> ―〈44〉부분[2]

이제 우리 어른들은 멀리 떠나보낸 아이를 되찾아야 한다. 아이가 추방된 어른들만의 세계는 삭막하기 그지없다. 우리는 경쟁과 각축, 차별과 배제가 난무하는 세상을, 모든 이가 함께 어우러져 삶의 환희를 노래하며 어깨춤을 들썩이는 세상으로 만들라고 부름 받았다. 저마다 멀리 떠나보낸 내면의 아이를 되찾고, 어린이로 대변되는 약자들이 자기만의 고유한 가치를 창조적으로 발현하며 살 수 있도록 세상을 고치고 싸매고 새롭게 하는 것, 그것이 바로 우리가 따라 걸어야 할 주님의 길이다.

2

작다고
시르죽지 않고

"산골로 가는 것은 세상한테 지는 것이 아니다/ 세상 같은 건 더러워서 버리는 것이다"(백석)라며 은자隱者처럼, 외딴곳 깊은 골짜기 바위틈에 홀로 자리하여 피는 꽃, 화형花形이 크고 빛깔이 화려하여 대번에 시선을 끄는 꽃도 아름답지만, 작고 수수해도 무리 지어 연대할 줄 알아서 딛고 선 자리 언저리를 환하게 만드는 꽃들은 더 아름답다.

키 작은 마거리트, 애기말발도리, 위실꽃, 패랭이꽃, 금어초가 한창이다. 이들은 드레드레 꽃봉을 달고 열어 봄철 화단에 환한 빛살을 내려앉히는 경이로운 힘을 지녔다. 그들은 작다고 시르죽지 않고 끊임없이 분지分枝를 거듭하여, 서로 어깨를 촘촘히 걸고 기대며 저마다 꽃등을 주렁주렁 내걸고 환히 당당히 웃는다.

키 작은 마거리트는 봄꽃이지만 이곳 남녘에서는 늦가을에 발아하여 겨울을 녹색으로 견뎌 내다가 기온이 오르는 5월에 목마거리트와 어우러져 절정을 이루는 풀꽃이다. 2월 무렵 화단 이곳저곳에서 모종을 떠서 큰 화분에 옮겨 심고 거름과 물을 적당히 주며 그느르면, 그 화사함 위에 환한 빛살이 내려앉아 오래도록 노닌다.

3

늙음은

적이 아니다

정원은 발아, 성장, 개화, 결실, 소멸이 병존하는 곳이다. 이제 막 개화하는 식물이 있는가 하면 드레드레 달았던 꽃잎들을 속절없이 떨구는 식물도 있다. 이제 막 발아한 식물이 있는가 하면 벌써 열매를 맺어 충실을 기하는 식물도 있고, 맺은 씨앗을 대지에 흩뿌리고 휴면에 드는 식물도 있다. 요즘은 활짝 핀 꽃만이 아니라 지는 꽃, 져서 씨를 맺는 식물도 정원사의 발목을 오래도록 붙잡는다. 그렇게 나이 듦, 늙어감을 묵상하게 하는 식물들과 눈높이를 같게 하여 지며리 들여다보면 그들이 보내오는 메시지를 감득하게도 된다.

꽃이 지는 것은 패배가 아니에요.
나이 듦은 형벌이 아니에요.
充實로 가는 관문일 뿐.

낙화도 노화도 어엿한 선물이에요.
영롱한 빛깔을 뽐내는 꽃과
푸름을 자랑하는 젊음
그 너머가 아니면
차오르지 않는
생의 열매가 있거든요.

시든 꽃들이 전하는 의미심장한 메시지를 마음 갈피에 갈무리하면서 나이 듦, 늙어감에 대해 잠시 생각해 본다.

뉴욕에 살던 한 코미디언이 죽기 전에 이런 유언을 남겼다고 한다. "내가 죽으면 내 시체를 해부 실습용 대상으로 기증하겠소. 특별히 하버드 대학으로 보내 주길 바라오." 그 이유를 묻자 이렇게 답했다고 한다. "이것이 부모님의 소원을 들어 드릴 수 있는 유일한 방법이기 때문이오. 부모님의 평생소원은 내가 하버드 대학에 들어가는 것이었소."

자식은 겉을 낳지 속을 낳지 못한다는 속담대로, 자식이 늘 어버이의 마음을 헤아리는 것은 아닌 것 같다. 대개 자식은 부모를 언제나 늙은 사람 취급한다. 자신들보다 부모가 더 많은 세월을 살았기 때문이다. 자식은 부모의 견해나 가르침을 고리타분한 것으로 여기기도 한다. 늙은 것을 낡은 것으로 여기기 때문이다.

그래서일까? 현대 의학의 발전과 더불어 우리 사회가 빠른 속도로 고령화 사회에 진입하고 있고, 게다가 장수는 분명 축복인데도, 사람들은 늙음을 패배·형벌·질병으로 여긴 나머지 노년을 잊으려고, 노년을 부정하려고 필사적으로 애쓴다. 늙어 가면서 점점 더 아름다워지는 것은 있을 수 없다는 듯이, 늙어 갈수록 더 아름답고 더 소중하고 더 바람직하고 더 생기 넘치는 것은 불가능하다는 듯이, 활력과 노화 방지를 혼동하기도 한다. 그런 이유로 심장병이나 암을 치료하는 기술보다는 늙은 모습을 감추는 기술에 훨씬 많은 돈과 힘을 투자한다. 실로 우리 시대는 노화 방지 제품, 성형외과, 헬스클럽이 판치는 시대다. 노인들 자신도 이런 생각을 품고 있다. "나는 가정과 사회에서 쓸모없는 존재다. 나는 가정과 사회로부터 거절당했다." 우리 사회에서 노년은 적이 되어 가고 있다.

과연 늙음이 떨쳐 버려야 할 적인가? 우파니샤드는 이와 관련하여 의미심장한 이야기를 들려준다.

아주 먼 옛날 사람들이 울부짖으며 외치기 시작했다. "공간이 턱없이 부족합니다. 공간이 턱없이 부족합니다." 그들의 말은 사실이었다. 평원의 초목들이 너무 크고 빽빽하고 촘촘하게 자라나서 낫이나 칼로는 그것들을 쳐서 길을 낼 수가 없었다. 빽빽한 갈대숲과 가시덤불이 나무들을 질식시키겠다고 으르대며 우뚝 자라서 영원한 그늘을 드리우고 있었다. 식량은 턱없이 부족했다. 곡식을 재배할 곳이 없었기 때문이다.

그러나 그것은 문제의 한 부분에 지나지 않았다. 이제까지 단순하게 살면서 번식해 가던 모든 것이 차츰차츰 크게 자라더니 늙을 줄도 모른 채, 북적거리는 온갖 생명의 무게로 대지 자체를 짓눌러 버리겠다고 으르대고 있었던 것이다.

죽음의 여신 칼리가 자기의 산꼭대기에서 사람들의 울음소리를 듣고 잠에서 깨어났다. 그녀는 침상에서 급히 일어나 침실 창문을 거칠게 열었다. 그녀 눈에 들어온 경치가 마음을 누그러뜨렸다. 아래쪽을 보니 여러 패의 사람들이 빽빽한 나무들에 둘러싸인 채 바글거렸다. 나무들이 어찌나 큰지 하늘까지 가릴 지경이었다. 온갖 종류의 동물이 조심조심 군중을 헤치고 지나갔다. 고약한 땀 냄새와 어찌할 바를 모르고 간청하는 새된 목소리가 누리에 가득했다.

칼리는 창에서 돌아서서 종으로 부리는 시간을 급히 불러 말했다. "말들을 끌어다 마차에 매어라."

그러고 나서 칼리는 자신의 보물 상자를 열고 어두컴컴한 안쪽에서 꾸러미를 하나씩 하나씩 끄집어내어 바닥에서 천장에 이르기까지 방 전체를 선물로 쌓아 올렸다. 선물마다 금박지에 싸여 반짝거렸다.

시간이라는 종이 마차를 현관에 대령하자 칼리가 마차에 자신의 선물꾸러미를 가득 채우라고 명했다. 채찍이 한 차례 날카로운 소리를 내자 말들이 그 모든 것을 싣고 하늘을 가로지르며 달려 내려가 대지와 그 속에 깃들여 사는 불쌍한 사람들에게 이르렀다.

칼리는 집집이 도회지마다 마을마다 찾아다녔다. 그녀는 멈춰 서는 곳마다 마차에서 시간을 내리게 하고는 명령했다. "선물을 가득 안고 가서 이곳에서 살거나 자라고 있는 모든 이에게 나누어 주어라." 금박지가 찢어질 때마다 그 속에 든 선물이 드러났다. 그러나 들뜬 반응을 보이는 이는 아무도 없었다.

　　칼리가 사람들에게 가져다준 것, 칼리가 포장해서 사람들에게 준 것은 쇠락, 곰팡이, 먼지, 녹, 우글쭈글 바싹 마른 껍질, 주름살, 추위, 노화였다.

　　그날 잎사귀들이 난생처음 퇴색해서 떨어졌고, 식물 줄기들이 말라서 축 늘어진 채 땅으로 돌아갔다. 그날 사람들은 난생처음 자기들 얼굴에 주름살이 패이고, 손발과 관절이 뻣뻣해지고, 눈이 침침해졌다는 것을 알았다. 이어서 동물들의 죽음과 그로 인한 상실의 고통이 찾아왔고, 그다음에는 사람들의 죽음과 그로 인한 상실의 고통이 찾아왔다. 연장자들은 떠나가거나 비켜서서 아이들에게 자리를 양보했다.

　　그때 이후로 칼리는 자기 앞에 시간을 보내어 칼리의 길을 닦게 하고, 시간의 특별한 선물로 사람들을 준비시켜 칼리를 맞이하게 하였다. 시간이 백발이라는 선물을 지혜라는 금박지로 감싸는 것은 그 때문이다.[1]

늙음과 쇠락이 선물이 될 수 있다니, 늙을 줄 모르고 번성하기만 하는 생명체들의 무한성을 해결해 주겠다고 보내온 선물이 나이 듦과 육신의 쇠락이라니, 실로 충격적인 이야기가 아닐 수 없다. 나이 드는 것과 육신의 쇠락이 선물이라는 인식은 시간이 지남으로써만 확실해지는 가치들, 나이가 듦으로써만 분명해지는 가치들이 있다는 인식을 내포하고 있다.

성서에서 하나님은 시간이 지남으로써만 확실해지는 가치들, 나이 듦으로써만 분명해지는 가치들이 있음을 다음과 같은 명령을 통해 밝히신다. "백발이 성성한 어른이 들어오면 일어서고, 나이 든 어른을 보면 그를 공경하여라"(레 19:32). 이는 노년은 패배가 아니라 승리이고, 늙음은 형벌이 아니라 특전이며, 적이 아니라 인생의 절정이니, 어르신들의 경험과 지혜에 공경을 표하라는 뜻이다. 인생의 각 단계는 이전 단계와 같지 않다. 인생의 각 단계는 나름의 선물, 나름의 특성을 갖추고 있다. 그것들은 우리가 나이를 먹지 않으면, 그리고 한 단계에서 다른 단계로 나아가지 않으면 충분히 맛볼 수 없는 것들이다. 나이 들거나 한 단계에서 다른 단계로 나아가는 일이 없으면, 우리는 영원한 철부지가 되고 말 것이다. 그것들이 없으면 우리의 영혼은 늙거나 시들거나 무르익을 줄 모를 것이고, 우리의 사회적 지위도 정지 상태가 되고 말 것이다. 우리는 끝없이 살겠지만 우리 뒤에 오는 사람들에게 쓸모없는 자가 되고 말 것이다. 백발과 주름살과 뻣뻣한 관절은 인생의 각 단계를 겪으면서 쌓은 경험과 지혜의 상징이나 다름없다. 노인 세대는 겉만 번지르르한 모든 것이 빛을 잃었을 때도 여전히 살아남을 소중한 가치들을 다음 세대를 위해 간직하고 있다. 그러하기에 어르신들은 당연히 존경과 공경을 받아야 하고, 마땅히 우리 사회의 앞자리에 앉아야 한다.

앞서 인용한 성구에서 또 하나 주목할 것은 나이 든 어른 공경과 하나님 경외를 나란히 배치하고 있다는 사실이다. "나이 든 어른을 보면 공경하여라. 너희의 하나님을 두려워하여라. 나는 주다"(레 19:32). 어르신들을 공경하지 않고서는 하나님을 경외할 길이 없다는 뜻이다.

노년기는 밤샘 파티와 소모적인 구직 활동을 뒤로하고, 아이 양육과 직업 추구의 시기를 지나, 시인들이 높이 평가하는 느긋한 명상 생활과 철학자들이 갈망하는 거룩한 지혜로 옮겨 가는 시기다. 노년기는 인간이 마지막으로 성장할 수 있는 시기다. 노년기는 인간 자신이 수많은 세월을 보내면서 어떤 사람이 되었는지 돌아보고, 자신의 현재 모습이 다른 사람들 때문이라고 탓하기를 멈추고, 지금이라도 의당 되어야 할 존재가 되겠다고 다짐하는 시기다. 그뿐 아니라 노년기는 정지된 시기가 아니라 내면으로 성숙할 기회를 잡은 시기다. 요컨대 노년기는 지혜와 더불어 늘어 가는 시기, 통찰력을 끊임없이 새롭게 갈무리하며 지혜를 발전시키고, 몸소 체득한 소중한 가치들을 살아 냄으로써, 다음 세대에게 의당 계속되어야 할 것이 무엇인지 그 비전을 물려주어, 세계가 피상적이고 천박한 것들로 정신 못 차리는 일이 없게 하는 시기다.

4

정원사의
자리

　겨울 가뭄과 봄 가뭄에 시달렸는데 지난 이틀 동안 비가 하염없이 내렸다. 마거리트, 팬지, 피튜니아, 서피니아, 작약, 관상용 양귀비 등 보기 좋게 자라던 꽃들이 빗물의 무게를 이기지 못하고 고개를 잔뜩 숙이거나 눕거나 꺾이고, 땅장미와 줄장미의 꽃잎들이 비바람에 사방팔방 흩날려 정원 구석구석이 어질더분해졌지만, 고마운 비 덕분에 그동안 갈증에 시달리던 대지는 속속들이 젖어 들었다. 어질더분한 것은 새뜻하게 소제하면 될 테고, 급수給水의 수고는 한동안 하지 않아도 되니 정원사에게는 더없이 잘된 일이다.

　꽃잎들이 흩날려 쌓인 정원을 거닐면서 잠시 정원사의 자리를 생각해 본다. 정원사의 자리만큼 "사람이 장소가 되는 이치"(김영민)를 밝히 보여 주는 곳은 없는 것 같다. 정원사의 자리는 흙을 만지는 즐거움, 직접 심어 가꾼 푸나무와 풀꽃을 보며 환희를 맛보는 곳이기도 하지만, 벌·나비·풀벌레·새·사람을 불러들이고, 이들을 풀이나 푸나무와 이어주는 곳이기도 하다. 또한 정원사의 자리는 꽃을 매개로 사람과 사람을 이어주는 곳이기도 하다. 고바야시 잇사小林一茶가 노래한 대로 "꽃그늘 아래/ 생판 남인 사람은/ 아무도 없"기 때문이다.[1] 무엇보다도 정원은 하나님이 거니시는 곳이고(창 3:8), 천사들이 머무는 곳이며(매튜 폭스), 예수님이 자주 찾으시고(요 18:1-2) 체포되시고(요 18장) 십자가에 달리셔서 안치되시고(요 19:41-42) 정원사의 모습으로 부활하신(요 20:15) 곳이기도 하니, 정원사의 자리는 하나님과 숨탄것, 그리스도와 생명을 중개하는 자리이기도 하다.

    이 세상에 참으로 바람직한 자리가 있다면 그것은 이해 당사자의 자리가 아니라 생명을 그느르고 생명과 생명을 이어주고, 생명과 생명이 서로 손잡고 조화를 이루게 하는 중개의 자리다. 그 자리가 바로 정원사의 자리다.

5

하나님의 감탄 부호

비밀의 정원 한가운데서 정원을 신록으로 물들이는 나무들과 무수한 꽃등으로 정원을 환히 밝히는 꽃들과 어우렁더우렁 어우러져 녹색 예배를 드리는 날이다. 되도록 사람의 목소리는 소거하고, 푸나무가 전하는 말씀을 귀여겨들으며, 영혼을 파릇파릇한 힘 *viriditas* 으로 가득 채우는 날이다.

현대인이 피조물의 소리를 귀여겨듣기란 여간 어려운 일이 아니다. 생활 공간을 잠식하는 각종 소음, 고막을 찢을 듯 달려드는 경적, 시끄러운 음악 소리, 삶터와 일터의 다양한 기계음이 난무하는 도시 생활에 익숙해져 있기 때문이다.

이렇게 우리의 삶과 내면으로 쉴 새 없이 파고드는 시끄러운 소리를 뒤로하고 깊은 계곡을 두루 돌아 졸졸 흐르는 물소리, 상쾌한 아침을 여는 명랑한 새소리, 솔숲 사이로 솔솔 부는 바람 소리, 먼지 낀 영혼을 시원하게 닦아 내리는 파도 소리를 귀담아듣는 일은 우리의 마음을 갈데없이 깊고 그윽하게 하는 경험이다. 초록이 지천인 숲이나 알록달록한 정원에 들어가 피조물의 전언을 듣고, 풀 한 포기, 꽃 한 송이를 오래 들여다보며 대화를 나누고, 주위를 에워싼 피조물과 어깨동무하면서 창조주 하나님을 기리는 일은 아주 색다른 경험이다.

이처럼 숲이나 정원을 찾아가서 녹색 은총을 경험할 기회가 생긴다면, 되도록 입을 적게 열고 귀는 많이 열어 두는 게 좋다. 기계음을 내는 기기들을 손에서 내려놓고 마음의 귀를 활짝 열어 창조주 하나님이 녹색 피조물을 통해 건네시는 설교를 고분고분 듣고, 마음의 눈을 활짝 떠서 창조주 하나님이 황토 위에 쓰신 녹색 문장을 지며리 읽는 게 좋다. 이는 성서의 창조 전통에 섰던 분들이 아주 오래전부터 사용해 온 방법이다. 예수님은 창조 전통의 가장 확실하고 분명한 대변자이셨다. 예수님은 대지와의 관계, 대지 위에서 소박하게 사는 사람들과의 관계를 가장 친밀하게 맺으셨던 분이다. 또한 예수님은 하늘을 나는 새, 들의 백합, 물고기들, 양 떼, 염소들, 태양, 비, 겨자씨 등과 사랑에 빠지셨던 분이다. 예수님의 여러 비유 속에는 그분이 피조물 형제자매와 맺으셨던 관계가 진하게 녹아 있다.

우리는 대지와 그 속에 거주하는 피조물과 동떨어진 존재가 되어서는 안 된다. 우리는 종이 위에 인쇄된 성서도 읽어야 하지만, 무엇보다도 대지와 피조물이라는 책을 읽을 줄 알아야 한다. 대지와 피조물의 가슴팍에는 "있어라, 생겨라, 돋아나게 하여라, 생육하여라, 번성하여라, 충만하여라"라는 하나님의 말씀이 깊이 새겨져 있고, 더욱이 "좋구나, 참 좋아!"(창 1장 참고)라는 하나님의 최상급 감탄사까지 아로새겨져 있다. 피조물은 하나하나가 다 감탄 부호다. 아주 오래전에 하나님이 고동치는 마음으로 깎아 대지 곳곳에 세워 두신 느낌표다. 녹색 문장을 읽는 일은 하나님의 느낌표를 찾아 나서는 일이자 창세로부터 지금까지 면면히 이어져 온 하나님의 감탄 행위에 참여하는 일이다. 인간의 무지막지한 개발과 약탈적 소비가 대세로 굳어 버려 하나님의 감탄 부호인 생물 종이 급속도로 멸종되고 있는 이 시대에, 녹색 예배를 드리며 하나님의 감탄 부호를 찾아 나서는 행위는 그 의의가 여간 큰 게 아니다.

그러니 우리는 마음의 키를 대지만큼 낮추고, 대지 위에 거주하는 피조물에 마음의 눈높이를 맞추어 다가가고 볼 일이다. 피조물이 다가와서 우리 마음의 귀에 모든 것을 말하게 하고, 피조물이 저마다 한 권의 책이 되어 전하는 하나님의 말씀을 경청하는 즐거움에 푹 빠지고 볼 일이다. 이 독서만큼 우리 영혼을 파릇파릇하게 하는 것은 없다. 대지와 그 위에 거소居巢를 둔 피조물이 싱그러운 에너지를 내뿜으며, 우리 영혼을 창조주 하나님께로 돌려세워 "주 우리의 하나님, 주님의 이름이 온 땅에서 어찌 그리 위엄이 넘치는지요?"(시 8:9) 하면서 찬양하게 하기 때문이다.

6

겸손히

몸을 낮추고

비밀의 정원에 핀 꽃들을 접사하다 보면 무릎을 꿇을 때가 많다. 더 자세히 보기 위해서다. 무엇이든 자세히 보려면 마음의 키와 눈을 한없이 낮추어야 한다. 오늘도 그랬다. 마음을 한없이 낮추었다. 그랬더니 어섯눈으로 볼 때는 알아채지 못했던 비밀을 꽃들이 열어 보였다. 그 비밀들에서 사물의 투명성과 창조주의 직접성을 생생히 느낄 수 있었다. 그런 비밀을 깨달은 분들의 말씀도 떠올랐다.

만물 안에서 하나님을 감지하십시오. 하나님은 만물 안에 계시니 말입니다. 피조물은 저마다 하나님으로 가득 차 있고, 하나님에 관해 기록한 한 권의 책입니다. 모든 피조물은 하나님의 말씀입니다.

— 마이스터 엑카르트[1]

창조의 시는 중단되지 않는다.
그러나 그것을 듣는 귀를 가진 사람은 드물다.
―헨리 데이빗 소로우[2]

우주는 하나님의 일차적 계시이자 일차적 성서이며,
하나님과 인간이 사귀는 첫 번째 자리이다.
―토머스 베리[3]

이분들은 모두 생명의 둥우리에서 창조주 하나님을 보는 맑은 눈의 소유자였던 것 같다. 이분들의 목소리는 우리가 신적인 지식과 사랑에 잠기려면 사물을 맑고 투명하게 보아야만 한다고 말한다. 그것은 사물을 통해 신적인 근원을 보고, 사물의 투명성과 창조주의 직접성을 경험하는 것이기도 하다.

사물의 투명성과 창조주의 직접성을 경험하려면 마음을 열어야 함을, 인간이 사물보다 우월하다는 의식을 접고 겸손하게 몸을 낮추어야 함을 다시 갈무리한다. 겸손한 자세로 피조물에게 다가가서 피조물이 전하는 하나님의 말씀에 귀 기울이고 우주라는 책을 읽고자 힘쓸 때, 피조물이 다가와서 우리 귀에 모든 것을 말해 줄 것이다. 우리는 피조물과 우주가 분출하는 건강한 에너지에 흠뻑 젖고, 그들을 통해 우리의 영적 상태와 마음을 점검하는 뜻깊은 기회를 얻게 될 것이다. 우주의 책갈피에서 말씀을 길어 올리고 피조물의 신적인 근원을 알아채는 경험은 언제나 새롭고 싱그럽다.

7

창조의

길

 마이스터 엑카르트는 말한다. "어떤 사람이 항상 처녀로만 머무른다면 그는 아무 열매도 맺지 못한다. 그가 열매를 맺으려면 부인이 되어야 한다."[1] 그는 '부인'이 어떤 존재인지도 설명한다. "어떤 사람이 하나님을 자기 안에 받아들이는 것은 좋은 일이다. 이 수용성을 일컬어 처녀의 일이라고 한다. 하지만 이보다 더 좋은 일은 하나님이 그 사람 안에서 열매를 많이 맺는 것이다. 선물에 대한 유일한 감사는 그 선물의 결과로서 열매를 맺는 일이기 때문이다. 그러한 사람을 일컬어 부인이라고 한다. 부인은 우리가 영혼에 부여할 수 있는 가장 고귀한 이름이다. 부인은 처녀보다 훨씬 더 고귀하다. 날마다 그러한 사람은 일백 번이라도 열매를 맺으며, 일천 번이라도 열매를 맺으며, 헤아릴 수 없을 만큼 무수히 만물의 가장 고귀한 기반에서 낳고 열매를 맺는다."[2] 은총을 받아들이고 누리는 것은 좋은 일이다. 창조, 낳음, 열매 맺음을 위한 토양이 될 수 있기 때문이다. 하지만 받아들이고 누리는 자리에 눌러앉아서 창조적인 삶으로 나아가지 않는다면, 아무 열매도 맺지 못하는 불임의 삶이 되고 말 것이다. 아무것도 낳지 못하는 불모의 삶에서 벗어나려면 처녀의 길에 머물러 있어서는 안 된다. 힘차게 낳고 짓는 창조의 길, 환희가 넘치는 부인의 길로 나아가야 한다.

하나님은 자신을 어떻게 인식하시는가? 하나님은 시편 2편 7절에서 "너는 내 아들, 내가 오늘 너를 낳았다"라고 하심으로써 자신을 낳는 자, 창조자로 인식하신다. 마이스터 엑카르트는 말한다. "하나님은 몸 푼 여인처럼 분만용 침대 위에 누워 계신다. 여기서 말하는 분만용 침대는 자기를 중심으로 삼던 태도를 버린 영혼, 곧 내주하시는 하나님을 받아들인 선한 영혼을 가리킨다. 여기에서 낳음이 이루어진다. 이 낳음이야말로 영원 전에 하나님의 부성애에서 샘솟은 하나님의 자기 인식 방법이다. 이 낳음 속에 하나님의 모든 기쁨이 자리하고 있다."[3] 이 자기 인식 방법을 따라 하나님은 지금도 여전히 낳고 창조하고 계신다. 제2대 유엔 사무총장 다그 함마르셸드Dag Hammarskjöld는 테러와 전쟁과 파괴로 얼룩진 세상을 보고 슬퍼하며 사람들에게 이런 물음을 던졌다. "그대는 창조하는가 아니면 파괴하는가?" 우리는 창조주 하나님을 아버지로 모시는 자녀답게 창조의 길을 걸어야 한다.

오늘은 성령강림절! 성령은 생명의 영, 평화의 영, 창조의 영이다. 낳고 창조하고 살리는 것이 성령의 본업이다. 성령은 인간들이 만들어 낸 음지를 밝은 양지로, 슬픔을 환희의 노래로, 모든 상처를 할렐루야로 변환하시는 분이다. 성령은 "나는 사랑받지 못하는 자"라는 생각에 쓰라린 눈물을 흘리는 사람의 영혼 깊은 곳에 작용하셔서 적극적이고 창조적인 삶을 살게 하는 분이다. 그러니 우리의 현주소가 어떠하든, 우리 삶에 어떤 그늘이 드리워져 있든, "성령님, 제 처지를 보아주세요. 제 사정을 들어주세요. 저의 막힌 삶을 통하게 해주세요. 찬양하며 살게 해주세요" 하면서 우리 삶을 하나님께 내어 드리고, 하나님의 자기 인식 방법인 낳음, 그야말로 생생히 낳고 짓는 창조의 길, 환희와 기쁨이 넘치는 생명과 평화의 길을 힘차게 걸어가면 좋겠다.

8

성령의 공공성

예수님은 "주님의 영이 내게 내리셨다"라면서 소위 **가·포·눈·눌**로 약칭되는 사회적 약자를 그느르는 분이 성령이라고 밝히신다(눅 4:18-19). 이것은 '성령의 공공성'을 밝히신 것이라고 할 수 있다. 바울 사도는 고린도전서 12장 7절에서 성령의 공공성을 이렇게 표현한다. "각 사람에게 성령을 나타내심은 유익하게 하려 하심이라"(개역개정판). 새번역 성경은 이 구절을 이렇게 번역한다. "각 사람에게 성령을 나타내 주시는 것은 공동 이익을 위한 것입니다." 그리고 가톨릭 성경은 "하느님께서 각 사람에게 공동선을 위하여 성령을 드러내 보여 주십니다"라고 번역한다. 개역개정판의 "유익하게 하려는 것", 새번역 성경의 "공동 이익을 위한 것", 가톨릭 성경의 "공동선을 위하여"는 모두 그리스어 표현 '프로스 토 쉼페론 $\pi\rho\grave{o}\varsigma$ $\tau\acute{o}$ $\sigma\upsilon\mu\varphi\acute{e}\rho o\nu$'을 우리말로 옮긴 것이다. 새번역과 가톨릭 성경의 번역이 성령의 공공성을 훨씬 잘 드러낸 번역이라고 할 수 있다. 한국 교회가 다시 살아나려면 성령의 공공성을 강조하지 않으면 안 된다.

소위 **가·포·눈·눌**은 세상의 중심에서 가장자리로 밀려난 이들의 대명사다. 성령은 낮고 외진 삶의 언저리에 따스한 눈길을 보내시는 영, 남루하고 왜소한 사람들, 버림받고 상처받은 사람들과 어깨동무하는 영이다. 달리 말해서 성령은 사회적 약자를 배려하고 그들에게 관심을 기울이는 영이다. 그러면 성령 임재를 경험한 사람은 어찌 살아야 하는가? 한 시인의 시가 생각난다.

철새 떼가 남쪽에서
날아오며
도나우강을 건널 때면, 나는 기다린다
뒤처진 새를
그게 어떤 건지, 내가 안다
남들과 발맞출 수 없다는 것
어릴 적부터 내가 안다
뒤처진 새가 머리 위로 날아 떠나면
나는 그에게 내 힘을 보낸다

— 라이너 쿤체, 〈뒤처진 새〉 전문[1]

성령 임재를 경험한 사람은 "뒤처진 새"로 대변되는 이들에게 눈길을 보내고, 그들에게 힘을 보내는 마음 자세로 살아야 한다. 예수님은 사회적 약자를 위하고 돌보는 영, 그들과 연대하는 영, 사회의 그늘진 곳을 살피고 헤아리는 영이 당신에게 임했음을 느끼셨고, 공생애 내내 그 영에 사로잡혀 사셨다. 그런 까닭에 가장 정의로우신 하나님 아버지로부터 "너는 내 사랑하는 아들이요. 나는 너를 좋아한다"(눅 3:22)라는 말씀을 들으신 것은 지극히 당연한 일이었다. 우리와 함께하시는 성령은 예수님에게 임하신 성령과 다르지 않다. 그런데도 그리스도인 중에는 성령을 개인의 사적 욕망을 채우기 위한 수단으로 이해하는 사람이 적지 않다. 성령 임재는 사적 이익을 위한 것이 아니다. 성령을 이용하여 사적 이익을 챙기려 한다면 이는 주님에 대한 배반이나 다름없다.

예수님은 공동선을 위하시는 성령의 능력을 입고 '아버지의 나라'를 이 세상에 오게 하자고 우리를 불러 주셨다. 우리는 내남없이 그 부르심에 응답하여 하나님 나라라는 공적 세계에 발을 들여놓은 사람들이다. 예수님을 본받아 성령의 능력을 입고, 하나님의 영이 보금자리를 치시는 가장자리로 눈길, 손길, 발길을 옮기고, 그 자리를 신적 중심으로 만들며, 하나님의 살아 계심을 생생히 드러내어 "너는 내 사랑하는 아들딸이다. 내가 너를 좋아한다"라는 하나님의 음성을 무시로 듣는 우리가 되면 좋겠다.

9

하나님은 모든 길 위에 똑같이 계신다

가장 좋은 것은 여러분 자신의 특별한 길을 얻기 위해 훈련하고 배회하는 것이 아니라 어느 방법으로든지 어느 것으로든지 하나님을 붙잡고 하나님을 누리는 것입니다.

— 마이스터 엑카르트

글머리의 지문은 일상의 모든 것이 하나님께 이르는 길임을 일깨우는 절창이다. 흔히들 생각하는 것과 달리 하나님을 붙잡는 특별한 구멍수는 존재하지 않는다. 하나님께 이르는 데에는 '이것만이, 이것밖에'라는 말이 통하지 않는다. 하나님을 누리는 데에는 특별한 기법이나 요령이 따로 없다.

도마복음에서 예수님은 자신이 장소든 방법이든 사물이든 가리지 않고 어디에나 있다고 말씀하신다. "나는 존재하는 모든 것 위에 존재하는 빛이다. 나는 전부이다. 나로부터 모든 것이 나왔고, 그리고 나에게로 모든 것이 돌아온다. 한 편의 장작을 쪼개 보아라! 나는 거기에 있을 것이다. 돌 하나를 들어 보아라! 그리하면 너희는 나를 거기서 발견할 수 있으리라"(도마 77장).

옛말에 모든 길은 로마로 통한다고 했으나 믿음의 여정에서 정녕 볼 줄 아는 사람에게 모든 길은 하나님께 이르는 길로 보이기 마련이다. 모든 길이 하나님께 이르는 길임을 깨달은 사람에게는 가벼운 일이 따로 없고 중한 일이 따로 없다. 테야르 드 샤르댕이 말한 대로 하나님은 시인의 펜, 농부의 곡괭이, 화가의 붓, 여염집 아낙네의 바늘 끝에도 계신다.[1]

그러니 어디에 있든 무슨 일을 하든 무엇을 잡고 있든, 그 속에서 하나님을 붙잡고 하나님을 누리고 볼 일이다. 하나님은 모든 길 위에 똑같이 계시니.

10

환대의 전통을 잇는 길

　석 달 넘게 정원을 환히 밝히며 꽃방석을 펼치던 흰 마거리트, 팬지, 삼색제비꽃이 숙지는 바람에 정리했다. 이제는 여름·가을꽃 모종을 준비해서 심을 시기다. 튤립 알뿌리들을 캐서 락스물에 소독하고 햇빛에 말려 양파망에 갈무리했다. 튤립 알뿌리의 보존은 마늘 보존법과 거의 같다. 늦가을 땅에 심을 때까지 창고 그늘에 매달아 보존한다. 흰 마거리트, 팬지 등이 있던 화분에는 산파첸스 모종을 종류별로 심었다. 튤립 알뿌리들이 있던 자리에 심으려고 달포 전에 임파첸스 씨를 뿌렸는데 의도한 만큼 제대로 발아했다. 조금 더 그느른 뒤 모종용 화분에 옮겨 심어 보름 정도 더 키워야 한다. 그래야 화단에 옮겨 심을 수 있다. 산파첸스와 임파첸스는 지금부터 늦가을까지 계속 몸피를 늘려 가면서 꽃 사태를 지어 가을 국화들과도 잘 어울리는 품종들이다.
　지금 비밀의 정원은 백합과 수국이 서서히 기지개를 켜고 있다. 며칠만 더 기다리면 정원 구석구석이 더없이 환해지겠다.

지난해엔 단체 탐방객들이 많이 다녀갔는데, 올해는 코로나 19로 부부, 가족, 커플 단위로 두 팀에서 다섯 팀 정도가 날마다 비밀의 정원을 다녀가고 있다. 탐방객이 찾아오면 정원사 부부는 "이드거니 둘러보시고 가세요!" 말하고는 어느 정도 거리를 유지한 채 김을 매거나 여름꽃을 준비하면서 구슬땀을 흘리곤 한다. 탐방객들의 감탄사가 날마다 정원에 울려 퍼진다. 그들의 감탄사를 들을 때면 정원사는 거늑한 상태가 되어 "하나님, 손님이 찾아오는 정원이어서 얼마나 좋은지요"라고 속으로 말하곤 한다.

페르시아에 이런 속담이 있다. 손님이 오지 않는 집은 천사도 오지 않는다. 정원 일구기는 주님이 맡기신 주님의 밭을 손님과 천사가 찾아오는 장소로 만듦으로 성서의 유구한 환대의 전통을 실답게 잇는 바람직한 길이다.

11

영혼의

입맞춤

예레미야 예언자는 "주님께서 손을 내밀어 내 입에 대"셨다고 말한다(렘 1:9절). 이 말씀은 "주님께서 입술을 내 입에 대셨다. 주님께서 내게 입 맞추셨다"로 읽어도 좋겠다. 영혼의 입맞춤! 힐데가르트 폰 빙엔은 우리가 너나없이 이 입맞춤을 받았다고 말한다. "바닥을 알 수 없는 곳에서부터 높이 떠 있는 별들에 이르기까지 모두에게 넘쳐흐르고 모두에게 애정을 품는 가없는 사랑, 그것은 왕이 하는 평화의 입맞춤이다."[1] 주님은 우리 한 사람 한 사람에게 입 맞추시면서 "내가 내 말을 네 입에 맡긴다"라고 말씀하신다. 이 입맞춤의 감격을 무엇에 견줄 수 있을까? 칠레 시인 파블로 네루다의 경험에 견줄 수 있을 것 같다. 그는 〈詩〉라는 작품에서 그 감격을 노래한다.

그러니까 그 나이였어. 시가

나를 찾아왔어. 몰라, 그게 어디서 왔는지,
모르겠어, 겨울에서인지 강에서인지.
언제 어떻게 왔는지 모르겠어,
아냐, 그건 목소리가 아니었고, 말도
아니었으며, 침묵도 아니었어,
하여간 어떤 길거리에서 나를 부르더군,
밤의 가지에서,
갑자기 다른 것들로부터,
격렬한 불 속에서 불렀어,
또는 혼자 돌아오는데 말야
그렇게 얼굴 없이 있는 나를
그건 건드리더군.
...
그리고 문득 나는 보았어
풀리고
열린
하늘을, 유성遊星들을,
고동치는 논밭
구멍 뚫린 그림자,
화살과 불과 꽃들로
들쑤셔진 그림자,
휘감아도는 밤, 우주를

영원한 오늘을 사는 사람

그리고 나, 이 미소微小한 존재는

그 큰 별들 총총한

허공에 취해,

신비의

모습에 취해,

나 자신이 그 심연의

일부임을 느꼈고,

별들과 더불어 굴렀으며,

내 심장은 바람에 풀렸어.

― 〈詩〉 부분[2]

    이 시에서 보듯이 주님의 입맞춤을 받는 것은 우주적 경험이다. 주님의 입맞춤을 받고 있음을 자각하는 사람은 마음이 어제와 같지 않다. 마음이 갈데없이 새뜻해진다.

    그러면 주님의 입맞춤을 받은 사람은 어찌 살아야 하는가? 주님의 입맞춤을 받은 사람은 주님을 사랑하게 마련이고 마땅히 그래야 한다. 주님의 입맞춤을 받았다고 하면서도 주님의 뜻대로 행하기는커녕 도리어 잿빛 물욕과 정욕으로 주님께 누가 되는 짓을 일삼는 자는 거짓말하는 자다. 주님의 입맞춤이면 되었지 그 밖에 무엇이 더 필요하단 말인가?

    주님은 주님의 입맞춤을 받은 사람이 해야 할 일을 다음과 같이 제시하신다. "나는 네가 뭇 민족과 통치자들에게 가서 해야 할 일을 주었다. … 네가 해야 할 일은 뽑아 허물어뜨리고, 찢고 부서뜨리고, 그러고 나서 다시 시작하는 것이다. 다시 세우고 심는 일이다"(렘 1:10, 메시지). 뽑고 허문 다음 세우고 심어 새로운 피조물을 나타나게 하는 것이 예언자, 곧 주님의 입맞춤을 받은 사람이 할 일이다. 여기서 우리는 예언자의 일이 자기의 사적 위안의 경험에 머무는 것이 아니라 지극히 거시적이고 공적인 것과 관계있음을 알 수 있다. 주님의 입맞춤을 사적 위로의 영역에 가두어 두려고 하는 시도는 전혀 성서적이지도 않고, 하나님의 뜻에도 맞지 않는 일이다. "예언자의 영감은 제삼자를 위한 것이다. 예언자와 하나님 사이에는 사적인 일이 끼어들지 않는다. 예언자에게 영감이 주어지는 이유는 예언자를 비추기 위해서가 아니라 사람들을 비추기 위해서다."[3]

    우리 안에는 예언자가 자리하고 있다. 그는 우리의 사회적 양심이며 무고하게 고통을 겪는 사람들, 곧 하나님이 가장 사랑하시는 사람들에게 기울이는 진심 어린 배려다(매튜 폭스). 오늘날 우리는 내남없이 이 예언자가 되라고 부름을 받고 있다. 주님은 인간 정신을 획일화하고 노예화하는 지배 문화의 의식에, 질서와 체계로 가장한 이 세상의 폭력에 "존재의 숨구멍"(조재도)인 틈을 내어 새 일을 일으키라며 입맞춤할 사람을 애타게 찾고 계신다. "내가 내 말을 네 입에 맡긴다"는 말씀을 건네실 만한 사람을, "나에게 입 맞춰 주세요. 숨 막힐 듯한 임의 입술로"(아 1:2) 하면서 주님께 입을 내어 드리는 사람을.

12

성령에 속한

생각

바울 사도는 로마서 8장에서 '육신에 속한 생각'과 '성령에 속한 생각'을 오해의 여지가 없도록 선명하게 대조하며 제시한다. "육신에 속한 생각은 죽음입니다. 그러나 성령에 속한 생각은 생명과 평화입니다"(롬 8:6). 육신에 속한 생각이 죽음인 까닭은 그것이 하나님께 적대감을 품고 하나님의 법을 따르지 않기 때문이다(롬 8:7). 시편 작가가 고백한 대로 "생명의 샘이 주님께 있"(시 36:9)건만 그런 주님께 적대감을 품고 있으니 결국 남는 것은 죽음일 수밖에. 그러면 육신에 속한 생각은 정확히 무엇인가? 유진 피터슨은 그것을 "자기 자아에 사로잡히는 것", "자기 자아에 집중하는 것", "자기 자아에 몰두하는 것"으로 읽는다(롬 5:8, 메시지). 이는 마르틴 루터의 명언 "자기 안으로 굽은 마음 *cor incurvatum in se*"을 번역한 것이라고 할 수 있다. 자기중심성이 곧 육신에 속한 생각이다. 자기를 언제나 중심으로 여기고 다른 모든 걸 주

변화하는 것, 자기를 목적으로 삼고 주위의 모든 것을 수단으로 여기는 것, 그것이 자기중심성이다. 자기 잇속을 차리기 위해 다른 생명을 희생시켜도 좋다고 생각하고, 주위의 생명이 겪는 아픔과 슬픔을 거들떠보지도 않는 것이다. 인류 역사의 모든 위기와 생태 환경의 위기는 생명을 부정하고 거스르는 인간의 자기중심성에서 비롯된 것이라고 할 수 있다.

생명을 부정하고 거스르는 것은 하나님을 부정하고 거스르는 것이나 다름없다. 성부 하나님도 생명이시고(신 30:19), 성자 하나님도 생명이시며(요 14:6), 성령 하나님도 생명의 영(롬 8:2)이시기 때문이다. 우리는 내남없이 생명의 그물 속에서 살고 있다. 그런 우리에게 절대적으로 필요한 것은 토머스 머튼이 말한 대로 "모든 생명은 서로의 일부이며 서로 연결되어 있다"라는 인식, 곧 "모든 생명이 상호 의존한다는… 인식"이다.[1]

바울 사도는 육신에 속한 생각에서 성령에 속한 생각으로 전환하라고 권고한다. 달리 말하면 죽음을 초래하는 자기중심성을 여의고 자기 초월을 이루라는 것이다. 자기 초월은 무엇으로 이루는가? "타자를 위해 존재하는 것"(디트리히 본회퍼)으로, '생명과 평화'의 길을 걷는 것으로. 생명 자체가 지닌 고귀함과 기쁨과 강력한 힘을 긍정하고 모든 살아 있는 것에 대한 외경심을 품는 것이야말로 성령에 속한 생각이다.

13

쓰임새로 셈할 수 없는 길

> 우리 안에 있는 것이든 바깥에 있는 것이든 하나님의 손에서 나오는 것이면 무엇이나 은총으로 받아들이려고 노력하십시오.
> ― 마이스터 엑카르트

우리는 종종 쓰임새와 효용성을 따져 사물의 호불호를 가르는 경향이 있다. 말하자면 이것은 좋고 저것은 싫다는 식이다. 대개 이러한 판단은 인간의 자기중심성에서 비롯한다. 하지만 사물 자체에는 좋고 싫음이 없다. 다만 본능에 충실한 길, 자기에게 부여된 고유의 길을 가고 있을 따름이다. 그런데도 우리가 사물을 마주하여 좋고 싫음을 가르는 것은, 실재를 보는 우리의 눈이 자기 안으로 고부라져 있기 때문이다. 사물이나 일이나 사람이 우리의 길을 막아서는 것은 그래서다. 이렇게 뒤틀린 관점으로 만물을 마주하는 한, 우리는 만물의 전체성과 거룩함을 놓칠 수밖에 없다.

신앙의 길은 쓰임새와 효용성으로는 셈할 수 없는 길이며, 자기중심적인 태도로는 더더욱 걸을 수 없는 길이다. 신앙의 길은 만물을 고르게 사랑하시는 하나님의 눈을 회복하는 길이며, 자연을 포함하여 우리 앞에 다가오는 모든 것을 하나님의 은총으로 받아들이는 길이다.

우리에게 중요로운 건 버림의 자세다. 자기를 중심으로 삼던 태도를 버리고, 쓰임새와 효용성을 셈하던 습성을 버리고, 좋고 싫음의 굴레를 벗어 버리는 것이다. 이러한 버림의 훈련을 지속한다면 우리는 하나님의 선한 눈을 회복하게 될 것이고, 만물의 전체성과 거룩함을 보게 될 것이며, 아무도 우리의 길을 막아서지 못하게 될 것이다. 그렇게 되면 우리 앞에 다가오는 것이 빛이든 어둠이든 기쁨이든 슬픔이든 장점이든 결점이든 위안이든 고통이든, 모든 것은 은총이 될 것이다.

우리가 일상에서 마주하는 모든 것은 성화의 누룩을 품은 반죽이다. 이 반죽을 이기고 치대고 부풀어 오르게 하는 것은 신앙의 길을 걷는 사람이 날마다 수행하는 즐거운 일과다. 우리는 날마다 주님과 동행하면서 저마다 딛고 선 자리, 저마다 만나는 모든 이를 참된 겸손과 사심 없는 마음으로 마주하고 거룩하게 들어 올려야 한다. "하나님께서 지으신 것은 모두 다 좋은 것이요, 감사하는 마음으로 받으면, 버릴 것이 하나도 없습니다"(딤전 4:4).

14

삶의 모든 순간은
파종의 순간

    튤립 알뿌리를 심으려고 정원의 몇 구역을 갈아엎던 지난해 초겨울의 어느 날, 가으내 피다가 서리를 맞고 말라 버린 과꽃 꽃대가 눈에 띄었다. 그 씨를 갈무리하여 "과연 이게 싹이 트기는 할까?" 반신반의하면서 정원 여기저기에 흩뿌려 놓았다. 수확과 파종을 동시에 한 셈이다. 그러고는 까마득히 잊고 지냈는데, 올봄 잦은 비로 촉촉해진 땅을 뚫고 고맙게도 과꽃 새싹이 돋아났다. 손가락 한 마디가량 자란 새싹들을 모종삽으로 떠서 포트에 앉히고, 달포 동안 물을 주며 모종으로 만들었다. 그 뒤 모종들을 튤립이 있던 자리로 옮겨 심었는데 이제는 제법 기세 좋게 자라서, "올해도 과꽃이 피었습니다. 꽃밭 가득 예쁘게 피었습니다"라는 노랫말을 읊조리며 꽃핀 모습을 그려 보게 하고 있다.

    과꽃 씨를 받아 흩뿌리고, 그것들이 싹터 올라 쑥쑥 자라는 모습을 보면서, 우리 생의 모든 순간이 파종의 순간임을 마음 갈피에 새겼다. 우리의 말과 행동, 몸짓과 마음 씀은 파종이나 다름없다. 그리고 그 파종은 어떤 식으로든 주위에 영향을 미친다. '나비 효과'라는 용어가 있다. 미국의 기상학자 에드워드 로렌즈 Edward Lorenz가 주장한 것으로, 브라질에 있는 나비의 날갯짓이 미국 텍사스에 토네이도를 발생시킬 수도 있다는 이론이다. 이 용어는 이 세상 모든 것이 긴밀하게 연결되어 있으며, 아무리 작은 행위라도 결단코 작은 행위가 아님을 일깨운다. 거미가 쳐 놓은 그물 한 코를 제아무리 미세하게 건드려도, 그 그물 전체가 출렁이게 마련이다. 이처럼 우리는 말과 행위로 주변 세계에 영향을 미치고, 서로 영향을 주고받으며 살아간다. 그래서 우리 삶은 조심스러울 수밖에 없다. 혀가 잠잠해지고 행동거지는 더욱 의젓해지는 것이다.

　부디 우리가 주위 세계에 미치는 영향이 선한 것이면 좋겠다. 의도하든 의도하지 않든 간에 우리는 매 순간 뭔가를 파종하고 있다. 이왕 파종할 바에 선善의 씨를 파종하면 좋겠다. 그 씨앗이 누군가의 마음에서 힘차게 싹터 올라 쑥쑥 자라고, 마침내 환한 꽃등을 내걸어 세상을 좀 더 환하게 했으면 좋겠다.

15

감사의 렌즈를 끼고

그리스도인은 무엇으로 정체성을 드러낼 수 있는가? 바울 사도는 그리스도인의 정체성을 드러낼 만한 것으로 세 가지를 꼽는다. 항상 기뻐하기, 끊임없이 기도하기, 모든 일에 감사하기. 그러고는 "이것이 그리스도 예수 안에서 여러분에게 바라시는 하나님의 뜻입니다"(살전 5:16-18)라고 확언한다.

맥추감사주일을 맞이하여 세 번째 것에 초점을 맞추어 묻는다. 어째서 모든 일에 감사해야 하는가? 모든 순간이 하나님과 직결되어 있고(레오폴트 폰 랑케), 모든 순간이 하나님의 현묘한 도착이며(아브라함 헤셸), 모든 순간은 언제라도 메시아가 들어올 수 있는 조그만 문이기(발터 벤야민) 때문이다. 하나님은 때와 장소를 불문하고 모든 일을 통해 우리에게 다가오신다. 하나님은 아브라함을 찾아가실 때처럼 매 순간 손님과 낯선 방문객의 모습으로 우리를 찾아오신다.

아무리 하찮다 해도 이 세상에 있는 것은 무엇이든지 진심으로 하나님을 찾는 사람에게 하나님이 자신을 보여 주시는 통로가 될 수 있다. 그러니 무엇을 마주하건 무슨 일을 겪건 간에 늘 감사의 렌즈를 끼고 살아야겠다. 무시로 다가드시는 하나님을 맑고 고요한 마음의 눈으로 알아보고 내 삶터를 환대와 잔치와 축복이 어우러지는 공간으로, 감사가 넘치는 공간으로 만들어 가야겠다.

16
무심無心으로
해요

　꽃들에게 희망(물)을 주느라 뜨거운 여름을 더 뜨겁게 보내고 그래서 많이 지치기도 하는데, 비밀의 정원에 자리한 꽃들이 자기 고유의 빛깔과 자태와 향기로 정원사의 까라진 마음을 환하게 들어 올린다. 렌즈로 당겨 자세히 들여다본다. 다들 똑같지 않고 제각각인데도 서로 시샘하지 않고 어우러져 조화를 이룬 모습이 마치 낙원의 한 자락을 보는 듯하다. 그 모습이 아름답고 참 탐탁하다.

　남이 알아주건 말건 그저 뿌리 내린 자리를 꽃자리로 여기고, 타고난 창조 에너지를 분출하느라 여념이 없는 꽃들을 보면, '무심'이라는 글자가 떠오르고, '이유 없이 ohne Warum'라는 표현도 떠오른다. 17세기의 엑카르트로 불리는 폴란드 시인 안겔루스 질레지우스 Angelus Silesius 는 무심히 피는 장미꽃을 보고 이렇게 노래한다.

장미는 이유 없이 존재한다.
그저 피니까 피는 것일 뿐.
장미는 자기를 평가하지도,
남이 보아줄 것인지를 묻지도 않는다.

―〈이유 없이〉 전문[1]

활짝 피어나서 무얼 어찌해 보겠다는 생각은 사람에게나 있는 것이지 꽃들에게는 없는 것 같다. 그 '무엇'과 '어찌'가 사람을 억지 부리게 하고 그래서 세상의 조화와 균형을 깨뜨리는 것은 아닐는지?
꽃들은 제 빛깔과 형상과 향기를 잃지 않으면서도 이웃에 스며들어 조화를 이룰 줄 안다. 서로 배경이 되어 줄 줄도 안다. 부조화나 불균형이 없다. 억지가 없고 이유가 없고 그저 무심해서 세상을 아름답게 한다. 수많은 이유와 목적을 어깨에 걸머진 채 걸핏하면 억지 부리고 무리수를 두는 사람에게 저 꽃들은 말한다. "우리는 무심으로 세상을 아름답게 해요."

17

아름다움을
사랑하는 길

장마가 시작되고 반갑게도 두어 차례 장맛비가 흠뻑 내렸다. 한 번은 작달비로, 또 한 번은 악수로! 두 번째 내린 악수는 그야말로 물마였다. 배수 속도를 능가하는 강우로 고추밭 고랑과 파밭 고랑에 물이 넘쳐흐르고, 비밀의 정원도 통로마다 물이 그득 차서 한동안 빠지지 않을 정도였다. 예배당보다 지대가 낮은 논들도 반나절 정도 저수지를 이루었다. 덕분에 고갈 직전의 지하수가 다시 채워졌다. 그야말로 찰랑찰랑이다! 여름내 정원에 공급할 물이 확보된 셈이다. 여름까지 이어진 봄 가뭄과 마른장마, 그것도 모자라 50일 넘게 기승을 부린 폭염, 바닥을 드러낸 지하수 등으로 정원사의 마음이 숯덩이처럼 까맣게 타들어 가던 지난해와는 영 딴판이다. 물과 씨름하지 않아도 된다고 생각하니 정원사의 뱃속이 거늑하다.

하지만 악수는 두 얼굴을 지닌 비다. 화초를 짓무르게 하거나 쓰러뜨리고, 꽃의 모가지를 구부러뜨리거나 꺾어 놓는 등 사나운 표정도 짓는다. 그 탓에 장마 전 보기 좋게 피어 있던 수국 모가지가 꺾이거나 구부러지고, 백합, 달리아, 플록스, 베고니아, 제라늄, 서피니아, 거베라, 금어초, 채송화 등 꽃들이 물크러지고 떨어진 꽃잎들이 사방팔방 흩어져서 정원이 전반적으로 어질더분해지고 말았다. 그뿐 아니라 장맛비는 잡초를 깨워 활개 치게도 한다. 장마 전에는 화초들에 가려 보이지 않던 잡초들이 어느새 쑥쑥 자라서 눈에 띈다. 강아지풀, 비단풀, 괭이밥, 닭의장풀, 쇠비름, 명아주, 망초, 도깨비풀, 뽀리뱅이, 쇠무릎 따위가 정원사 부부의 손길을 기다리고 있다. 비단풀과 괭이밥과 쇠비름은 아내가 샐러드나 나물용으로 좋아하는 풀이다.

  쓰러진 화초 세워 주기, 물크러진 꽃잎 따주기, 어지러이 땅에 떨어진 꽃잎 쓸기, 김매기는 화창한 날에 하기로 하고, 먼지잼이 내리던 엊그제는 위실나무와 분꽃나무 꺾꽂이 작업을 했다. 교우들, 마을 주민들, 탐방객들에게 분양하려는 것이다. 장마철은 꽃나무 꺾꽂이를 하기에 맞춤한 시기다. 아무래도 갠 날보다 흐린 날이 많고 비도 간간이 내려 주기 때문이다. 봄에 움터 자란 애채를 두세 마디씩 잘라서 상토에 꽂아 그늘에 놓아두고 이따금 물을 주면서 달포 정도 지나면 거의 다 흙 속에 뿌리를 내리고, 그러면 저마다 창조적 자발성(토머스 베리)을 지닌 또 하나의 어엿한 개체가 된다. 어느 집 화단으로 이식되든 그 모종들은 자라서 환하고 아름다운 꽃을 피우게 될 것이다.

  삽목 작업을 수행하면서 정원사의 길을 생각한다. 정원사의 길은 걷는 사람이 좀체 없는 길, 온몸으로 땀방울을 내면서 걷는 길이다. 대개는 누구나 걷는 빤한 길을 걷는다. 설렘도 두근거림도 가슴 뛰는 경험도 없는 반들반들한 길.

> 누구나 다니는 길을 다니고
> 부자들보다 더 많이 돈을 생각하고 있어요
> 살아 있는데 살아 있지 않아요
> ……
> 화를 내며 생을 소모하고 있답니다
> 몇 가지 물건을 갖추기 위해
> 실은 많은 것을 빼앗기고 있어요
> 충혈된 눈알로
> 터무니없이 좌우를 살피며
> 가도 가도 아는 길을 가고 있어요
>
> ─ 문정희, 〈요즘 뭐하세요〉 부분[1]

근황을 묻는 누군가의 물음에 "누구나 다니는 길을 가고", "가도 가도 아는 길을 가고" 있다고 대답할 수밖에 없다면, 아무리 좋게 보려고 해도 그런 생을 아름답다고 할 수는 없겠다. "살아 있는데 살아 있지 않"은 생이라니. 시득부득 시들어 가는 생으로 삶의 진행을 꾀할 수야 없지 않은가.

삶을 싱둥하게 하는 것은 다름 아닌 아름다움이다. 아름다운 것은 복된 것을 담고 있다(에두아르트 프리드리히 뫼리케). 교리적 교설이나 도덕적 설교 혹은 명령조의 담화가 감히 넘보지 못할 만큼, 아름다움은 사람을 근본적으로 그리고 지속적으로 향상시키고 변화시킨다.

정원사가 땀 밴 노동으로 정원을 일구는 이유는 아름다움을 사랑해서다. 정원사의 내면에 자리한 것은 온통 아름다움을 향한 의지 der Wille zur Schönheit 뿐이다. 정원사는 세상을 더 살 만한 곳으로 만드는 데 그 의지보다 더 필요한 것은 없다고 확신한다. 꽃은 아름다움을 위해 산다(아이다 미츠오). 정원사가 생명을 북돋고, 생명과 생명이 이루는 조화를 추구하고, 꽃을 그느르는 것은 각각의 꽃이 발현하는 아름다움에 놀라고, 그 아름다움이 촉발하는 울림을 내면 깊은 곳에 아로새기기 위함이다. 그 환한 울림이 만수위의 저수지처럼 내면에 자란자란 고여야 삶이 마르지 않는 샘처럼 흘러가는 까닭이다.

요컨대 정원사가 걷는 길은 아름다움을 사랑하는 길, 필로칼리아 Philokalia, 愛美의 길이다. 정원사는 이 길에서 궁극의 대상을 만난다. 니코스 카잔차키스의《성프란시스》는 아름다움을 '신의 딸'이라 부르고, 아름다움을 창조하신 분의 이름을 알고 싶어 한다.

새벽마다 새들이 노래하기 시작하는 때나, 대낮에 그가 시원한 숲속의 그늘로 뛰어들었을 때나, 혹은 달빛이나 별빛 아래 앉아 있는 밤에, 그는 말할 수 없는 기쁨으로 떨었고, 눈에 눈물이 가득 고인 채 나를 바라본다. "이 기적들은 무엇이죠, 레오 형제!" 그는 말하곤 했다. "그리고 이런 아름다움을 창조하신 분, 그분은 어떤 분일까요? 우리는 그분을 무엇이라 부를 수 있나요?"[2]

토머스 트래헌은 그분을 "무한한 아름다움"이라 부르고, 이 세상이 거울처럼 그분을 비추고 있다고 말한다.[3] 무한히 아름다우신 분! 정원사가 만나는 그분은 다름 아닌 창조주 하나님이다. 하나님은 모든 아름다움의 알짬이시다.

18 접촉

 접촉은 치유와 생명을 주는 길이면서 동시에 얻는 길이기도 하다. 우리 몸에는 다섯 가지 감각이 있다. 시각, 청각, 후각, 미각, 그리고 촉각. 이 다섯 가지 감각 가운데 가장 광범위한 감각은 단연 촉각이다. 창조주 하나님이 우리 몸에 촉각을 이토록 광범위하게 배치하신 까닭이 무엇일까? 최대한 자주, 최대한 많이 접촉하면서 살라는 뜻이 아닐까.

 차별과 배제는 소외와 증오를 유발하고 심화시키지만 사랑이 담긴 접촉은 모든 육체적·사회심리학적·종교적 고통으로부터 이 세상을 구원하는 길이다. 주님이 고통으로 신음하는 이들에게 손을 내미시고 아픈 이들이 당신에게 손을 대도록 허락하신 것은, 접촉이야말로 생명을 주는 길이자 생명을 얻는 길임을 일깨우시려는 것이다.

 우리는 주님의 손길에 감촉되어 건강한 삶의 기쁨을 누릴 뿐만 아니라 주님께 손을 내밀어 그분을 어루만지는 길도 걸어야 한다. 주님을 어루만지려면 어찌해야 하는가? 예수님은 마태복음 25장에서 그 방법을 선명하게 알려 주신다. "내가 진정으로 너희에게 말한다. 너희가 여기 내 형제자매 가운데 지극히 보잘것없는 사람 하나에게 한 것이 곧 내게 한 것이다"(마 25:40). 주님이 언급하신 "지극히 보잘것없는 사람"은 누구인가? 굶주리는 사람, 목마른 사람, 나그네 된 사람(노숙자, 난민), 헐벗은 사람, 병든 사람, 감옥에 갇힌 사람(마 25:35-36)이다. 주님이 자신과 동일시하신 이 사람들에게 하는 것이 곧 주님께 하는 일이 된다.

촉각은 무언가에 닿아야만 느낄 수 있는 감각이다. 그런 까닭에 촉각은 언제나 가까이 다가가는 행동을 요구한다. 접촉의 회복은 먼 데서 이루어지는 게 아니다. 그것은 우리의 가장 가까운 자리에서부터 시작되어야 한다. 그 가까운 자리가 가정이든 일터이든 이웃이든 사회이든 간에, 바로 그곳에서 우리는 접촉을 회복해야 한다. 주님과 더불어 걸으면서 치유와 구원, 생의 환희를 생생히 경험하고, 발길 닿는 곳마다 그것들을 푸짐히 건네는 우리가 되었으면 좋겠다.

19

자기 본위의

벽을 격파하고

하나님은 피조물 가운데 어느 한 피조물을 다른 피조물보다 더 사랑하는 법이 없습니다. 우리는 모든 피조물을 똑같이 사랑하고, 하나님으로부터 받은 모든 것을 똑같이 사랑해야 합니다. 이것이야말로 더할 나위 없는 가르침입니다.

— 마이스터 엑카르트

엑카르트의 글귀는 만물에 고루 미치는 사랑이 바로 하나님의 사랑임을 일깨우는 절창이지만, 참으로 행동으로 옮기기 쉽지 않은 가르침이다. 하나님을 중심에 놓기보다는 나 자신을 중심에 놓을 때가 너무 많기 때문이다. 우리 마음속에 사랑스러운 피조물과 싫은 피조물, 사랑스러운 사람과 싫은 사람이 있는 것은 우리가 자기를 중심으로 삼고서 사물과 사람을 마주하기 때문이다. 자기를 중심으로 삼는 태도야말로 나와 남을 가르는 이분법의 뿌리이자 늘 한결같고 고른 하나님의 사랑을 보지 못하도록 하는 '눈 속의 들보'이며 사람과 사람 사이, 사람과 피조물 사이의 불평등을 몰고 오는 장본張本이다.

사랑에 관한 한 하나님은 철저한 평등주의자시다. 그 이유는 하나님이 만물 안에 차별 없이 고르게 보금자리를 치시기 때문이다. 하나님은 선한 사람에게나 악한 사람에게나 똑같이 해를 떠오르게 하시고, 의로운 사람에게나 불의한 사람에게나 똑같이 비를 내려 주신다(마 5:45). 다만 하나님의 사랑을 받아들이는 우리의 수용성이 제각각일 따름이다.

참되고 우주적인 하나님의 사랑은 평등에서 싹트고, 평등은 자기 본위의 벽을 무너뜨린 사람들 사이에서 이루어지는 참으로 바람직한 관계다. 자기 본위의 벽을 깨뜨리고 우주적인 사랑으로 나아가는 것, 이것이 바로 하나님의 자녀가 되는 길이다.

쉽지 않은 길임을 절감하지만 그렇다고 마냥 자기 본위에 사로잡힌 모습으로 살아갈 수도 없는 노릇이다. 자기를 중심으로 삼는 태도는 이웃과 만물을 옥죄는 크나큰 죄이니 말이다. 우리가 닿아야 할 자리, 우리가 딛고 설 자리는 만물에 고루고루 미치는 우주적 사랑이다. 우리 모두 자기를 중심으로 삼는 태도가 내면 깊이 똬리를 틀고 있지 않은지 유심히 살피고, 자기 본위의 벽을 하나둘 격파하여 만물을 고르게 대하시는 사랑의 하나님을 닮아 가면 좋겠다.

20

우리의
걸음걸이가

> 피조물 안에 있는 선, 피조물의 꿀 같은 달콤함은 모두 하나님 안에 수렴된다.
> ─ 마이스터 엑카르트

 우주 만물은 하나님이 뜻하셔서 흘러나왔다. 그리고 하나님이 뜻하신 것은 다 선하다. 피조물 안에 있는 선은 넘쳐흐르는 하나님의 선에서 흘러나온 것이다. 우리가 하나님의 창조 세계를 사랑해야 할 이유가 바로 여기에 있다.

 하나님과 하나 되는 삶을 추구한답시고 대뜸 하나님의 창조 세계를 부정하고, 정화purgation의 길로 뛰어드는 것은 크나큰 잘못이다. 그것은 하나님의 창조 세계를 일소一掃의 대상으로 여기는 것과 다르지 않다. 그것은 창조 세계의 선함이 어디에서 비롯된 것인지 알지 못한 채, 피조물의 선함을 탐닉할 때 찾아오는 부정적인 현상이다. 바로 거기서 병든 금욕주의와 고행이 싹트고 육체를 억압하고 우주를 통제하려는 태도가 싹튼다.

우리는 하나님의 창조 세계를 등져서도 안 되고 억압해서도 안 된다. 오히려 창조 세계의 선함과 감미로움을 감사히 받아들이고 사랑해야 한다. 하나님의 창조 세계를 바람직하게 사랑하려면 피조물의 아름다움과 선함이 어디에서 비롯된 것인지를 절대로 놓치지 말아야 한다. 피조물이 지닌 아름다움과 선함의 원천은 바로 창조주 하나님이시다.

우리의 길이 하나님의 창조 세계를 일소의 대상으로 여기는 것이 아니라 창조 세계의 아름다움을 놀람과 감탄으로 마주하는 가운데 선함과 아름다움의 원천이신 하나님께 이르는 길이라면 얼마나 바람직하겠는가! 우리의 걸음걸이가 우주의 신비에 뛰어들어 기뻐하는 중에 하나님께 이르는 걸음걸이라면 또 얼마나 바람직하겠는가!

21

낚시

 열 길 물속은 알아도 한 길 사람 속은 모른다는 말이 있지만, 사실 바닷속은 또 하나의 낯선 세계, 무수한 비밀을 간직한 저쪽 세상이다. 끊임없이 궁금증을 돋우는 물음표의 세계다. 낚싯대를 드리우고 낚싯바늘을 더듬이 삼아 바닷속을 더듬는 행위는 저쪽 세상 어딘가를 더듬는 행위다. 누군가는 받아주겠지 기대하면서 이쪽에서 다이얼을 돌리는 행위다. 저쪽 깊은 곳을 유영하는 누군가가 수화기를 집어 들기만 기다리면서 오래도록 신호음을 보낸다. 외가닥 줄을 타고 전해지는 저쪽의 떨림을 귀 기울여 듣는다. 아마 저쪽에서도 이쪽의 떨림을 귀 기울여 들으리라. 두근거림을 가만가만 진정시키며 오래도록 기다린다. 모든 준비를 마친 자는 기다리는 일밖에 달리 할 일이 없다. 조바심과 발싸심으로는 펄떡거리는 경이를 만날 수 없는 까닭이다. 그러다 갑자기 끊어질 듯 외가닥 낚싯줄이 팽팽히 긴장하고, 초릿대가 부러질 듯

활모양으로 사정없이 구부러진다. 비로소 저쪽 세상과 짜릿한 통화가 시작된다. 서로 통할 때 찾아오는 쾌감이 머리끝부터 발끝까지 휘감는다. 통화가 끝날 때까지 외가닥 현에서는 고음과 저음을 오가며 악곡이 끊임없이 울려 퍼진다. 저쪽에서 끌려오는 것인지 이쪽에서 끌려가는 것인지 알 수 없이 서로가 서로에게 끌린다. 터럭 한 올 굵기의 가늘디가는 외가닥 줄이 이쪽과 저쪽의 마음을 낚아채어 한없이 들어 올린다.

이 환희의 순간을 경험하고 나면 마음이 더는 어제의 마음일 수 없다. 발걸음도 어제의 발걸음이 아니다. 길가의 들꽃들이 환히 일어서고 숲속 새소리는 한층 우렁차다. 삶터 구석구석이 새롭게 보이고 환희의 여운이 오래도록 떠나지 않는다.

신앙 행위는 낚시질과 같다. 이때는 낚시터가 따로 없고 낚시 대상은 오로지 하나님 한 분뿐이다. "하나님은 만물과 모든 장소에 똑같이 계시고 모든 상황에서 자신을 똑같이 내어 줄 의향이 있으시다"(마이스터 엑카르트). "하나님은 시인의 펜, 농부의 곡괭이, 화가의 붓, 여염집 아낙네의 바늘 끝에도 계신다"(테야르 드 샤르댕). 모든 순간, 모든 장소, 모든 상황이 하나님의 현묘한 도착이고, 신앙 행위는 하나님의 현묘한 도착을 알아채는(낚아채는) 낚시질이다. 하나님의 방문은 매 순간 모든 곳에서 이루어진다. 하나님의 입질은 매 순간 이루어진다. "보아라, 내가 문밖에 서서 문을 두드리고 있다. 누구든지 내 음성을 듣고 문을 열면, 나는 그에게로 들어가서 그와 함께 먹고, 그는 나와 함께 먹을 것이다"(계 3:20).

매 순간 이루어지는 하나님의 현묘한 도착을 알아채는 것, 그것이 경건한 사람의 사명이다. 흔히들 경건한 사람은 세상 모든 것을 뒤로한 사람이라고 생각하는데, 사실 경건한 사람은 세상 어떤 것도 자신과 무관한 것으로 여기지 않는다. "경건한 사람은 땅 위의 모든 것을 자신에게로 끌어당긴다"(힐데가르트 폰 빙엔). 그는 세상 모든 것을 훌륭한 낚시터로 여긴다. 그에게 이 세상 모든 것은 하나님께로 들어가는 문이자 하나님께로 이어진 낚싯줄이다. 그는 성聖과 속俗을 날카롭게 가르는 면도날을 손에 쥐지 않는다. 오히려 그는 주위 모든 것을 뚫고 들어가 하나님의 광휘를 거니채려고 힘쓸 따름이다. 하나님이 우리의 행위, 우리의 일터, 우리의 사회, 우주 한가운데서 매 순간 우리를 기다리시는 것은 바로 그런 낚시꾼을 만나기 위해서다.

22

———————————

통짜로 사는

———————————

자세

신앙생활을 쇄신하는 데 꼭 필요한 것은 단순하고 소박한 삶이다. '소박素朴'의 '박'자는 '나무껍질' 혹은 '통나무'를 가리킨다. 단순하고 소박한 삶이야말로 영적 성장의 견인차다. 통나무는 켜지 않은 것이고 그래서 투박해 보인다. 하지만 통짜여서 힘이 있다. 우리는 분주하게 사느라 정신을 여기저기 갈라놓고 산다. 마음이 복잡하지 않을 때가 별로 없다. 시도 때도 없이 밀려드는 일의 홍수 속에서 우리 발은 땅에 닿지 않을 때가 많다. 둥둥 떠다니는 것 같다. 어제 한 일도 기억 나지 않는다. 영혼은 팽팽히 긴장하고 걱정이 끊이지 않는다. 그러면 생의 작은 무게도 견딜 수 없게 된다. 걱정이 많은 까닭은 우리가 전일專一하지 않기 때문이다. 그래서 코헬렛은 말한다. "걱정이 많으면 꿈이 많아"(전 5:3)진다. 걱정이 많으면 꿈자리가 뒤숭숭해진다.

우리말에 '쪽모이'라는 단어가 있다. "여러 조각을 모아서 더 큰 조각을 만드는 일"을 의미한다. 이를테면 자잘한 걱정과 염려로 더 큰 덩어리의 걱정과 염려를 만드는 것이다. 어떤 일을 하는 중에도 이런저런 다른 일을 걱정하고 염려하는 게 우리 모습이다. 바로 쪽모이를 하는 모습이다. 어찌하여 쪽모이를 하는가? 마음이 갈라져 있기 때문이다.

　마음이 갈라지지 않으려면 소박하게 사는 자세를 갖추어야 한다. 달리 말하면 통짜로 사는 자세를 갖추어야 한다. 아이가 노는 모습을 살펴보라. 아이는 거의 언제나 통짜로 논다. 아이가 세상을 대하는 방법은 자기 전부를 쏟아붓는, 그야말로 '통짜로 사는 모습'이다. 복잡한 삶은 마음을 조각조각 분열시키지만 단순하고 소박한 삶은 마음을 통짜 상태로 만들어 주어, 무슨 일이든 온전히 수행하게 한다. 통짜로 사는 자세를 갖추려면 어찌해야 하는가? 마이스터 엑카르트는 통짜로 사는 사람을 왕 같은 사람이라 부르면서 그 비결을 다음과 같이 제시한다.

왕 같은 사람은
자기의 모든 존재, 생명 그리고 행복을
하나님으로부터만, 하나님을 통해서만
그리고 하나님 안에서만
끌어내어 창출합니다.
하나님을 발견하려면
당신은 하나가 되어야 합니다.
하나가 되십시오.

그러면 하나님을 찾을 수 있을 것입니다!
하나와 더불어 하나가 되십시오.
하나로부터 하나가 되십시오.
하나 안에서 하나가 되십시오.
외적으로 하나 안에서 하나가 되십시오.[1]

언어유희처럼 들리지만 대단한 통찰이 담긴 말씀이다. 하나님은 갈라지고 분열된 마음에는 보금자리를 치시지 않는다. 언제나 통짜 상태의 마음에만 보금자리를 치신다. 그러니 우리는 어떤 경우에도 우리 마음을 통짜 상태로 유지하지 않으면 안 된다.

23

탁 트인 나날

　장마철 내내 손대지 않고 두었더니 정원 곳곳이 푸서리로 변해 버려 한 주 내내 제초 작업을 했다. 한낮의 뙤약볕을 피하려고 날마다 오후 3-4시경에 정원에 들어가 두세 시간씩 풀을 뽑았는데, 날이 어찌나 찌물쿠던지 비지땀이 되우 쏟아져 나와 겉옷까지 후줄근하게 적셔 댔다. 풀과 씨름하느라 온몸이 녹작지근해지고 머리가 무거워져 한 주간을 어떻게 보냈는지 모르겠다. 팔팔 끓는 가마솥더위를 피하려고 사람도 숨탄것도 내남없이 그늘로 찾아드는 여름 한낮, 딛고 선 자리를 꽃 피울 자리, 최적의 꽃자리로 여기고 거침없이 직사直射하는 불볕을 온몸으로 받아 내는 꽃들! 폭염에도 축축 까라지지 않고 치열하게 고개를 쳐드는 꽃들을 보면 참 대단하다는 생각이 들고 부럽기까지 하다. 몇 해 전만 해도 이열치열을 여름나기의 뾰족수로 여겨 한낮 뙤약볕 속으로 더뻑 뛰어들곤 했는데, 이제는 그럴 맘을 아예 먹지 못하게 된 것 같다.

　몸과 마음이 축나지 않게 여름을 잘 나려면 정말 잘 쉬어야 할 것 같다. 예수님은 선교 여행을 다녀온 제자들을 보시고는 이렇게 말씀하셨다. "너희는 따로 외딴곳으로 가서, 좀 쉬어라"(막 6:31). 피조물 가운데 일과 노동을 부여받은 존재는 사람뿐이다. 하나님이 인류의 대명사 아담에게 "너는 얼굴에 땀을 흘려야 낟알을 먹을 수 있을 것이다"(창 3:19)라고 하셨으니 말이다. 하지만 하나님은 "안식일을 기억하여 그날을 거룩하게 지켜라"(출 20:8)라고 하심으로써 안식과 쉼이야말로 건강하고 행복한 삶의 밑절미이자 정점임을 일깨우셨다. 멈춤 없이 이어지는 노동, 성과를 향해 달음질하는 노동은 '소외된 노동'에 지나지 않는다. 그날그날 과도한 할당량을 채워야 했던 히브리 노예들의 노동, 영화 〈군함도〉나 한수산 작가의 소설 《까마귀》에 등장하는 강제징용 노동자들의 노동이 그런 거였다. 그런 노동에는 기쁨과 보람은커녕 탈진과 기진맥진이 똬리를 틀 뿐이다.

　바야흐로 휴가철이고 그래서 많은 이들이 휴가 여행을 떠난다. 휴가, 참 귀한 말미다. 나는 휴가를 '탁 트인 나날'로 부르곤 한다. 북새 떨면서 강박적으로 일하지 않아도 되는 날, 숨찬 경쟁 대열에서 슬쩍 빠져나와도 마음이 허전하지 않은 날, 하는 일 없이 마냥 빈둥거려도 부끄럽지 않은 날, 걷고 있는 인생길을 차분히 돌아볼 수 있는 날, 들숨과 날숨에 주의를 기울이며 마음의 흐름을 볼 수 있는 날, 그게 바로 탁 트인 나날이 아닐까?

　탁 트인 나날의 주된 특징은 '한가함'이 아닐까 싶다. 한가함은 우리 삶에 생기를 공급하는 젖줄과 같다. 체코 작가 밀란 쿤데라는 안타깝게도 이 한가함이 사라져 버렸다며 탄식했다.

아, 옛 시절의 한량들은 어디에 있는가? 민요에 나오는 게으른 인물들은? 이 방앗간 저 방앗간을 어슬렁거리고 총총한 별빛 아래서 잠자던 떠돌이들은 어디로 갔는가? 그들은 시골길과 초원 그리고 숲속 공터와 함께, 자연과 함께 사라진 것인가?

그러고는 한가함의 특징을 말한다.

체코 속담은 다음과 같은 은유를 통해 체코인들의 온순한 한가로움을 명확히 보여 준다. 그들은 자비로운 신의 창문을 응시한다. 자비로운 신의 창문을 응시하는 자는 근심이 없다. 그는 행복하다.[1]

한가로운 사람은 자비로우신 하나님의 창문을 응시하는 사람이다. 하나님의 창문은 한가로운 사람에게 열린다. "일찍 일어나고 늦게 눕는 것, 먹고 살려고 애써 수고하는 모든 일이 헛된 일이다. 진실로 주님께서는, 사랑하시는 사람에게는 그가 잠을 자는 동안에도 복을 주신다"(시 127:2). 한가함은 우리네 삶을 든든히 받쳐 주는 바탕, 우리네 삶의 성화가 비롯되는 곳, 삶의 수레바퀴를 회전하는 바퀴 축이다.

한가함이 감도는 탁 트인 나날을 보내며 건강한 삶의 리듬을 되찾는다면 더없이 좋을 것이다. 먼지가 소리 없이 쌓이듯 우리 육신과 내면에 더께로 쌓인 피로와 안달하는 마음을 죄다 털어 내는 쉼, 그리하여 일상생활을 새뜻이 시작하게 하는 쉼이 되면 좋겠다.

24

그늘이 되어 주는 사람

그늘의 고마움을 마음에 새기기에 더없이 좋은 계절이다. 나무로 변신하여 그늘을 드리우는 삶을 꿈꾸기에 맞춤한 계절이다. 소설가 이승우의 《식물들의 사생활》에서 작중 화자인 아버지는 군에서 두 발을 잃은 아들, 나무가 되고 싶다는 아들에게 말한다.

너는 이미 나무다. 나무를 꿈꾸는 사람은 나무의 영혼을 가진 사람이고, 나무의 영혼을 가진 사람은 이미 나무인 것이다.[1]

그늘이 그리운 무더운 여름철이면 나는 곧잘 정호승 시인의 시 노래 〈내가 사랑하는 사람〉을 읊조리곤 한다.

나는 그늘이 없는 사람을 사랑하지 않는다
나는 그늘을 사랑하지 않는 사람을 사랑하지 않는다

나는 한 그루 나무의 그늘이 된 사람을 사랑한다
햇빛도 그늘이 있어야 맑고 눈이 부시다
나무 그늘에 앉아
나뭇잎 사이로 반짝이는 햇살을 바라보면
세상은 그 얼마나 아름다운가

― 〈내가 사랑하는 사람〉 부분 [2]

가락에 맞춰 읊조리다 보면 자연스레 큰 그늘이 되신 분을 떠올리게 된다. 우리를 치유하려고 우리를 살리려고 우리가 평화를 누리게 하려고 쉴 만한 그늘이 되신 예수! 예수님이 큰 그늘이 되어 쉼을 주실 수 있었던 것은 우리의 고통과 슬픔을 대신 겪으시고, 우리와 하나님을 잇는 중재자 역할을 하셨기 때문이다.

그런데 예수님은 쉼의 전제 조건으로 멍에를 제시하신다. "내 멍에를 메고, 나한테 배워라"(마 11:29). 멍에로 번역된 그리스 단어 '주고스 ζυγός'는 일반적으로 "어떤 처지나 형편에서 쉽게 벗어나지 못하도록 얽어매는 것"을 뜻한다. '부자유'와 '억압'을 떠올리게 하는 멍에! 그러나 예수님이 제시하신 멍에는 세상이 사람들에게 메우는 것과 달리 마음에 쉼을 주는 멍에다. 이미 멍에를 메신 예수 그리스도의 그늘 아래에서 메는 멍에인 까닭이다. 그래서 이 멍에의 신비를 아는 이들은 다음과 같이 찬송한다.

십자가 그늘 아래 나 쉬기 원하네

저 햇볕 심히 뜨겁고 또 짐이 무거워

이 광야 같은 세상에 늘 방황할 때에

주 십자가의 그늘에 내 쉴 곳 찾았네(새찬송가 415장).

이 멍에는 예수님이 각 사람에게 지정해 주시는 고난을 의미한다. 디트리히 본회퍼가 말한 대로 예수님은 화해시키는 고난, 대리代理 고난을 다 채우셨지만, 이 세상에서 그분의 고난은 끝난 게 아니다. 그분은 마지막 때와 재림을 위해 자신의 남은 고난을 그리스도인에게 맡기셔서 채우게 하신다.³ 바울 사도는 말한다. "이제 나는 … 그리스도의 남은 고난을 그분의 몸 곧 교회를 위하여 내 육신으로 채워 가고 있습니다"(골 1:24). 하나님은 다른 사람을 대신하여 특별한 고난을 짊어지는 은혜를 베푸신다. 누군가는 고난을 채우고 짊어지고 극복해야 한다. 다른 사람의 쉴 만한 그늘이 되어 주는 것이다.

사람은 언제 그늘이 되는가? 타자를 위해 자기를 희생할 때다. 누가 그리스도인인가? 바울 사도가 갈라디아 6장 17절에서 말한 대로 "자기 몸에 예수의 상처 자국을 짊어지고 다니는" 사람, 고린도후서 4장 10절에서 말한 대로 "언제나 예수의 죽임 당하심을 몸에 짊어지고 다녀서, 예수의 생명이 자기 몸에 나타나게 하는" 사람, 대리 멍에를 메고 우람한 그늘이 되신 주님처럼 주님의 멍에를 메고 누군가에게 쉴 만한 그늘이 되어 주는 사람, 그가 바로 그리스도인이다.

25

큰 그늘
예수

여름철에 하는 정원 일은 땀과 벌이는 씨름이기도 한데, 모기를 피하려고 겉옷을 두툼하게 입고 작업해서인지 구슬땀이 죽죽 흘러 온몸이 흠뻑 젖는다. 땀방울과 씨름하며 정원 일에 힘쓰는 내내 시원한 그늘을 떠올렸다. 서늘한 바람이 불어 드는 그늘에서 낮잠 한숨 자면 참 좋겠다는 생각도 했다. 숲속 어스레하고 서늘한 그늘, 우람한 나무가 드리우는 그늘을 자연스레 떠올리게 되는 요즘이다. 다행히 비밀의 정원에는 시원한 그늘을 드리우는 나무가 몇 그루 있다. 단풍나무가 그러하고 마로니에도 제법 그늘을 드리워 요즘 같은 삼복더위에 쉼터 역할을 톡톡히 한다.

마로니에 그늘에 앉아서 나무가 지닌 덕을 곱새겨 본다. 나무의 언어는 그리움의 언어다. 나무가 아래로 위로 걷는 것은 그 속에 자리한 그리움의 눈물겨운 표현이다. 그 언어의 빛깔은 언제나 갈맷빛이다. 그래서 그리움은 항상 애틋하고 싱그럽다. 나무의 나이테는 해마다 그리움이 뭉쳐서 이루어진 것이다. 그 모양은 동심원이다. 한 점에서 출발하여 끝에 다다르면 다시 원점이 되고 마는 동그라미. 그리움은 쉬이 해소되지 않고 끊임없이 동심원을 그리며 퍼져 나간다. 그런 까닭에 나무의 연륜은 그리움의 지속적 확장이라고 할 수 있다. 나무는 그리움을 품으면 얼마나 큰 그늘이 생기는지 갈맷빛으로 생생히 증언한다. 누군가를 애타게 그리워해 본 사람은 안다. 그리움이 깊으면 깊을수록 짙은 그늘이 생긴다는 것을. 구약성서의 외경 집회서 작가가 말한 대로[1] 쉬이 해소되지 않고, 먹어도 더 먹고 싶고, 마셔도 더 마시고 싶은 대상, 절절한 갈망의 대상이 있다는 것은 참으로 복된 일이다. 나무의 그늘은 절절한 그리움을 품은 이에게 활짝 열린 서늘한 성소다. 바로 그 속에서 더없는 쉼과 충전이 이루어지기 때문이다. 아가서 2장 3절은 그 그늘에서 맛보는 안식을 이렇게 노래한다. "숲속 잡목 사이에 사과나무 한 그루, 남자들 가운데서도 나의 사랑 임이 바로 그렇다오. 그 그늘에 앉아서, 달콤한 그 열매를 맛보았어요."

큰 그늘을 드리우는 나무는 가히 예수의 상징이라고 할 수 있다. 예수님은 고단한 생의 짐을 지고 뙤약볕 내리쬐는 역사의 모래밭을 포복하는 사람들, 건조하고 팍팍한 삶에 지쳐 시원한 그늘을 찾고 또 찾는 사람들에게 이렇게 말씀하신다. "수고하며 무거운 짐을 진 사람은 모두 내게로 오너라. 내가 너희를 쉬게 하겠다"(마 11:28). 예수님은 자신을 모든 이가 찾아가 쉴 만한 나무 그늘로 소개하신다. 자신을 빛으로 칭하셨던(요 9:5) 예수님은 어떻게 쉴 만한 그늘이 되셨을까? 이사야 53장은 예수님의 그늘을 이렇게 알린다.

> 그는 실로 우리가 받아야 할 고통을 대신 받고, 우리가 겪어야 할 슬픔을 대신 겪었다. … 그가 찔린 것은 우리의 허물 때문이고, 그가 상처를 받은 것은 우리의 약함 때문이다. 그가 징계를 받음으로써 우리가 평화를 누리고, 그가 매를 맞음으로써 우리의 병이 나았다. … 그는 죽는 데까지 자기의 영혼을 서슴없이 내맡기고, 남들이 죄인처럼 여기는 것도 마다하지 않았다. 그는 많은 사람의 죄를 대신 짊어졌고, 죄지은 사람들을 살리려고 중재에 나선 것이다(사 53:4, 5, 12).

우리를 치유하려고 우리를 살리려고 우리가 평화를 누리게 하려고 쉴 만한 그늘이 되신 예수! 예수님이 큰 그늘이 되실 수 있었던 것은 우리의 고통과 슬픔을 대신 겪으시고 우리와 하나님을 잇는 중재자 역할을 하셨기 때문이다. 예수님은 팍팍하고 고단한 삶을 이어가는 모든 사람이 찾아가 안겨야 할 우람한 그늘이다. 그러니 "내게로 오라"는 초대에 기꺼이 응하여 쉴 만한 그늘, 인생의 참 쉼터이신 예수께 수시로 귀의할 일이다.

26

사람이 풍경이 될 때

인위人爲와 작위作爲, 효율과 편리에 포박된 사람이 풍경이 될 수 있을까? 그런 사람도 풍경이 되어 살 수 있음을 알리는 이야기가 있다. 모세 이야기다. 모세는 이집트 왕 파라오의 딸에게 입양되어 이집트 궁정에서 당대 최고의 지식을 두루 섭렵한다. 하지만 그가 습득한 지식은 고작 이집트인을 살해하는 데 쓰이고 만다(출 2:11-12).

그는 광야로 달아나서 장인의 양 떼를 치는 목자가 된다(출 3:1). 날마다 양 떼를 몰고 광야로 나가고, 양 떼에게 먹일 풀을 찾아 이리저리 떠돈다. 세월이 제법 흐르면서 그가 이집트 궁정에서 섭렵했던 지식이 차츰차츰 빠져나간다. 그의 내면이 광야처럼 텅 빈 상태로 바뀌어 간다.

어느 날 모세는 양 떼를 몰고 광야를 지나서 하나님의 산 호렙에 이른다. 거기서 주님의 천사가 떨기 가운데서 일렁이는 불꽃으로 그에게 현현한다. 신기하게도 떨기에 불이 붙는데도 떨기가 타서 없어지지 않는다. 어째서 그런 현상이 일어나는지 확인하려고 그는 불꽃을 향해 나아간다. 바로 그때 하나님의 음성이 귀에 들려 온다. "모세야, 모세야! … 이리로 가까이 오지 말아라. 네가 서 있는 곳은 거룩한 땅이니, 너는 신을 벗어라"(출 3:2-5). 내면이 광야처럼 빈 상태로 바뀌어 가고 있었지만 아직 완전히 바뀐 게 아니었다. 신을 신고 있었던 것이다. 신은 무엇을 상징하는가? 몸과 마음의 운반체, '효율과 편리'에 스스럼없이 기대는 몸과 효용 가치를 셈하는 마음의 운반체를 상징하는 게 아닐까? 그런 신을 벗고 나서야 비로소 모세는 하나님의 빛이 일렁이는 그 땅에 제대로 설 수 있었고, 그때부터 하나님을 모시는 하나님의 최측근으로 살 수 있었다.

우리 내면이 풍경이 되려면 모세가 불타는 떨기 앞에서 신을 벗은 것처럼 우리도 효율과 편리만 추구하던 태도를 내려놓고 우주의 신비에 안기려는 자세가 필요하다. 우리가 그리할 때 계곡 사이로 흐르는 맑은 물소리, '너머'의 소식을 쉴 새 없이 운반하는 파도, 하루 내내 지저귀는 온갖 새소리, 하늘에 떠다니는 구름, 우람찬 나무들, 들판을 푸르게 누비는 초록의 물결, 그 속에서 한가로이 노니는 숨탄것들이 우리 마음속에 비집고 들어올 수 있다.

한 시인은 사람이 옷처럼 걸친 작위와 인위의 태도, 효율과 편리를 추구하던 태도를 여의고 풍경이 되어 사는 것이 얼마나 아름다운 일인지 생생한 언어로 노래한다.

사람이 바닷가로 가서
바닷바람이 되어 불고 있다든지,
아주 추운 데로 가서
눈으로 내리고 있다든지,
…
그 모양이 다 갈데없이 아름답습니다.

— 정현종, 〈갈데없이…〉 부분[1]

    사람의 내면이 풍경이 될 때 비로소 인위와 작위, 효율과 편리에 멀리 밀려났던 신성神性이 되살아오고, 만물 속에 깃들인 하나님의 영광이 살아나 말을 걸며 다가온다. 사람이 여의고 비워서 텅 빈 내면에 창조주 하나님을 모시고, 우주의 한 부분으로서 풍경이 되어 사는 것은 갈데없이 아름답다.

27

하나님을
박제하지 말라

신앙의 길에 들어선 사람 앞에는 강력한 유혹이 버티고 서서 엇서게 마련이다. 하나님을 제 구미에 맞게 제멋대로 그리려고 하는 유혹이다. 이 유혹에 무너지면 하나님과 무관한 하나님 상像을 만들어 내게 된다. 이스라엘 백성이 금송아지 상을 만들어 "이스라엘아! 이 신이 너희를 이집트 땅에서 이끌어 낸 너희의 신이다" 하고 외친 것처럼(출 32:4). 우리는 끊임없이 이 유혹에 맞서 싸워야 하고, 이미 만든 하나님 상이 우리 내면에 뙈리를 틀고 있다면 그 상을 과감히 훼파毁破해야 한다.

우리는 하나님을 두고 이런저런 상상을 한다. "하나님은 이런 분일 거야. 하나님은 저런 분일 거야." 우리는 우리의 유한한 지식으로 하나님을 묘사하려는 유혹을 수없이 받는다. "하나님은 빛의 하나님이셔. 하나님은 어둠 속에는 안 계셔. 하나님은 우리에게 평안만 주시는 분이야. 하나님은 고통이 있는 자리에는 안 계셔. 하나님은 내가 요구하면 언제나 들어주셔야 하는 분이야." 우리는 이렇게 하나님을 그리고, 그런 하나님이 참 하나님이라고 확신하기까지 한다. 하지만 하나님은 "꿈 깨!" 하시면서 우리의 그런 확신을 여봐란듯이 일거에 무너뜨리신다. "나는 빛도 만들고 어둠도 창조하며, 평안도 주고 재앙도 일으킨다. 나 주가 이 모든 일을 한다"(사 45:7). 청천벽력도 이런 청천벽력이 없다.

우리는 하나님을 잡으려고 쳉이질을 하지만, 하나님은 우리의 투망에 걸리는 분이 아니다. 하나님은 우리의 생각과 언어에 갇히는 대상이 아니다. 하나님은 우리의 이데올로기나 정치적 성향에 포섭되는 대상이 아니다. 하나님은 우리의 이런저런 신론神論에 낚이는 분도 아니다.

범신론자가 아니냐구요?

범신론이든
유신론이든
유일신론이든
무신론이든……

내가 믿는 하느님은
그런 ……論의 그물에 걸릴 분이 아니라니까요.
그분이 뭐 쏘가리나 참새라도 되나요.

그물에 걸리게……

— 고진하, 〈어떤 인터뷰〉 전문[1]

유한한 지식을 가지고 하나님을 그리고, 그런 하나님 상을 고수한다면, 우리는 참 하나님께로 나아갈 수 없을 것이다. 참 하나님께로 나아가려면 우리가 제멋대로 그렸던 하나님 상을 버려야만 한다. 마이스터 엑카르트는 말한다. "나는 하나님께 기도한다, 내게서 하나님을 제거해 달라고. 우리가 버릴 수 있는 것 가운데 가장 고귀하고 가장 고상한 것은 하나님을 위해 하나님을 버리는 것이다."[2] 사람이 만든 잘못된 하나님 사상, 잘못된 하나님 이미지, 사람이 가위질하여 왜곡한 하나님 상, 박제된 신관神觀을 버리고, '있는 그대로'의 하나님, 갇히지 않는 하나님께로 나아가려고 하는 이의 도저到底한 기도다.

시편에서 하나님은 말씀하신다. "너희는 **멈추고** 내가 하느님인 줄 알아라"(시 46:10, 공동번역). 이 말씀은 "나는 너희가 생각해서 만든 그런 하나님이 아니라 있는 그대로의 하나님이다. 그러니 나를 두고 이러쿵저러쿵 판단하거나 나를 왜곡하거나 박제하여 너희의 욕망을 충족시키는 행위를 멈추고, 있는 그대로의 나를 알려고 힘쓰라"는 뜻이다.

영원히 갇히지 않는 하나님, 무한히 자유로우신 하나님, 있는 그대로의 하나님이 내려앉으시려면, 우리의 마음자리가 하얀 여백으로 바뀌어야 한다. 그럴 때 우리는, 성 아우구스티누스가

"주님, 당신을 알게 하시고, 나를 알게 하소서! *Noverim te, noverim me!*"라고 기도한 대로, 하나님을 있는 그대로 알게 될 테고, 우리의 정체도 온전히 알게 될 것이다.

28

정지된 시간 경험

예배 중에 깜짝 이벤트로 인디 가수 인디언 수니의 공연이 있었다. 목사가 "정지된 시간 경험하기"라는 제목으로 짧게 설교하고, 이어서 인디언 수니가 〈내게 강 같은 평화〉로 시작하여 자작곡 〈나무의 꿈〉과 〈시베리아〉를 거쳐 〈순례자〉, 〈500 miles〉, 〈산너머 남촌에는〉, 〈임을 위한 행진곡〉, 트로트 가요 〈백마강 달밤에〉, 〈섬마을 선생님〉, 〈동백 아가씨〉 등을 열창했고, 이 곡들을 들으며 함께 부르던 교우들은 '정지된 시간ecstasy'을 경험한 듯 어깨춤과 박수와 환호성으로 갈데없이 행복해 했다.

이 깜짝 공연이 이루어진 데에는 약간의 곡절이 있다. 2014년 7월 26일, 천주교 신부 최종수 형의 음반 〈어느 신부의 사랑 고백〉 취입 기념으로 건축가 곽재환 형, 시인 박남준 형, 가인 인디언 수니가 뭉쳐, 종수 형을 대동하고 갈릴리교회 비밀의 정원을 찾아 주었다. 그날 저녁부터 시작된 이야기꽃은 밤새는 줄 모르고 이튿날(주일) 새벽 6시까지 이어졌고, 다섯 시간 뒤인 11시에는 이들의 특장特長인 시 낭송과 노래가 멋들어지게 어우러져 예배는 더없는 풍요의 옷을 입고 교우들의 마음과 얼굴을 환하게 해주었다.

그날 예배 시간의 작은 공연은 두고두고 교우들 입에 오르내리기도 했거니와, 공연자들이 의기투합하여 악단을 결성하는 결정적 계기가 되기도 했다. 건축가(재환 형), 시인(남준 형), 가인(인디언 수니)이 뭉쳐 '유랑유랑 콘서트'를 결성하게 된 것이다. '유랑유랑 콘서트'라는 명칭은 몇 개의 후보를 거쳐서 확정되었다고 한다. 처음에는 '방랑 콘서트'였다가 그다음에 '악양 가는 길'와 '보헤미안 콘서트'와 '유랑 콘서트'를 거쳐 현재의 명칭으로 고정되었다. "물의 흐름처럼 그대you랑 유랑을 떠난다"는 의미를 새긴 '유랑유랑 콘서트'는 각지에서 활동하는 사람들에게 계기를 부여하고 그들을 위로하는 것을 목표로 삼고 있다. 첫 자리는 광주 망월동 묘지에서 갖고, 첫걸음은 광주 '싸목싸목 카페'에서 떼었으며, 첫 공연은 2014년 11월 19일 오후 6시 여수의 '해안tong 갤러리'에서 가졌다.

그렇게 시작하여 전국 각지를 유랑하던 '유랑유랑 콘서트' 공연자들이 올해 8월 6일 토요일에 거창에서 공연하고, 이튿날 오후에 여수 갈릴리교회 비밀의 정원을 다시 찾았다. 반갑게도 거창 공연에 출연한 목판화가 류연복 형과 가인 김두수 형 부부 그리고 남준 형의 지인 성학수 형도 동행하여 비밀의 정원에서 밤을 새워 가며, 그동안 서로 흐놀기만 하던 이들이 얼굴과 얼굴을 맞대고 살가운 이야기로 마음껏 회포를 풀었다.

이튿날 일행이 귀로에 오를 무렵, 인디언 수니가 뜻밖의 선물을 안겼다. "8월 중 주일 예배에 참여하여 교우들에게 작은 공연을 해드려도 될까요?" "변변히 대접해 드리지도 못하면서 모시기가 영 미안했는데, 그런 마음을 가져 주시니 어찌나 고마운지 몸 둘 바를 모르겠네요. 그리만 해주신다면 더없이 좋겠습니다." 그리하여 날짜가 정해졌고, 마침내 엊그제 예배 중에 환상적인 공연이 이루어지게 된 것이다.

예배 후 공동 식사로 육개장을 나누고 내림 커피와 다과를 나눈 뒤, 인디언 수니는 교우들에게 둘러싸여 또다시 기타를 잡았다. 그러고는 자작곡 〈기억〉을 부르고, 교우들의 신청으로 〈임을 위한 행진곡〉, 자작곡 〈내 가슴에 달이 있다〉, 〈목로주점〉, 〈아름다운 세상〉을 노래했다. 마지막 곡 〈행복의 나라로〉와 〈등대지기〉는 인디언 수니의 제안으로 교우들이 다 함께 부르며 그야말로 정지된 시간을 온전히 경험했다.

2012년에 작고한 미국의 춤꾼이자 음악가 가브리엘 로스Gabrielle Roth는 "춤추기, 노래하기, 이야기하기, 그리고 침묵은 우주를 치유하는 네 개의 연고다"라고 말했다. 나는 그가 말한 네 가지 연고를 예배에 꼭 필요한 요소로 받아들인다. 이 네 요소가 온전히 어우러진 지난 주일 예배는 모든 참여자가 치유의 연고를 듬뿍 바른 날이 아닐까 싶다.

우리는 강물처럼 덧없이 흘러가는 시간에 매이기 쉽다. 마이스터 엑카르트는 시간에 매이는 것은 무엇이든지 다 죽게 마련이라고 말한다. 낡고 늙고 삭게 하여 바스러뜨리는 것이 시간의 본성이다. 허무를 떠안기는 난폭한 시간에 매몰되지 않으려면 전혀 다른 시간 경험이 필요하다. 시간 속에 살면서도 시간의 톱니바퀴에 짓눌리지 않고, 정지된 시간을 경험하며 영원을 맛보고, 영원에 잇대어 사는 것이 필요하다.

창세기 2장 13절에는 우리가 본받을 하나님의 시간 경험이 등장한다. 하나님은 엿새 동안 하늘과 땅과 그 가운데 있는 모든 것을 다 이루셨다. 하시던 일을 엿샛날까지 다 마치시고, 이렛날에는 모든 일에서 손을 떼고 쉬셨다. 그러고는 이렛날을 복되고 거룩하게 하셨다. 친히 창조하신 시간 속에서 평일의 엿새를 생명을 창조하는 데 쓰시고, 이렛날에는 안식과 강복降福과 축성祝聖으로 평일과는 전혀 다른 시간을 경험하신 것이다. 이는 우리가 하나님을 본받아 평일의 엿새 동안 생명을 낳고 짓고 북돋우고 살리는 일, 곧 노동에 힘쓰고 나머지 한 날은 정지된 시간인 거룩한 순간을 마주하는 데 써야 함을 말하는 게 아닐까.

성서의 종교인 유대교와 그리스도교는 공간의 성화를 목표로 삼는 공간의 종교가 아니라, "시간의 성화를 목표로 삼는 시간의 종교"(아브라함 헤셸)다. 덧없이 흐르는 시간의 물결에 한 점을 찍거나 빗금을 긋고, 거기에 성스러운 의미를 부여하고, 그 속에 깃든 성스러움을 마주하여 맛보는 것이다.

이렛날(주일)과 그 속에 자리한 예배는 안식과 복과 거룩함이 깃든 '시간 속의 궁전'이라고 할 수 있다. 우리는 그 궁전에서 그것의 건축자이신 하나님과 친교를 맺으며 정지된 시간을 경험한다. 정지된 시간이란 무엇인가? 매튜 폭스는 'ecstasy', 곧 환희를 시간의 정지로 풀이한다. 환희는 우리의 내면 깊은 곳에서 터져 나오는 가장 생생한 기쁨의 감정이다. 이 환희를 경험할 때 우리는 시간이 정지되는 것을 느끼게 된다. 시간의 톱니바퀴에서 벗어나 영원을 얼핏 맛보는 것이다.

하나님은 시간의 강물에 한 점을 찍으시고, 그 점을 "회전하는 세계의 고요한 정점"(T.S. 엘리엇)으로 삼으셨다. 그러고는 거기에다 은총의 돋보기를 설치하셨다. 본래 돋보기는 무언가를 확대해 보여 주거나 빛살을 한데 모아 열을 내게 하거나 불꽃을 일으키는 기능을 한다. 하나님이 설치하신 은총의 돋보기도 이와 비슷한 기능을 한다. 일상생활 구석구석에 숨어 있는 은총의 선물을 확대해 보여 주고, 안식과 복과 거룩함을 한데 모아 참여자들에게 더없는 환희를 맛보게 해주기 때문이다.

그 이렛날, 정지된 시간인 더없는 환희를 실컷 맛보게 해주신 하나님과 기꺼운 참여로 예배를 풍요롭게 해준 인디언 수니, 그리고 온 마음을 열어 예배의 흥을 돋우고 흥얼거림과 어깨춤과 뜨거운 갈채와 환호성으로 노래를 '모두의 노래 *canto general*'로 변환해 낸 교우들께 마음 깊이 감사드린다.

29

환대의 기술을 익히는 여정

여름 내내 손겪이로 분주했다. 이곳을 찾는 손님이 많았던 까닭이다. 가족 단위로 다녀간 이들이 무려 90여 분이나 되었다. 고요와 침묵에 익숙하던 생활 리듬이 깨질까 저어하여 며칠 손을 겪지 않고 보냈으면 하다가도 막상 손님들이 "다녀가도 되느냐?" 하고 문의해 오면 나는 도리머리를 지을 수 없었다. 왜냐하면 나 역시 임께서 차려 내신 우주라는 잔치에 손님 자격으로 참여하는 중이고, 카비르의 말처럼 손겪이만큼 마음을 흡족하게 하는 것도 없기 때문이었다. "이 세상에는 마음을 흡족하게 하는 것이 하나 있다. 그것은 손님으로 오시는 그분을 마중하는 것이다."[1]

다녀간 손님들도 다양했다. 팍팍한 마음을 안고 찾아온 이, 고단한 삶을 뒤로하고 찾아온 이, 벗이 그립고 벗의 소식이 궁금해 찾아온 이, 북새 떠는 일터를 떠나 마음의 깊이를 되찾으려 찾아온 이, 대자연의 세례를 흠뻑 받고자 찾아온 이, 아이처럼 퐁당

거리기 위해 찾아온 이 등등. 휴가를 즐기는 모습도 가지가지였다. 손님들이 옷가지를 벗어 던지고 풍덩 뛰어들면 바다는 드넓은 품을 열었다. 카약은 손님들을 바다 구석구석으로 실어 나르느라 분주했고, 카약에서 내린 이들의 얼굴은 술에 취한 듯 햇볕에 그을려 발그스레했다. 저마다 살아온 이야기, 마음속 간직한 꿈, 즐겨 부르는 노래, 가슴 저미는 아픔과 슬픔, 행복과 기쁨을 풀어놓고 귀 기울여 들어주고 토닥여 주노라면 남녘의 밤은 한없이 깊어졌고, 밤하늘의 별들은 지붕 위로 바싹 내려왔다. 몽돌밭을 어루만지다가 심심했는지 파도 소리도 어슬렁어슬렁 마당으로 기어들어 사람들의 마음을 가만가만 쓸어 주고 어루만져 주었다. 부모를 따라 갯바위로 방파제로 바지선船으로 낚시하러 간 아이들은 생애 처음 경험한 손맛에 콩닥콩닥 뛰는 가슴을 좀처럼 갈앉히지 못했다.

연일 이어지는 손겪이로 우리 가족은 8월 한 달간 손님 없는 날을 이틀밖에 보내지 못했고, 따로 휴가를 내지도 못했다. 여름 내내 환대의 기술을 익히느라 몸과 마음이 지친 상태이니 실로 빡빡한 수행을 한 셈이다. 그래도 기쁨과 보람이 컸다. 이따금 손님들에게서 갈릴리교회가 지친 이들의 쉼터, 고단한 이들의 해방구가 되어 가고 있다는 소리를 들었으니 말이다.

지난여름 손님들에게 그늘을 드리우느라 분주했던 느티나무 아래에 앉았다. 방풍림은 여름철 이전의 고요를 회복한 지 오래다. 인적은 없고 떠나가는 여름이 아쉬운 듯 매미 소리만 우렁차다. 느티나무의 서늘한 기운이 온몸을 감싼다. 내려다보이는 계동 바다, 아니 갈릴리 바다가 내 시선을 따스하게 받아들인다. 그야말로 살가운 환대다. 그들은 내가 주인이 아니라 또 하나의 손님이라는 사실을 묵묵한 환대로 일깨운다. 그들의 살가운 환대를 마주하며 신앙의 여정을 생각한다. 신앙의 여정은 주인이신 하나님과 손님이신 하나님을 마주하여 감사의 마음을 돋우고 환대의 기술을 익히는 여정이 아닐까?

하나님이 주인과 손님 역할을 아우르시는 것은 신비 가운데 신비가 아닐 수 없다. 먼저 하나님은 은혜롭고 관대한 주인이시다. 그런 하나님을 일컬어 창조주 하나님, 우주적 하나님이라고 부른다. 하나님은 차리는 데 수많은 세월이 걸린 성찬을 우리를 위해 베푸신다. 하나님의 잔치 목록은 끝이 없다. 경이로운 바다, 우람한 나무들, 기름진 땅, 도도히 흐르는 강, 따스한 햇볕, 깊고 고요한 밤, 촉촉한 비, 존재의 기쁨과 살아 있음을 황홀하게 표현하는 다양한 꽃들, 떼 지어 노니는 물고기, 숲과 들판에 활력을 불어넣는 동물들, 계절의 바퀴를 돌리고 꽃향기를 실어 나르는 바람, 봄·여름·가을·겨울, 추위와 더위 등등. 우리는 너나없이 이 성찬에 초대받은 손님이다(사 55:1). 하나님은 끝없이 이어지는 잔치 목록으로 지구상의 만물을 환대하신다.

하나님의 아낌없는 환대를 가장 잘 상징화한 것이 다름 아닌 성찬식이다. 우리는 성찬식에 초대받는다. 우리는 성찬식에 경건한 손님이 되어 참석한다. 그러고는 하나님이 내어 주시는 성체를 우리의 음식으로 받아들인다. 주님의 성체를 받는 우리야말로 가장 멋진 손님이 아닐까 싶고, 그토록 환대하시는 하나님이야말로 손겪이의 명수가 아닐까 싶다.

    하나님의 우주적인 잔치를 마주하여 우리가 먼저 지녀야 할 자세는 경건한 손님이 되는 것이다. 손님 자격으로 잔치에 참여하면서 주인의 마음을 상하게 하는 일은 있을 수 없기 때문이다. 경건한 손님은 마음을 감사로 가득 채운 사람이다. "하나님, 감사합니다"라는 인사야말로 하나님이 차리신 우주적 잔치를 열고 들어가는 열쇠다. 하나님이 지으셨고, 보금자리를 치고 계신 우주의 신성한 선물에 대해 우리가 할 수 있는 말은 "감사합니다" 한 마디밖에 없다. 감사야말로 우리가 깨어 있음을 보여 주는 생생한 표현이다. "하나님, 감사합니다" 하는 기도야말로 우리의 가장 깊은 기도다. 마이스터 엑카르트는 말한다. "그대가 일생토록 하나님께 드리는 기도가 '하나님, 감사합니다' 한마디뿐이어도 그것으로 충분하다."[2] 우리가 경건한 손님으로 성찬을 마주하여 감사의 마음을 돋울 때, 하나님이 베풀어 놓으신 우주적 성찬은 우리를 더없이 이롭게 할 것이다.

    또한 하나님은 손님이 되어 우리를 찾아오신다. 예수님은 탁월한 손님이셨으며, 하나님이 손님 역할을 하신다는 것을 드러내는 참 계시였다. "보아라, 내가 문밖에 서서, 문을 두드리고 있다. 누구든지 내 음성을 듣고 문을 열면, 나는 그에게로 들어가서 그와 함께 먹고, 그는 나와 함께 먹을 것이다"(계 3:20). 하나님은 덧없고 무상한 시간 속에 실한 영원으로, 캄캄하게 잠든 인간의 마음속에 전사처럼 사정없이 뛰어드는 말씀으로(지혜서 18:14-15), 거칠고 메마른 허허벌판에 수직의 운석으로, 권태롭고 따분한 일상에 한 줄기 성화의 빛으로, 여기가 거기의 시작임을 알리는 누룩의 모습으로, 중심과는 먼 가장자리의 마구간에 여리고 약한 아기의 모습으로 찾아오신다. 하나님은 이처럼 다양한 모습의 손님으로 우리 곁에 찾아오신다. 그런 하나님을 마중하는 것은 실로 가슴 벅차고 가슴 뛰는 일, 뜻밖의 은총이 아닐 수 없다.

손님으로 찾아오시는 하나님을 마중하기 위해 우리가 해야 할 일은 환대의 기술을 익히는 것이다. '환대 hospitality'는 주인을 뜻하는 'host/hostess'에서 유래한 말이다. 낯선 이의 마음을 여는 주인의 태도, 낯선 이를 따뜻하게 맞이하는 마음씨를 의미한다. 길을 모르는 사람이 길을 제대로 갈 수 없듯이, 환대의 기술을 익히지 못한 사람이 손님으로 오시는 그분을 제대로 맞이하기는 어렵다. 예수님은 우리에게 꼭 필요한 것이 환대의 기술을 익히는 것임을 일깨우신다. "너희는, 내가 주릴 때에 내게 먹을 것을 주었고, 목마를 때에 마실 것을 주었으며, 나그네로 있을 때에 영접하였고, 헐벗을 때에 입을 것을 주었고, 병들어 있을 때에 돌보아 주었고, 감옥에 있을 때에 찾아 주었다. …너희가 여기 내 형제자매 가운데 지극히 보잘것없는 사람 하나에게 한 것이 곧 내게 한 것이다"(마 25:35-40).

아브라함은 환대의 기술을 몸에 익힌 사람이었다. 그가 부지중에 나그네를 대접하면서 천사를 대접하는 은총을 누린 것은, 그가 평소 나그네 대접하기를 즐겨 하였기 때문이다. 환대의 길을 익히지 못한 사람이 손님의 모습으로 다가오시는 하나님을 알아보는 것은 실로 어려운 일이다. 평소 환대의 기술을 몸과 마음에 익힌 사람만이 그분을 마중하는 기쁨을 누릴 수 있다.

손님이 되어 찾아오시는 하나님은 거의 예외 없이 가장자리로 찾아오신다. 예수님이 태어나 뉘었던 자리는 마구간의 구유였다. 마구간의 구유는 우리 사회가 입심 좋게 중심이라고 부르는 곳과는 거리가 먼 가장자리의 상징이다. 그곳은 약자들이 사는 곳이고, 중심에서 밀려난 사람들의 자리다. 환대의 기술을 익힌 사람의 시선은 언제나 가장자리에 머문다. 그곳은 한 세계의 끝이자 또 다른 세계가 시작되는 곳이다. 성서는 바로 그 경계선에 하나님이 계신다고 힘주어 말한다. 손님으로 오시는 그분을 마중하려면 부지런히 환대의 기술을 익혀야 하고, 환대의 기술을 익히려면 끊임없이 가장자리에 눈길을 보내야 하며, 가장자리에 눈길을 보내려면 자기만 위하는 안일과 포만의 삶에서 벗어나 깨어 있어야 한다.

냉대와 경시가 날을 세우고 사회 전반을 위협하는 것 같아 안타깝다. 냉대와 경시는 서로를 가르고 분리하여 죽임의 세계로 몰고 갈 뿐인데 정말로 잘 살려면 어찌해야 하는가? 메히틸트 폰 마그데부르크는 말한다. "어떻게 살아야 할까요? 만물을 환대하며 사십시오."[3] 나는 이 말을 내 신앙의 여정을 이끄는 말로 받아들인다. 냉대와 경시로 상처를 주고받는 이들을 살림의 세계, 구원의 세계로 데려갈 수 있는 수레는 환대밖에 없기 때문이다. 우리의 영적 연인이신 그이, 손님의 모습으로 다가오시는 그이를 기쁨으로 맞이하는 길은 환대밖에 없기 때문이다. 환대야말로 우리가 살아가면서 만물과 창조적으로 접촉할 수 있게 하는 힘인 까닭이다.

30

은총의 바다에 카약을 띄우고

아주 오래전에 받았으나 한동안 갈무리하지 못하고 밀쳐 두었던 초대장을 마음의 갈피에서 꺼내 읽는다. "물가에 너를 풀어 놓았으니 너는 지금 있는 그 자리에서 물 만난 물고기처럼 살아라." 생각하면 생각할수록 눈물겹게 고마운 초대다. 초대장을 읽는 눈이 안개가 걷힌 듯 환해진다. 더는 서성거릴 일이 없다. 목말라할 일은 더더욱 없다. 그냥 뛰어들어 자맥질하면 그만인 것이다. 물속에 둥지 튼 성성한 생명이 물살을 가르며 거침없이 헤엄치듯이 신적 은총의 바다 한가운데서 무자맥질하면 그만인 것이다.

은총의 바다는 어떤 곳인가? 마이스터 엑카르트는 말한다. "하나님은 영혼을 가장 고귀하고 가장 순수한 곳으로 데려가셔서 그곳을 차지하게 하신다. 그곳은 드넓은 곳, 바다, 깊이를 잴 수 없는 대양이다. 바로 거기서 하나님은 자비를 베푸신다."[1] 우리는 너나없이 자비의 대양, 곧 은총의 바다에 태어났고 그곳에서 무자맥질하고 있다. 우리만 홀로 하는 무자맥질이 아니라 같은 바다에서 다른 피조물 형제자매들과 어우러져서 하는 무자맥질이다. 자비와 은총의 바다에는 독차지나 독식이라는 게 있을 수 없다. 은총의 바다에 뛰어든 이에게는 신적인 은총을 함께 들이마시고, 기쁨도 슬픔도 함께 나누고, 함께 어우러져 노래하며 춤추는 일이 있을 따름이다. 모든 것이 서로 연결되어 있으며 만물이 서로 의존하고 있음을 환히 깨달은 자들의 푸짐한 잔치 자리, 그것이 다름 아닌 은총의 바다다.

은총의 바다에서 이루어지는 자맥질은 무엇을 내용으로 하는가? 그것은 감사와 찬미를 내용으로 하게 마련이다. 감사와 찬미는 은총에 대한 감각을 회복하고, 은총을 감지한 사람의 입술에서 터져 나오는 벅찬 노래다. 또한 그것은 하나님의 낯을 향해 피워 올리는 노래이기도 하다. 왜냐하면 마이스터 엑카르트가 말한 대로, 은총이야말로 하나님의 낯이기 때문이다. 감사는 모든 피조물이 가장 많이 품고 줄기차게 부르는 참으로 바람직한 노래다. 우리의 입술에서 감사의 노래가 터져 나오는 순간 만물은 환호를 지른다. 그 이유는 만물의 가슴팍에서 끊임없이 솟구치는 에너지가 감사이기 때문이다.

나는 은총의 바다에 카약을 띄우면서 사람의 영혼이 카약과 같다고 생각한다. 영혼이라는 말이 어렵다면 마음이라는 말로 옮겨도 좋으리라. 존재의 운반체, 마음! 사람의 마음이 카약이라면 누구나 영적 여정에 필요한 탈것을 한 대씩 갖추고 있는 셈이다.

시간 속에 살면서도 시간에 매몰되지 않고 정지된 시간 경험을 향해, 영원을 향해 나아가는 카약을 말이다.

카약을 타 본 사람은 카약이 어느 한 자리에 정체해 있을 수 없다는 것을 안다. 닻이 없는 까닭이다. 떠 있는 곳이 온통 은총의 바다인데 굳이 닻을 갖출 일이 무어 있겠는가? 설령 머물고자 해도 어느 한 지점에 머무는 것은 순간이다. 정체는 집착의 자식일 뿐이다. 카약은 말한다. 무언가에 만족하여 멈춰서도 안 되고, 사물이나 대상에 집착해서도 안 된다고. 사는 방식이 어떠하건 이 세상에 정체해 있는 것은 존재하지 않는다고. 때로는 물살을 가르고, 때로는 은총의 바다가 지어내는 흐름에 온몸을 맡기라고.

마음을 쓰는 일, 곧 영적 여정은 카약을 타는 것과 다르지 않다. 카약의 소임은 자기를 비우는 데 있다. 자기라고 할 만한 것을 지니지 않으므로 카약이 가는 곳은 어디나 은총의 바다다. 그야말로 넘실대는 바다다. 그 바다에서 무엇을 마주하건 간에 그것을 최상의 것으로 삼지 않으니 매임이 없다. 탐착貪着이 없어서 실로 탐탁하다. 비면 빌수록 가는 길은 더욱 힘차고 여정은 더욱 가뿐해진다. 하는 일마다 사욕을 꾀하거나 탐욕을 부리는 짓을 카약은 도무지 모른다. 그랬다가는 은총의 바다에 뜨기는커녕 끈적끈적한 늪에 잡혀 한 발짝도 전진할 수 없음을 아는 까닭이다.

우리는 너나없이 나그네(순례자)로 와서 나그네로 삶을 마감한다. 저마다 마음이라는 카약을 타고서 은총의 바다를 향해 나아간다. 진정한 순례자라면 알 것이다. 길 떠나는 이의 마음 자세가 어떠해야 하는지를. 예수님은 길 떠나는 이에게 당부하신다.

"길을 떠날 때에는, 지팡이 하나밖에는 아무것도 가지고 가지 말고, 빵이나 자루도 지니지 말고, 전대에 동전도 넣어 가지 말고, 다만 신발은 신되, 옷은 두 벌 가지지 말라"(막 6:8-9). 영적 순례 길에 올라 있음을 망각할 때, 우리의 카약은 빵과 자루와 전대와 동전과 욕망 덩어리를 넣어 두고 보관하는 창고로 전락하고 만다. 그때부터 카약은 꽉 찬 채 뜰 줄을 모르고, 은총의 바다는 종적을 감추며, 그 자리에는 거대한 늪이 똬리를 튼다. 그래서 게르하르트 테르스테겐Gerhard Tersteegen은 다짐의 노래를 부른다.

> 순례자처럼 살아야 해.
> 자유롭게, 맨몸으로, 확실히 빈손으로.
> 많이 쌓고, 소유하고, 사재기하는 것은
> 우리의 걸음을 무겁게 할 뿐이야.
> 그러고 싶은 자는 지고 가다 죽으라지.
> 우리는 홀가분하게 여행하리니.[2]

나는 이 아름다운 녹색별에서 실패한 순례자로 남고 싶지 않다. 내 사랑하는 임께서 나를 이토록 아름다운 물가에 풀어놓으셨으니 더는 물가에서 서성거리지 않으리라. 어서 오라고 손짓하여 부르는 바다가 있고, 손을 잡아끄는 춤꾼들이 무수하니 나를 실어 나르는 카약을 부지런히 살피고, 그 속에 짐스러운 것들을 들여 앉히지 않으며, 신적인 흐름에 온몸을 맡기리라. 그러면 내 카약은 비할 데 없이 가벼워져서 나를 은총의 바다 구석구석으로 데려갈 것이고, 나는 순간순간 밀려오는 벅찬 감동의 파도를 놀람과 감탄으로 마주할 것이다. 그리고 내 입술에서는 감사의 노래가 무시로 터져 나올 것이다.

31

님의

활시위

바다가 알을 낳고 있었다. 빛의 알이다. 저 멀리 수평선 위로 솟아오른 알이 일렁이는 물결을 향해 빛살을 쏘아 댔다. 빛의 화살이다. 빛의 화살을 맞은 물결이 금빛 비늘로 바뀐다. 그러면 바다는 몸 바꾸기를 시도한다. 거대한 황금 물고기가 되는 것이다. 빛의 화살을 맞으면 맞을수록 황금 물고기는 자기 몸에 박힌 빛살을 털어 내느라 더욱 분주해진다. 몸을 뒤척일 때마다 빛살이 이곳저곳으로 날린다. 덕분에 섬이 선명하게 드러나고 갯바위가 환해지며 곰솔들은 더욱 청청해진다. 찬란한 변신이다.

빛살을 맞은 내 눈은 상쾌한 아픔과 어지럼증을 느끼며 잠시 캄캄해진다. 빛이 만들어 낸 어둠, 빛과 어둠의 공존! 은총은 이렇게 사람을 기우뚱하게 하면서 꽂히는구나! 아린 듯 상쾌한 듯 다가온 은총을 갈무리하는데 스승님의 말씀이 떠올랐다.

하나님은 자신과 똑같은 것을 받아들일 수 있는 이들에게 자기를 나누어 주실 수 있었습니다. 마치 그분이 비워질 수 있다는 듯이 말입니다. 그래서 피조물들은 끝없이 흘러나왔습니다. 천사가 모래 알갱이나 풀잎이나 나뭇잎보다 많은 것은 이 때문입니다. 이들 모두를 통하여 빛과 은총과 선물이 우리에게로 흘러 내려옵니다.[1]

피조물을 하나님의 사자使者로 본 대단한 통찰이 아닐 수 없다. 만물이 나의 스승이고 삼라만상이 은총의 전달자다. 오늘 아침 내게 다가온 하나님의 사자는 누구인가? 태양과 바다. 그들은 말한다. "우리를 통해 당신에게 다가간 신의 메시지는 빛살과 같아요. 당신 역시 신의 빛살을 날려 보내는 시위가 될 수 있어요." 상쾌한 어지럼증을 일으키는 빛의 화살. 그 화살이 하루 내내 사람과 피조물 형제자매를 통해 내게로 다가오리라 생각하면 가슴이 쿵쿵 뛴다. 나를 둘러싼 가족, 이웃, 누리의 모든 피조물, 나의 모든 일이 임의 활시위라고 생각하니 마음을 쉬이 닫을 수 없다. 가슴을 활짝 열고 "여기가 과녁이에요. 여기에다 빛의 화살을 쏘아 주세요!" 하고 외치고 싶다. 그분의 빛살이 여기저기서 불시에 날아들리라 생각하니 한눈을 팔 수 없다. 나 역시 빛의 화살을 날리는 그분의 활시위라고 생각하니 뿌듯함과 숙연함 사이에서 그네를 뛴다. 임은 나를 통해 어떤 빛의 화살을 누구의 가슴팍으로 날리실까? 나를 통해 날아간 임의 빛살은 누구의 마음을 환하게 할까?

32

하아얀

여백

'정지(멈춤)의 감각'을 기르기 위해서 '대면 예배'를 멈추고, '줌 영상 예배'를 드리게 된 지 6주가 되어 간다. 멈출 줄 모르는 자들의 분주가 어마어마한 황망을 초래했고, 우리는 긴장 속에서 그 심각한 여파를 주시하고 있다.

백무산 시인은 자신의 시 〈낙화〉에서 "멈추지 않으니 환장할 노릇이다"라면서 "우리가 잃어버린 것은 정지의 감각이다"라고 역설한다. 지금 우리는 코로나19의 4차 유행으로 인한 하나님의 제동을 경험하고 있다. 이 제동은 우리의 당면한 급선무가 무엇인지를 절박한 상황을 통해 일깨우고 있다. 그것은 다름 아닌 정지의 감각을 회복하는 것이다. 백무산 시인은 '정지의 힘'이 꽃을 피운다고 말한다. 우리는 그 힘을 믿어야 한다. 지금은 그 힘을 지며리 온축蘊蓄할 때, 분주함에 속도를 보태는 가속페달에서 발을 떼고, "현재의 생활방식이 정녕 하나님의 뜻에 꼭 맞는 생활

방식인지" 차분히 살피고, '느릿느릿'을 특장으로 삼는 영혼의 보법을 이드거니 익힐 때다.

이 엄중한 시기에 신앙의 길을 생각해 본다. 신앙의 길이란 어떤 길인가? 달뜬 욕망을 비우고 버려 '하아얀' 여백을 확보하는 길, 우리를 꽉 막힌 어둠의 상태로 닫혀 있게 하는 아집에 균열을 내어 '새뜻한' 틈을 마련하는 길이다. 휑하니 빈 여백에 하나님을 있는 그대로 내려앉히고, 새뜻한 틈에 '서늘한' 하나님의 뜻(하나님의 영)이 깃들게 하는 길이다.

그 길에 필수적인 자세가 있다. 하나님이 주시는 것은 무엇이든지 잘 받아들이려는 자세, 하나님이 하시는 말씀은 무엇이든지 귀여겨듣고 깊이 새기려는 경청의 자세다. 하여 신앙의 길은 깊은 수용성의 길이다. 마이스터 엑카르트는 이렇게 말한다. "무릇 받아들이는 모든 건 의당 비어 있어야 한다. …영혼의 최고 기능은 만물을 여의고, 덧없는 것을 조금도 지니지 않으며, 하나님 자신 외에는 아무것도 받아들이지 않는다."[1] 신앙의 길, 깊은 수용성의 길을 환히 밝히는 것은 오로지 하나님 한 분만을 있는 그대로 받아 모시려는 "하아얀 의욕"(김영민)뿐이다.

하나님 외에는 아무것도 받아들이지 않으려는 하아얀 의욕의 첫걸음은 단연코 침묵이어야 한다. 그런데도 우리는 좀처럼 입을 다물 줄 모른다. 하나님의 말씀을 우리 내면에 들여앉히고, 하나님의 뜻을 우리 삶의 자리에 내려앉히려면 반드시 침묵이 선행되어야 하는데도, 우리는 입이 근질거려 쉴 새 없이 떠들어 댄다. 입으로만 그러는 게 아니다. 요즘은 휴대폰으로도 그런다. 어떤 이는 가짜 뉴스를 쉴 새 없이 퍼 나르기도 한다. 무슨 말인지도 모른 채 퍼 나르고, 들어서 아무 유익도 되지 않을 말들, 난폭한 반생명적 메시지들을 이리저리 퍼 옮긴다. 심지어 떼를 지어 악다구니를 쓰기까지 한다. 하나님의 뜻이 내려앉을 만한 하아얀 여백을 도무지 마련할 줄 모른다.

기도, 특히 통성기도는 소음 공해가 되어 버린 지 이미 오래되었다. 자기의 바람과 염원만을 하나님 앞에 잔뜩 쏟아 내는 게 기도의 주된 형식이 되고 말았다. 하나님이 들으시건 말건 자기 말만 하면 그만이라는 듯이 떠벌리고 또 떠벌린다. 그러고는 끝이다. 그저 토해 놓고 자리를 털고 밖으로 나가 버린다. 제 고백과 바람을 아뢰었으면 이제는 하나님이 어찌 말씀하시는지, 하나님이 어떻게 응답하시는지 침묵 가운데 지며리 기다리면서 경청해야 하는데 그 과정을 생략해 버린다. 그 과정을 괄호에 넣은 기도는 주종主從이 바뀐 기도, 하나님을 제 뜻대로 부리려고 하는 기도, 사적 욕망의 충족을 위한 기도에 지나지 않는다. 그것은 기도가 아니라 일방적 강요일 뿐이다. 하나님은 결단코 그런 강요를 받으실 분이 아니다. 무릇 기도란 언제나 하나님을 첫 자리에 모시겠다 *Primero Dios* 는 자세를 바탕에 깔고 하는 소통 행위다. 침묵을 생략한 기도자는 수용성을 결여한 자, 제 뜻으로 가득 찬 자다. 하나님은 그런 사람을 아예 거들떠보지도 않으신다.

그렇게 침묵을 빠뜨린 일방적 강요는 하나님의 뜻을 놓치고 그르치게 마련이다. 하나님은 예언자 이사야의 입술을 빌려서 그런 기도의 위험성을 강력하게 경고하신다.

나의 생각은 너희의 생각과 다르며, 너희의 길은 나의 길과 다르다. …하늘이 땅보다 높듯이, 나의 길은 너희의 길보다 높으며, 나의 생각은 너희의 생각보다 높다(사 55:8-9).

실로 우리의 정신을 얼얼하게 하는 충격적인 말씀, "우리 내면의 얼어붙은 바다를 깨뜨리는 도끼"(프란츠 카프카) 같은 말씀이 아닐 수 없다. 우리의 생각과 다르고, 우리의 길과 다른 하나님의 생각과 하나님의 길을 알아내고 직수굿이 걸으려면 다른 방법이 없다. 말을 그치고 기다리는 것이다. 성 아우구스티누스는 말한다. "사람이 하나님에 대하여 할 수 있는 가장 아름다운 말은 내적 풍요의 지혜로 입을 다물고 가만히 있는 것이다."[2] 지금은 시끌벅적한 광장을 찾아갈 게 아니라 고요한 골방에 들어가 제 의지, 제 주장, 제 생각으로 가득 찼던 마음을 빈자리, 하아얀 여백으로 만들고, 거기에 서늘한 하나님의 뜻이 깔축없이 임하게 할 때다. 마이스터 엑카르트는 말한다. "하나님은 무언가를 더하는 것으로는 영혼 안에서 발견되지 않고, 뺄셈의 방법으로만 발견되신다."[3] 하나님은 하아얀 여백이 된 사람 안에만 보금자리를 치신다.

눈부시게
아름다운
상통

박각시들은 꽃을 거르는 법이 없다.
꽃을 일일이 찾아다니며 탐침으로 조심스레 두드린다.
"들어가도 될까요?" 그러면 꽃들은 대개 거부의 몸짓 없이
그들을 맞아들여 폭 감싼다. 좀처럼 찾아보기 힘든
아름다운 상통이다.

1

온새미로 살기

> 내가 햇빛과 따사로운 온기를 받아들이려 한다면, 또한 나는 천둥과 번개도 받아들일 수 있어야 한다.
> — 칼릴 지브란[1]

하나님은 자신을 일컬어 빛과 어둠을 지으신 분, 양면을 아우르는 분이라고 말씀하신다. "나는 빛도 만들고 어둠도 창조하며, 평안도 주고 재앙도 일으킨다. 나 주가 이 모든 일을 한다"(사 45:7). 그러하기에 우리는 빛만 받아들일 게 아니라 어둠도 받아들여야 한다. 하나님은 우리가 온새미로 살기를 바라시기 때문이다. 어느 한쪽으로 치우침 없이 균형 감각을 갈무리한 이들은 한결같이 빛과 어둠, 기쁨과 고통을 아우르는 삶이야말로 온새미로 사는 삶이라고 힘주어 말한다.

우리 삶에 별안간 찾아오는 어둠과 고통을 덮어놓고 피하기보다는 그것들과 적극적으로 씨름하려는 자세가 필요하다. 시인이자 동화 작가 미야자와 겐지는 말한다. "우리는 고통을 끌어안아 그것을 우리의 여정을 위한 땔감으로 불살라 버려야 한다."[2] 고통은 참혹한 시련으로 찾아와 삶을 통째로 다시 바라보게 하면서 '나'라는 존재를 다시 태어나게 한다. 별것 아닌 것을 움켜쥐려고 악력을 키웠던 지난날의 어리석음이 보이고, 누리고 있는 줄도 몰랐던 일상의 세목들이 하나하나 각별하게 다가온다. 고통이 한 인간을 재탄생하게 하는 축복의 통로가 되는 것이다. 어둠과 고통은 우리의 영적 여정을 위한 땔감이 될 수 있다. 우리네 삶의 어둠으로 상징되는 고통은 인생이라는 난로에 던져질 장작과 같다. 인생이라는 난로를 훈훈하게 하려면, 먼저 고통이라는 장작더미로 다가가서 장작을 하나씩 집어 올리고, 장작을 한 아름 껴안고, 인생이라는 난로로 다가가 그 속에 하나씩 던져 넣어야 할 것이다. 그러면 고통이라는 장작은 난로 속에서 타닥타닥 소리를 내면서 타올라 따뜻한 열기를 발산할 것이고, 우리는 훈훈한 에너지를 얻어 삶을 온새미로 살게 될 것이다.

욥은 자기 생에 갑작스레 들이닥친 칠흑 같은 어둠의 터널을 조심스럽게 통과한 뒤에 말한다. "주님이 어떤 분이시라는 것을, 지금까지는 제가 귀로만 들었습니다. 그러나 이제는 제가 제 눈으로 주님을 뵙습니다"(욥 42:5). 빛 속에만 가두어 두려고 사람이 만든 잘못된 하나님 사상, 사람이 가위질하여 왜곡한 하나님 상, 박제된 신관을 버리고, 마침내 있는 그대로의 하나님을 만나 뵌 것이다. 그러면서 그는 말한다. "그러므로 저는 제 주장을 거두어들이고, 티끌과 잿더미 위에 앉아서 회개합니다"(욥 42:6). 달갑지 않은 방문객으로 찾아온 고통에 압도되어 '어둑해진' 눈으로 고통과 씨름하며 고통 너머를 겸손히 살핀 사람의 회개는 충실하기 그지없다.

우리 앞에는 하나의 초대장이 배달되어 있다. 그것은 빛과 어둠을 아우르며 그네 뛰는 삶, 균형 잡힌 삶으로의 초대다. 그것은 빛만 추구하는 게 아니라 어둠의 유익도 깨닫고, 빛과 어둠을 인생이라는 그릇에 넣고 싹싹 비벼 삶의 맛을 드높이라는 초대다.

2

하나님의 형상을
거스르지 않는 길

　성서의 창조 전통은 사람이 하나님의 형상으로 지어졌다고 말한다. 무슨 뜻인가? 사람 안에 하나님과 똑같은 것이 자리하고 있다는 뜻이다. 그러면 하나님의 형상은 무엇을 가리키는가? 창조주 하나님의 창조성, 만물을 지으신 창조주의 출산 능력을 가리킨다. 사람이 하나님의 형상대로 지어졌다는 것은 사람에게 창조주 하나님처럼 낳고 짓는 출산 능력, 곧 창조성이 주어졌다는 뜻이다. 다시 말해서 모든 이가 어머니가 되는 능력을 타고났으며, 각 사람 안에 낳고 짓는 예술가가 보금자리를 치고 있다는 뜻이다.
　성서는 우리 안에 자리하고 있는 예술가, 창조성, 출산 능력을 가리켜 새 사람, 속사람이라고 부른다. "새 사람을 입으십시오. 새 사람은 자기를 창조하신 분의 형상을 따라 끊임없이 새로워져서 지식에 이르게 됩니다"(골 3:10). "나는 속사람으로는 하나님의 법을 즐거워하나"(롬 7:22). 이 속사람은 하나님이 자신의 형상을 심어 놓으시고, 좋은 씨를 뿌려 놓으셨으며, 온갖 지혜와 온갖 예술과 온갖 덕과 온갖 선의 뿌리를 심어 놓으신 밭과 같다. 사람에게는 눈에 보이는 대지뿐만 아니라 눈에 보이지 않는 대지도 있다. 그것이 다름 아닌 속사람이다. 우리의 속사람은 하나님의 씨앗이 뿌려진 밭이고(요일 3:9), 이 밭에 뿌려진 씨앗은 하나님의 말씀이다(눅 8:11). 우리는 이 밭에 충실한 정원사가 되어야 한다.

우리 안에 있는 예술가를 깨우려면 어찌해야 하는가? 하나님의 형상이 심어진 이 밭을 경작하려면 어찌해야 하는가? 안에서 시작해야 한다. 외적 성공이 우리를 움직이게 해서는 안 된다. 우리는 바깥의 동기로 행동해서는 안 된다. 바깥의 동기 부여는 우리와 우리의 일을 갈라놓고, 우리와 우리 안의 속사람을 갈라놓을 따름이다.

안에서 시작하는 것은 자기 내면에 자리한 빛을 갈무리하는 것과 같다. 이를테면 불 지피는 법을 익히는 것이다. 한 젊은이가 있었다. 그의 소원은 대장장이가 되는 거였다. 그래서 어느 대장장이의 도제가 되어 온갖 필요한 기술, 곧 부젓가락 집는 법, 큰 망치 쓰는 법, 모루채 메어치는 법, 풀무질하는 법 등 두루 배운다. 그는 수습 생활을 마치고 나서 왕궁의 대장간에 고용되는 기쁨을 맛본다. 하지만 기쁨은 잠시뿐. 다른 기술은 두루 배웠지만 정작 필요한 불 피우는 법, 불 지피는 법을 배우지 못했던 것이다. 물질세계의 작동 원리는 훤히 꿰고 있으면서도 자기 내면의 역학에 대해서는 무지하기 그지없는 고학력자들, 우리 사회에 즐비한 고학력자들을 보는 것 같다.

불 피우는 법을 익히지 못한 채 임금이 계신 궁성에 드는 것은 불경스러운 일이다. 우리의 임금이신 주님은 우리에게서 빛을 찾고 계시기 때문이다. 주님은 당신께서 품부해 주신 불씨가 우리 안에서 잉걸불로 타오르고 있는지, 우리 안에 넣어 두신 빛이 환히 빛나고 있는지 살피신다. 빛을 찾아 밖으로만 나돌고, 비본질적인 것을 본질적인 것으로 여겨 이리저리 떠도는 우리에게 예수님은 말씀하신다. "그러므로 네 속에 있는 빛이 어둡지 않은지 살펴보아라"(눅 11:35).

보는 이의 마음속에 깊은 감동의 울림을 낳는 명화로 태어나든지, 듣는 이의 마음에 기쁨과 감격을 일구는 명곡으로 태어나든지, 영혼에 도전을 주고 결단을 촉구하는 명설교로 태어나든지, 사람들의 얼굴에 환한 웃음이 일게 하는 유머로 태어나든지, 공들여 지은 밥 한 그릇으로 가족과 이웃에게 삶의 기운과 사랑을 불어넣는 모성의 섬김으로 태어나든지, 절망과 낙심의 늪에 빠져 허우적거리는 영혼을 희망의 뭍으로 들어 올리는 따뜻한 위로의 말로 태어나든지, 살아 있음의 환희에 겨워 한판 춤사위로 펼쳐지든지, 이슬비로 내려 사람들의 영혼을 촉촉하게 적시는 한 줄의 시로 태어나든지 간에, 속에서 알차게 영근 빛이 활활 타올라 밖으로 분출하는 모습은 그지없이 아름답다.

우리는 너나없이 창조주 하나님의 형상을 타고났다. 우리는 내남없이 신성과 유사한 삶을 영위하도록 초대받았다. 그 삶은 하나님처럼 낳고 짓는 삶이다. 우리 안에는 그 삶을 가능케 하는 예술가가 잠자고 있다. 우리는 그 예술가를 깨우고, 의당 예술가가 하는 것처럼 느껴야 한다. 자기 안에 있는 창조 에너지를 끌어올려 창조적인 삶의 길을 걸어야 한다. 이 길이야말로 따스한 에너지를 울녘에 방출하는 길이고, 하나님의 형상을 거스르지 않는 길이며, 창조주 하나님을 배반하지 않는 길이기 때문이다.

3

여기가

거기

우리의 삶은 우리가 하나님을 어떤 분으로 보고, 어떤 분으로 그리느냐에 따라 달라진다. 마이스터 엑카르트는 "내가 하나님을 보는 눈은 하나님이 나를 보는 눈과 같은 눈이다"라고 말했다.[1] 말하자면 하나님은 내가 그분을 보는 그 눈으로 나를 보신다는 것이다. 하나님을 우리의 삶과 떼려야 뗄 수 없는 분으로 상상하고 그렇게 믿으면, 우리의 삶은 실제로 하나님과 가까운 사이가 된다. 그렇게 가까워지고 또 가까워지면 우리 삶은 하나님과 더없이 친밀하게 된다. 노리치의 줄리안이 말한 대로 "하나님과 우리의 영혼 사이에 사이가 없게 되는 것이다."[2] 하나님이 우리에게 바라시는 것이 바로 이러한 삶이다. 그것은 우리와 하나님 사이에 사이가 없는 삶, 하나님과 우리의 영혼 사이에서 이루어지는 합일의 삶이다.

반면에 우리가 하나님을 우리의 삶과는 동떨어진 분, 우리와 거리가 먼 분으로 상상하고 그렇게 믿으면, 우리 삶은 실제로 하나님과 거리가 있는 삶이 되고 만다. 이를테면 하나님이 내게서 멀어지셨다, 하나님이 나를 버리셨다는 생각이 고개를 드는 것이다. 하나님께 거리감을 느끼는 삶이야말로 죄스러운 삶이 아닐 수 없다. 죄스러운 삶은 언제나 분리 의식을 타고 들어온다. 하나님으로부터 멀어졌다는 생각, 그것이 바로 분리 의식이다. 이 분리 의식이 싹틀 때 우리 삶은 이루 말할 수 없는 혼란을 겪게 마련이다. 우리가 발 딛고 선 현실에는 하나님이 안 계신다, 하나님은 저기 먼 곳에 계신다, 하나님은 나를 돌아보지 않으신다, 하면서 절망의 수렁에 빠지는 것이다.

하지만 하나님은 우리와 거리를 두시는 분이 아니다. 하나님은 우리와 가까워지기를 원하신다. 하나님이 구약의 수많은 예언자를 동원하여 "내게로 돌아오라!" 하고 목 놓아 외치신 것도 우리와 더없이 친밀해지기 위함이었다. 하나님과 우리 영혼은 '관능적인 결합'만큼 가깝게 연결되어 있다. 아가의 저자는 그것을 이렇게 노래한다. "임께서 왼팔로는 나의 머리를 고이시고, 오른팔로는 나를 안아 주시네"(아 2:6). 하나님과 우리 사이에 '틈'이 있다는 생각보다는, "하나님과 우리의 영혼 사이에 사이가 없다"라는 믿음이 진정한 합일, 참된 공감으로 나아가는 길이다. 이 믿음은 어디에나 두루 계신 하나님을 보는 눈과 관계있고, 하나님이 우리 삶 곳곳에 계심을 깨닫는 마음과 관계있다.

야곱의 경험을 떠올려 본다(창 28:10-19). 야곱은 방금 말한 믿음을 얻기까지 도망자 신세였다. 그가 아버지로부터, 형으로부터 도망치다가 스치듯 닿은 곳 루스! 루스에서 그는 자기 일생을 지탱해 줄 영적 시력을 얻는다.

쫓기는 자의 자리, 곽곽하고 고단한 삶의 자리, 무미건조한 삶의 자리, 절망감에 싸여 돌을 베개 삼아 처량하게 잠든 자리, 인생에 드리운 어둠의 무게에 짓눌려 영적으로 깊이 잠든 자리, 영적으로 잠든 상태일 때 찾아오는 거리감을 느끼는 자리, 가족으로부터, 궁극적으로는 하나님으로부터 버림받았다는 의식이 고개를 드는 장소 루스에 하나님이 찾아오신 것이다. 하나님이 아니 계실 것으로 여겨지던 자리에서 야곱이 하나님을 만난 것이다.

이처럼 하나님은 우리의 아픔과 상처가 있는 자리, 삶의 열정이 식어버린 자리, 살아 있음의 환희가 사라진 자리에도 어김없이 찾아오신다. 바로 그 자리에서 하나님은 우리가 눈 뜨기를 기다리신다. 아브라함 헤셸은 이렇게 말했다. "모든 순간이 하나님의 현묘한 도착이요 인간의 사명은 현존하는 것이다."[3] 하나님의 방문은 매 순간 이루어진다. 하나님은 매 순간 문을 두드리신다(계 3:20).

매 순간 방문하시는 하나님의 현묘한 도착을 알아채면서 야곱은 그의 일생을 좌우할 깨달음을 얻는다. "야곱은 잠에서 깨어서 혼자 생각하였다. '주님께서 분명히 이곳에 계시는데도 내가 그것을 미처 몰랐구나.' 그는 두려워하면서 중얼거렸다. '이 얼마나 두려운 곳인가! 이곳은 다름 아닌 하나님의 집이다. 여기가 바로 하늘로 들어가는 문이다'"(창 28:16-17). 하나님과 동떨어진 사이, 하나님에게 거리감을 느끼는 삶을 청산하고, 죄스러운 삶의 뿌리인 분리 의식을 떨쳐 버리는 일생일대의 깨달음이다. 버림받았다는 의식이 도드라지는 삶에서, 매사에 하나님과 동행하는 삶으로의 전환이다.

야곱의 고백은 "여기가 거기!"임을 깨달은 자의 고백이다. 대개 하나님을 특정한 장소(예배당)에 가두려고 하지만, 하나님은 우리가 발 딛고 서 있는 자리에서 발견되기를 바라신다. 하나님은 우리가 있는 곳이면 어디에나 계신다. 거리감은 우리가 만드는 것이지 하나님이 만드는 것이 아니다. 하나님은 줄곧 집에 계신다. 외출한 자는 다름 아닌 우리 자신이다. 마이스터 엑카르트는 이렇게 말한다. "하나님은 만물과 모든 장소에 똑같이 존재하시고, 모든 상황에서 자신을 똑같이 내어 줄 의향이 있으시다. 하나님을 가장 잘 아는 사람은 하나님을 어디에서나 똑같이 알아볼 줄 아는 사람이다."[4] 하나님을 특정한 장소에 가둬 두지 말라는 강력한 권고다. 우리는 예배당 안에서 하나님을 알아볼 수도 있고, 오솔길을 거닐다가 알 수도 있고, 부엌에서 알 수도 있고, 일터에서 알 수도 있고, 쉼터에서 알 수도 있다. 모든 길이 하나님께 이르는 길임을 깨달은 사람에게는 장소의 경중이 없다. 어디에 있든 그 속에서 하나님을 알아 뵙고, 그분의 감미로움을 맛보는 일이 있을 뿐.

4

실패와 낙담이
서린 곳이라고 해도

 맑은 신앙의 눈을 가진 사람에게는 거룩한 장소가 따로 없고 거룩한 대상이 따로 없다. "거룩한 사람은 땅의 모든 것을 자신에게로 끌어당긴다"(힐데가르트 폰 빙엔). 그의 눈에는 대지의 모든 것, 일상생활에서 부딪히는 모든 것이 훌륭한 묵상 소재다. 그의 눈에 비친 만물은 하나님께로 들어가는 문이다. 그의 눈에는 성과 속을 가르는 예리한 면도날이 없다. 그의 눈은 이름 없는 들풀도, 길가의 작은 돌멩이도 허술하게 놓치는 법이 없다. 그의 눈에는 돌멩이 하나, 들풀 한 포기도 하나님의 말씀을 간직하고 있는 것으로 보인다(눅 19:37-40). 그의 눈에 비친 사물들은 그를 하나님께로 인도하는 길라잡이다. 그의 눈은 모든 사물을 뚫고 들어간다. 그리고 그곳에서 하나님을 발견해 낸다.
 우리는 성경에서 그러한 모범을 접한다. 바로 예수님의 눈이다. 예수님은 말씀하신다. "공중의 새를 보아라. 씨를 뿌리지도 않고, 거두지도 않고, 곳간에 모아들이지도 않으나, 너희의 하늘 아버지께서 그것들을 먹이신다. … 들의 백합꽃이 어떻게 자라는가 살펴보아라. 수고도 하지 않고, 길쌈도 하지 않는다. … 오늘 있다가 내일 아궁이에 들어갈 들풀도, 하나님께서 이와 같이 입히시거든, 하물며 너희들을 입히시지 않겠느냐"(마 6:26-30).

예수님은 공중의 새, 들의 백합꽃을 보시면서 하나님의 먹이시고 입히시는 사랑을 보셨다. 헤셸의 말처럼, "모든 사물이 신의 돌보심의 대상으로서 영광을 누리고 있는 것"[1]을 보신 것이다. 예수님처럼, 만물 속에서 하나님을 보는 맑은 눈의 소유자들은 같은 목소리를 낸다. 13세기 독일의 창조 영성가 메히틸트 폰 마그데부르크는 "내가 영적으로 깨달음을 얻은 날은 만물이 하나님 안에 있고, 하나님이 만물 안에 계심을 보았던 때다"[2]라고 하였고, 14세기 영국의 창조 영성가 노리치의 줄리안은 "충만한 기쁨은 만물 안에서 하나님을 보는 것이다"[3]라고 하였다. 이들 모두 일상을 성화시키는 보배로운 눈을 지닌 분들이 아니겠는가?

이들이 만물을 통하여 하나님께로 나아가 영적 깨달음을 얻고 충만한 기쁨을 얻을 수 있었던 것은, 눈에 덕지덕지 달라붙은 이분법의 깍지, 곱, 비늘을 벗겨 내었기 때문일 것이다. 만물 안에서 하나님을 보지 못하도록, 만물 속에 깃들인 하나님의 신성을 보지 못하도록 신앙인의 시야를 가리고 방해하는 비늘이 있는데, 그것이 바로 성과 속을 가르는 이분법이다. 면도날처럼 예리한 이분법의 굴레에 빠진 사람들은 곧잘 이렇게 말한다. "성스러운 곳은 따로 있는 법이다. 이곳은 속된 곳이고 저곳은 거룩한 곳이다. 하나님은 성전에만 계시고 다른 곳에는 계시지 않는다. 나는 선한 사람이고 저 사람은 악한 사람이다." 이렇게 이분법의 비늘을 벗어 던지지 못한 사람은 하나님을 따돌려 저기 먼 곳에 계시게 하고, 남을 따돌리고 일을 따돌리고 삶을 따돌려 소외시키기 마련이다. 그런 태도는 삶의 현장에서 하나님을 추방하고 남을 질리게 할 뿐 아니라 삶 자체를 질식시키고 만다.

하나님은 우리의 행위, 우리의 일 속에서 매 순간 우리를 기다리신다. 그리고 우리의 따스한 눈길이 닿기를 바라신다. 무엇보다도 하나님은 일상을 거룩하게 변화시킬 줄 아는 눈을 찾고 계신다. 하나님은 어부의 그물, 의사의 메스, 농부의 호미, 교사의 분필, 노동자의 망치, 가정주부의 행주에도 계신다.

때때로 우리가 살아가는 현실 세계가 사막처럼 건조한 곳이라는 생각이 들기도 한다. 그래서 저 너머 어딘가를 기웃거리고, 거기로 월장越墻하고 싶을 때도 있다. 하지만 실패와 낙담이 서린 곳, 상처와 흉터로 얼룩진 곳이라고 해도 그곳을 버려선 안 된다. 그곳이야말로 하나님이 가득 임하시는 곳, 하나님의 현존이 이루어지는 광야이기 때문이다. 절망이 파도처럼 밀려와 어깨를 짓누르는 그곳이야말로 하나님이 관심을 기울이시고 거룩한 숨결로 감싸시는 곳이기 때문이다.

5

아름다움의 원천

 구원과 치유를 몰고 오는 아름다움의 원천, 곧 하나님에게 이르기 위해서는 창조 세계의 아름다움 속으로 깊이 뛰어들어야 한다.

 칠흑같이 어두운 밤, 마음을 울리는 풀벌레 소리에 이끌려 나도 모르게 서재를 나선다. 그러고는 하늘을 우러른다. 우윳빛 은하수가 어둠을 가로질러 내려온다. 방금 달려온 듯 가쁜 숨소리가 느껴지는 것 같다. 마음속에서 둥둥 북소리가 빨라진다. 호흡을 가다듬고 감각의 문을 연다. 때를 놓칠세라 풀벌레 소리가 거침없이 다가든다. 부딪힘 없이 서로 놓았다 당겼다 하면서 메아리를 이루는 풀벌레의 합창이 어찌나 아름다운지. 남녘 바다의 밤하늘을 가로질러 도도한 강물을 펼쳐 보이는 은하수, 한밤의 고요를 두터이 하며 마음을 깊은 곳까지 끌어내리는 풀벌레 소리, 깊이를 가늠할 수 없는 어둠, 어둠 저편의 대숲을 스치며 서걱서걱 잎새를 간질이는 바닷바람. 그들이 지어 보이는 조화는 분명 내게 방금 도착한 아름다운 선물이었다.

울녘에 베풀어진 모든 것이 은혜 아닌 것이 없음을, 주위 모든 것이 숨을 헐떡이며 달려와 방금 도착한 선물임을 깨닫는 데에서 아름다움을 보는 눈은 열리게 마련이다. 피조물의 아름다움을 알아보는 삶은 놀람과 감탄을 한껏 돋우고, 마침내 피조물이 지닌 아름다움의 원천이신 창조주를 기리게 만든다.

그런 까닭에 우리는 창조 세계를 등지거나 억압하거나 일그러뜨려서는 안 된다. 우리가 할 일은 창조 세계가 드러내는 꿀 같은 달콤함에 흠뻑 취하는 것이다. 창조 세계는 우리를 아름다움의 원천이신 하나님께로 이끄는 길라잡이이기 때문이다.

밤하늘의 은하수, 풀벌레들의 합창, 댓잎을 간질이는 바닷바람, 오늘 밤 내가 만난 길라잡이들이 말한다. 매 순간 새로운 선물로 다가오는 창조 세계의 아름다움 속으로 더 깊이 뛰어들라고. 하나님이야말로 피조물이 지닌 아름다움의 원천이시니 그 사실을 잊지 말라고. 세상을 구원하는 것은 아름다움이니 그 아름다움을 알아보는 눈을 거듭거듭 새로이 뜨라고.

6

영혼

닦달

소량의 미학

　남해군에서 목회하던 시절, 한 벗님과 가천마을을 찾아간 적이 있다. 가천마을에는 봄이 성큼 다가와 있었다. 쌀쌀한 기운이 사라진 바람결에 봄기운이 잔뜩 스며 있었고, 몇몇 가옥의 울녘에 촘촘히 뿌리 내린 조릿대 잎사귀들은 갯바람에 서걱서걱 소리 내며 춤 추고 있었다. 마을 아래로는 마을 때문에 잠시 끊어졌던 다랑논들이 차곡차곡 층을 지으며 갯가로 내리닫고 있었다. 다랑논들은 저마다 마늘 순을 품은 채 갈맷빛의 물결을 짓고 있었다. 볼수록 정감 넘치는 마을이었다.
　마을의 가파른 고샅길을 오르면 우뚝 서서 마을과 바다를 내려다보는 우람한 느티나무를 만나게 된다. 느티나무 아래에는 어른 넷이 족히 앉을 만한 너럭바위가 편안하게 누워 있었다. 바위 평상인 셈이다. 거기에 앉아서 벗님과 함께 이런저런 이야기를 나누는 중에 벗님이 느닷없이 내가 거주하고 있던 집 얘기를 꺼냈다. 집이 좁아 보이던데 거주하기에 불편하지 않느냐는 거였다. 그때도 이야기를 나누었지만, 아무래도 집에 대한 생각을 갈무리하고 넘어가야 할 것 같다.

당시 우리 가족은 예배당 옆 열다섯 평쯤 되는 목사관에서 살고 있었다. 하지만 우리 네 식구는 생활하는 데 조금도 불편함을 느끼지 못했다. 지금은 그때의 두 배가 되는 서른 평 목사관에서 살고 있는데 참 넓게만 느껴진다. 감사하게도 당장은 주님 덕분에 목사관에서 기숙하고 있지만 언젠가는 은퇴하게 될 테고 그러면 살 집을 마련해야 할 텐데, 지금의 어림으로는 집을 마련할 수 있으려나 모르겠다. 집값이 워낙 비쌀 뿐만 아니라 그런 집을 마련할 경제력도 안 되기 때문이다. 혹여 집을 마련할 기회를 하나님이 주신다면 집은 되도록 몸피를 줄여 마련하면 좋겠고, 그 대신 정원을 좀 넓게 일굴 수 있게 되면 참 좋겠다. 물건 차지가 되는 것을 막을 줄만 안다면 집이 작은들 무슨 문제가 될까 싶다.

마쓰오 바쇼의 하이쿠 가운데 이런 시가 있다.

    사방이라야
    다섯 자도 되지 않는
    풀로 엮은 암자
    엮을 것도 없었네
    비만 없었더라면.[1]

어느 수도자의 암자를 보고 지었다는 이 시는 소량의 미학을 기막히게 표현하고 있다. 다섯 자尺를 요즘의 도량형으로 환산하면 대략 1.5 미터가 된다. 아마도 이 수도자의 키가 그 정도보다 작았을 거라고 추정되는데, 자기 키보다 좀 더 큰 넓이의 암자에서 일생을 살다 간 수도자의 정신minimalism이 내게는 아득히 높게만 보인다. 그는 에른스트 프리드리히 슈마허E. F. Schumacher가 말한 대로, "작은 것이 아름답다"는 진리를 온몸으로 실답게 살다 간 사람minimalist이라 여겨진다. "여우도 굴이 있고, 하늘을 나는 새도 보금자리가 있으나, 인자는 머리 둘 곳이 없다"(마 8:20)라고 하신 예수를 뒤따르는 사람이라면, 생을 영위하는 동안 되도록 소규모의 미학을 구현하면서 살아야 하지 않을까.

집안 닦달

해마다 봄이 되면 봄맞이 '집안 닦달'을 하곤 한다. 집안 닦달은 "집 안을 깨끗이 치워 내는 일"을 의미한다. 가구를 새로 배치하거나 구석구석 청소하는 데 보통 이틀이 걸린다. 이삿짐 정리하는 것과 맞먹는 시간이 드는 것이다. 집 안을 정리하다 보면, "사람들은 자기 집에 무엇이 있는지도 모른다"라고 한 프란츠 카프카의 말이 참말임을 인정하게 된다. 구매 시점과 구매 이유를 알 수 없고, 용도도 알 수 없는 수상한 물건들이 나온다. 집 안을 대청소해 본 사람은 거의 비슷한 경험을 하는가 보다. 이승우 소설가는 다음과 같이 말한다.

집에는 우리가 알지 못하는 물건들이 얼마나 많은가. 그것들은 어떻게 거기 있게 된 것일까? 집에는 내가 받아들이고 인정한 것만 들어 있는 것이 아니고, 꼭 필요한 것만 들어 있는 것도 아니다. 어떤 시점에서는 필요했는지 모르지만 더는 필요하지 않게 된 것도 있고, 어떤 시점에서도 필요했을 것 같지 않은 것도 있다. 그러나 그것들이 우리가 살고 있는 집을 이루고 있는 것은 사실이다.[2]

옷장을 정리하는데 안 입는 옷들, 그사이 몸피가 늘거나 줄어서 몸에 맞지 않는 옷이 줄줄이 눈에 띈다. 그런 옷들이 옷장을 가득 채우고 있으니 당장 필요한 옷가지는 옷장에 들어가지 못하고 눈에 띄는 공간에 널려 있거나 걸려 있게 되고, 자연히 공간은 점점 좁아지고 운신의 폭도 줄어들게 마련이다. 그래서 더는 필요하지 않은 옷가지들, 불필요한 물건들을 보자기에 싸고 또 싼다. 보따리가 여러 개 만들어지면 그것들을 시내의 헌옷 수거함에 넣거나 '아름다운 가게'에 기부하기도 한다. 누군가 필요한 사람이 있을 테고 돌려쓰는 맛도 있으니. 그러면 마치 오랜 변비에서 탈출한 듯한 해방감을 맛보곤 한다. 집안 닦달을 마치고 나면 집이 아주 넓다는 생각이 든다. 휑하니 넓어진 공간에 누워 지향이 담긴 말을 아내와 나눈다. "앞으로는 물건들을 사들이지 말자. 조금이라도 젊을 때 하나둘 버리는 법을 익히자. 차츰차츰 삶의 규모를 줄이자. 그리하여 죽을 때에는 깃털처럼 가벼이 훌훌 털고 갈 수 있게 하자." 말이 통할 때 찾아오는 행복감을 서로 느끼곤 한다.

영혼 닦달

집이란 도대체 무엇일까 생각해 본다. 집이 물건들의 차지가 되어서는 안 된다. 그것은 영혼이 사물의 차지가 되는 것과 다르지 않기 때문이다. 집은 물건을 쌓아 두고 쟁여 두는 창고가 아니라 영혼을 위한 공간이 되어야 한다. 영혼이 살려면 공간이 필요하기 때문이다.

아니 영혼 자체가 공간이어야 한다. 바람, 들꽃, 나무, 산새, 하나님이 나드는 공간! 어쩌면 그 공간은 호세아 예언자가 말한 빈 들일지도 모르겠다. "그러므로 이제 내가 그를 꾀어서, 빈 들로 데리고 가겠다. 거기에서 내가 그를 다정한 말로 달래 주겠다"(호 2:14). 하나님과 밀어密語를 나누는 빈 들, 그곳이 바로 영혼이어야 하지 않을까?

하지만 우리의 영혼은 그런 공간이 되지 못할 때가 너무 많다. 우리 내부에는 우리가 의식하지 못하는 것들이 많다. 우리가 알지 못하는 사이에 우리 내부에 들어와 사는 생각들로 꽉 차 있다. 우리 내부에는 우리가 입주를 허락한 생각만 들어와 거주하는 게 아니다. 우리 안에는 우리의 정신을 고양하는 생각만 자리하고 있는 게 아니다. 우리를 나락으로 끌어내리는 생각도 자리하고 있다. 시기, 질투, 증오, 분노, 원망, 불평, 허영, 교만, 물욕 등도 도사리고 있다. 그것들이 우리 각 사람의 영혼을 점유하면 그 영혼은 더없이 어질더분한 상태가 될 테고, 그러면 저마다 운신의 폭이 현저히 좁아질 수밖에 없을 것이다. 운신할 때마다 장애물을 만나게 되는 것이다. 마이스터 엑카르트는 그런 장애물을 만나지 않고 살 수 있는 비결을 일러 준다.

> 사실 여러분을 거스르는 것은 사물이 아닙니다. 여러분을 거스르는 것은 사물 속에 있는 여러분 자신입니다. 그 이유는 여러분이 사물과 잘못된 관계를 맺고 있기 때문입니다. 그러니 먼저 자기에게서 시작하고 자기를 여의십시오. 먼저 자기에게서 달아나지 않으면, 여러분이 어디로 달아나든, 여러분은 방해와 불화를 만나게 될 것입니다.[3]

"사물 속에 있는 여러분 자신"이라는 표현은 우리가 사물 속에 빠져 허우적거리는 것을 의미하는데, 이는 사물을 소유하여 자기만의 공간에 들여앉히고 거기에 매여 있는 우리 마음을 암시한다. 소유하고 사재기하여 쌓아 두려는 태도는 사람과 사물을 자기 것으로 삼고 부리려는 태도와 다르지 않다. 그것은 억압 및 통제와 닿아 있고, 나와 남을 가르는 이분법적인 태도와도 닿아 있다. 엑카르트는 그런 태도야말로 우리를 거스르는 걸림돌이라고 말한다. 우리가 그런 태도를 버리고 다가가면, 사물도 장애물이 아닌 다정한 벗이 되어 따스한 에너지를 발산할 것이다. 말하자면 사물과 바른 관계를 맺게 되는 것이다. 사물과 잘못된 관계를 맺을 때 우리는 어디서든 훼살꾼을 만날 수밖에 없다.

따라서 우리에게는 집안 닦달뿐만 아니라 영혼 닦달도 필요하다. "영혼을 깨끗이 청소하여 새뜻한 상태로 유지하는 것"이다. 영혼 닦달을 통하지 않고는 도무지 하나님을 영혼 안에 모실 길이 없다.

사물과 바른 관계를 맺는 첫걸음은 언제나 자기를 여의는 데서 시작된다. 이 일이 잘 이루어지지 않을 때 찾아오는 부자유에 대해 시인은 이렇게 노래한다.

어디 우산 놓고 오듯
어디 나를 놓고 오지도 못하고
이 고생이구나

나를 떠나면
두루 하늘이고
사랑이고
자유인 것을

— 정현종, 〈어디 우산 놓고 오듯〉 전문[4]

무릎을 치게 하는, 자기 부인否認을 노래한 절창이다. "어디 우산 놓고 오듯" "나를 놓고 오"면 얼마나 좋을까? 사재기하여 쟁여 놓고 소유하려는 태도, 사물과 사람을 제 것으로 삼고 부리려는 태도, 나와 남을 가르려는 태도를 내려놓기만 한다면, "두루 하늘"일 테니.

웃음과 기쁨으로 가는 길

삶에서 웃음과 기쁨이 사라지는 데는 다 이유가 있다. 사실 무거운 짐은 내적인 것과 다름없다. 제 것으로 삼고 부리려는 태도야말로 우리를 내리누르는 짐이다. 그런 짐이 무겁게 내리누르고 있으니 기쁨과 웃음이 있을 턱이 없다. 영성 신학자 매튜 폭스는 웃음의 뜻을 다음과 같이 매긴다. "웃음은 실로 심오한 버림의 표현이다."[5] 우리를 얽어매는 내적인 짐을 내려놓는 것, 그것이 바로 웃음으로 가는 길이다. 그런 점에서 나는 예수님이 우리에게 자기 부인의 길을 제시하신 것은 우리를 진정한 웃음의 길로 안내하기 위함이었다고 생각한다. "나를 따라오려고 하는 사람은, 자기를 부인하고, 자기 십자가를 지고, 나를 따라오너라"(막 8:34). 움켜쥐려 하고 통제하려 하고 소유하려 하고 부리려고 하는 우리의 태도를 한데 뭉쳐 놓은 것이 바로 '자기'다. 예수님의 말씀은 바로 그것을 내려놓으라는 당부가 아닐는지? 예수님이 그랬듯이 우리도 궁극적으로 웃으려면 그리해야 한다. 매튜 폭스는 웃음을 다르게도 정의한다. "웃음은 신성한 우주의 음악이다."[6] 가슴에 절절히 와닿는 뜻매김이다. 놓아 보냄은 웃음을 낳고, 웃음은 신성한 우주의 교향악에 한몫하고. 우리가 자기를 내려놓고 신적인 우주 한가운데서 우주의 가족인 피조물 형제자매와 어우러져 웃음의 교향곡을 연주하고 있다고 상상해 보라. 정말 가슴 뛰는 일이 아닌가?

이처럼 영혼 닦달의 길에 들어선 사람은 하루하루가 은총일 수밖에 없다. 울녘을 에워싼 모든 것이 방금 도착한 하나님의 선물로 여겨지는 것이다. 그런 까닭에 영혼 닦달의 길은 감사와 찬미, 참된 경외로 나아가는 길이기도 하다. 맑게 씻긴 눈으로 보면 울녘의 모든 것이 은총 아닌 것이 없음을 깨닫게 된다. 은총이나 아름다움은 '내' 것도 아니고 '네' 것도 아니다. 그것은 가를 수도 없고 사재기할 수도 없으며, 편을 갈라서 쓸 수 있는 것도 아니다. 그것은 우리 모두에게로 흘러들고, 우리 모두에게서 흘러나가야 할 하나님의 선물이기 때문이다.

7

은총의 바다에서 무자맥질을

사는 게 각다분해서 전혀 기도할 수 없을 때, 하나님이 우리 삶터와 동떨어져 계신 듯할 때, 자신이 의지가지없는 절해고도처럼 느껴질 때, 두근두근 가슴 뛰게 하던 꿈이 종적 모르게 사라져 버린 듯할 때가 있다. 그런 암울한 상황에 맞닥뜨릴 때면 나는 한 이야기를 떠올리곤 한다.

한 물고기가 나이 든 물고기에게 물었다. "저는 바다라 불리는 곳을 찾고 있어요." "바다?" 나이 든 물고기가 대답했다. "바다? 지금 네가 있는 이곳이 바다야."[1]

우리는 하나님 안에 살면서도 그 사실을 모를 때가 많다. 그래서 물속에 살면서도 목말라하는 물고기처럼 산다.
우리 교회 옆 바다를 유심히 바라보면 이따금 숭어가 뛰는 모습이 보인다. 숭어는 뭐가 그리도 기쁜지 힘차게 뛰어올랐다가 다시 자맥질하고, 또다시 뛰어올랐다가 자맥질한다. 숭어가 수면과 부딪치며 내는 경쾌한 마찰음이 크게 들려온다. 처얼썩, 처얼썩! 마음속 귀로 유의하여 들으면 숭어의 달뜬 전언이 들린다.

> 내 삶터는 하나님 품.
> 내 영혼은 하나님이 깃드시는 보금자리.
> 나는 목마르지 않아요.
> 바깥을 넘보지도 않아요.
> 은총의 바다에서 자맥질하며
> 은혜의 생수를 마실 뿐.

영적 목마름은 안에 있으면서도 그것을 깨닫지 못할 때 찾아오는 이상 현상이다. 예수님은 자신이 안에 있음을 생생히 깨닫고 이렇게 말씀하신다. "내가 아버지 안에 있고 아버지께서 내 안에 계시다"(요 14:10). '나 하나님 안에, 하나님 내 안에'를 깨닫지 못할 때 우리 삶은 기근이 들어 거북 등짝처럼 쩍쩍 갈라진 저수지 바닥 신세를 면할 수 없게 된다. '나 하나님 안에, 하나님 내 안에'를 깨닫지 못하면 우리는 지질컹이가 되기 쉽다. 고단하고 무지근한 삶의 무게에 지질려 기를 펴지 못하게 되는 것이다. 그럴 때면 마음속으로 읊조리고 또 읊조린다. "나는 은총의 바다에서 무자맥질하고 있어. 나는 하나님 안에 있고, 하나님은 내 안에 계셔!"

8

지금은

울 때다

　　자정 100초 전으로 분침이 맞춰진 지구 종말 시계Doomsday Clock, 그 시계가 제시하는 암울한 전망, 빈사 상태에 놓인 지구를 마주할 때면 나는 아브라함 헤셸의 비유를 떠올린다.

　　황새 한 마리가 수렁에 빠졌는데 다리를 빼낼 수가 없었다. 마침내 그에게 좋은 생각이 떠올랐다. 나에게는 긴 부리가 있지 않은가? 그러나 무슨 소용이 있는가? 다리는 수렁에서 빠져나왔지만, 이번에는 부리가 박혀 있는데. 그러자 다른 생각이 떠올랐다. 그는 다리를 수렁에 넣고 부리를 뽑아냈다. 그러나 무슨 소용이랴? 다리가 수렁에 박혀 꼼짝을 않는데. 인간의 상황이 이와 똑같다.[1]

　　헤셸은 또 말한다. "지금은 울 때다. 사람으로 태어난 것이 부끄럽다."² 그렇다, 지금은 울 때다. 멀쩡한 산과 들, 강과 바다를 그대로 놓아두지 못하는 인간의 탐욕, 후손이 누리고 영위해야 할 자원에 빨대를 꽂아 다 뽑아 먹으려 하는 인간의 욕심이 이 세계를 끊임없이 헐벗게 하는 지금은 그야말로 울 때다. 인간이 생명보다는 파괴와 죽음을 택하면서도 개발과 개선이라는 미명으로 포장하는 지금은 정녕 울 때다. 인간이 "더 크게 더 빠르게 더 부유하게 더 편하게!"를 외치며 강도로 돌변하여 창조 세계를 강탈하고 있는 지금은 눈물을 흘릴 때다.

상황이 그러하기에 "생명을 택하십시오"(신 30:19)라는 모세의 권고가 더욱 절박하게 다가온다. 우리는 빈사 상태에 놓인 지구를 보며 속수무책으로 울기보다는 기어이 생명의 샘이신(시 36:9) 하나님을 품고, 울면서라도 생명의 씨앗을 뿌리고, "자정 100초 전인 지금도 희망이 있다. 파국으로 치닫는 세계 종말 시계의 분침을 거꾸로 돌릴 수 있다" 하면서 생명의 깃발을 높이 들고, 생명을 조작하고 변형하는 거대한 흐름에 맞서 온 생명을 지지하고 살리는 일에 정성을 다하고, 기후 붕괴로 몸살을 앓는 지구촌을 하나님 보시기에 좋았던 상태로 되살리기 위해 끊임없이 생명의 길을 걷는 사람이 되어야 한다. "더 크게 더 빠르게 더 부유하게 더 편리하게"를 외치며 지구를 빈털터리로 만드는 사람들에 맞서 "더 작게 더 느리게 더 가난하게 더 불편하게"를 기치로 내걸고, 그런 삶의 고품격 맛과 멋을 누리며, 초록별 지구를 풍요로운 행성으로 복구해 가는 사람이 되어야 한다.

9

박각시와

꽃의 상통

얼마 전 태풍 '종다리'가 지나갈 때 조금 내린 것을 제외하면 여름내 비 한 방울 내리지 않고 푹푹 찌물쿠기만 하더니, 가을에 접어들어서도 여전히 비가 내리지 않고 있다. 푸나무들이 축축 처지고 늘어진 채 청명한 하늘만 하염없이 바라보고 있다. 푸나무들의 애타는 마음을 헤아려 비다운 비가 걸판지게 내려 주면 좋겠다. 그래서 날마다 염천과 폭서에 시달리며 화초들에 물을 주느라 까라질 대로 까라진 정원사의 몸과 마음도 꼿꼿이 곧추세워 주면 좋겠다.

해 질 무렵 정원에 나가서 물을 주다 보면, 정신없이 붕붕거리며 쏘다니는 것들이 있다. 다름 아닌 박각시들이다. 그들은 대개 임파첸스, 산파첸스, 히비스커스, 란타나, 발렌타인 재스민을 찾아다닌다. 취식取食 기관인 구문口吻으로 꽃 속에 있는 꿀을 빨려는 것이다. 그래서일까? 그들은 꽃을 거르는 법이 없다. 꽃을 일일이 찾아다니며 탐침探針으로 조심스레 두드린다. "들어가도 될까요?" 그러면 꽃들은 대개 거부의 몸짓 없이 그들을 맞아들여 폭 감싼다. 좀처럼 찾아보기 힘든 아름다운 상통이다. 거늑한 마음으로 박각시와 꽃의 상통을 바라보는데, 꽃을 향해 건네는 박각시의 고백이 들리는 듯하다.

> 받아주시려나
> 탐침으로 더듬으며 두드리자
> 열려 있으니
> 날개 접고 좀 쉬라시며
> 자릿하게 끌어안으시는 당신.

박각시의 조심스러운 탐문探問과 꽃의 흔연대접欣然待接! 거침없는 무사통과요 막힘없는 소통이다.

박각시와 꽃의 절묘한 상통을 보면서 인간 세상을 생각해 본다. 모든 숨탄것은 서로의 일부이며 서로 연결되어 있다. 그래서 너나없이 서로 기댄다. 누군가에게 기대지 않고는 아무도 홀로 살아갈 수 없다. 모든 숨탄것은 생장하며 밀고 당기는 과정에서 서로 원조하고 돕는다. 서로 헌신하면서 자신이 상대에게 효율적으로 이용되는 것을 허락한다. 이처럼 만물은 예외 없이 상호의존한다. 이 인식에서 꽃피어난, 참으로 바람직한 삶의 길이 바로 자비*Barmherzigkeit*다. 자비는 함께 아파하는 것compassion을 의미한다. 예수님은 "너희의 아버지께서 자비로우신 것같이, 너희도 자비로운 사람이 되어라"(눅 6:36)라고 말씀하심으로써 자비의 실천이야말로 인간이 걸어야 할 최고의 길임을 밝히셨다. 우리는 자비를 베풀 때 하나님과 직결된다. "하나님이 하시는 일이 무엇이든 가장 먼저 분출하시는 것은 언제나 자비이며 … 하나님이 줄곧 행하시는 최고의 일도 자비"이기 때문이다.¹

그런데도 인간 세상은 서로 연결, 서로 기댐, 상호의존, 자비보다는 불통과 단절을 당연한 예삿일로 여긴다. 국가와 국가가, 정당과 정당이, 정치인과 정치인이, 세력과 세력이 살벌한 말 폭탄을 주고받고, 결국엔 전쟁과 테러까지 불사한다. 마음 문을 꼭꼭 닫아건 채 상대에게 악지를 부리거나 자기 뜻을 우격으로 관철하려고 한다.

불통의 상태로 사는 자들, 사람들 사이에 살지만 사람들과 긍정적인 관계를 맺지 않고 오히려 관계를 단절한 채 사는 자들, 그들 자체는 외딴섬이다. 2018년 노벨문학상을 수상한 폴란드 작가 올가 토카르추크 Olga Nawoja Tokarczuk는 자신의 소설《방랑자들》에서 "섬의 심리학"에 관해 말한다.

섬은 사회화 이전의 가장 이르고 가장 원시적인 상태를 말한다. 에고가 어느 정도의 자의식은 획득할 정도로 개별화되었지만, 아직 주변과 만족스러울 만한 관계를 구축하지 못한 상태. 섬의 상태란 외부의 영향에 좌우되지 않고 자신의 고유한 영역 안에 머무르는 상태를 말하는데, 어떤 의미에서는 자폐증이나 자기도취를 연상시키기도 한다. … 나만이 현실로 느껴지고 '너'

나 '그들'은 희미한 망령 … 처럼 여겨진다.[2]

　자기만을 현실로 느끼고 상대나 남을 희부연 망령으로 여기다니 참 몹쓸 행태가 아닐 수 없다. 외딴섬은 루터가 말했던 "자기 안으로 굽은 상태", 자기를 절대적 중심에 놓고 주변을 한없이 깔아 보는 '자기중심성'을 연상시킨다. 그런 상태에 빠진 자가 사람들 사이에 있으면, 그 자신은 행복할지 몰라도 주위 사람들은 그다지 행복하지 않다. 그가 상호성이 아닌 일방성으로 주위 사람들을 질식시키려 하기 때문이다. 그는 경청하는 법이 좀체 없다. 참된 소통의 제일 관문은 경청인데 말이다. 그는 주위 사람들의 우려 섞인 고언을 귀담아듣기는커녕 도리어 그들의 입을 틀어막으려고 한다. 그저 자기가 하고 싶은 말만 하고, 자기가 듣고 싶은 말만 들으려고 한다. 그러면 그럴수록 불통의 골은 더욱 깊어지고 단절은 우심尤甚해진다. 그야말로 절해고도의 상태다. 그런 상태로 취하는 행보는 거의 언제나 칙살맞다. 하는 짓이나 말이 아니꼽게 잘고 더러운 법이다.

　모든 섬은 대륙의 한 부분이다. 대륙의 한 부분이기를 거부하는 외딴섬은 이미 제 존립 기반을 잃은 거나 다름없다. 대륙은 그런 섬의 상태를 용납하지 않는다. 정원의 박각시와 꽃은 그런 상태가 얼마나 지악至惡스러운지를 눈부시게 아름다운 상통의 모습으로 지적한다.

10

당신이
이기셨습니다

태풍이 한반도에 영향을 줄 것이라는 소식을 들을 때마다 몸서리치며 겪는 일이지만, 올해는 평년보다 그 소식을 접하는 횟수가 훨씬 많아서 그리고 태풍의 영향을 받으면 정원사의 일이 감당할 수 없게 많아져서 태풍 근접 소식이 참 징하기만 하다. 한 달 사이에 세 차례나 발생하고, 지난 태풍 '링링'과 '타파'로 비밀의 정원이 입은 피해도 적지 않고, 몇 주 동안 겨우겨우 피해를 수습해서 화초들이 이제야 제대로 모양과 빛깔을 발현하게 되었는데, 또다시 해를 입을 것이라 생각하니 갑갑하기 그지없다. 푸나무의 잎이 어쩌지 못하고 찢어지거나 떨어져 나가고, 줄기와 가지가 속수무책으로 꺾이고, 꽃잎들이 휘날릴 것을 생각하니 정원사의 마음이 여간 쓰린 게 아니다. 태풍을 맞기도 전에 무력감이 찾아와 온몸이 물먹은 솜처럼 축축 까라지는 상태가 이번에도 되풀이되고 있다. 태풍이 서해 쪽으로 북상하든 남해안에 상륙하든 대한해협으로 빠져나가든, 여수는 한반도 남단 중앙에 자리하고 있어서 항시 태풍의 영향권에 들고, 더욱이 2003년 태풍 '매미'가 북상할 때, "주님 앞에 있는 한 마리 짐승"(시 73:22)처럼 벌벌 떨던 아픈 기억이 떠오르는 까닭이다.

정원사를 괴롭히는 몇 가지가 있다. 냉해, 가뭄, 물 폭탄, 병충해 등이 그렇고 태풍도 빠뜨릴 수 없는 것 중 하나다. '싹쓸바람'이라는 이름 그대로 정원의 식물들을 모두 쓸어가기도 하기 때문이다. 그랬던 적이 있어서 이번에도 그러면 어쩌지? 하며 무의식중에 '괜스레 정원사의 길을 걸어서!' 하며 탄식하다가 소스라치게 놀랐다. 잠시 정원사의 소명을 거역하는 내 모습을 본 것이다. 그러면서 마음속으로 말했다. '소명은 본래 고되고 괴로운 거야. 하지만 매혹하는 것이기도 하지. 너는 결코 정원사의 길에서 벗어날 수 없어.' 나를 부르셔서 정원사의 소명을 맡겨 주신 창조주 하나님, 에덴을 직접 조성하시고 사람에게 정원사의 소임을 떠맡기신 원형적 정원사를 떠올리며 다시금 힘을 낼 수 있게 되었다.

어제 아내와 함께 비설거지를 했다. 태풍 '미탁'이 북상 중이고, 남도 서남해안에 상륙하여 서에서 동으로 남부 지역을 할퀴고 지나갈 거라는 예보가 있어서, 안타깝게도 노지에 심은 것은 어찌할 수 없으니(부디 몸 성하기를!), 적어도 화분 식물들만이라도 온전히 지켜야겠다는 생각으로 한 일이다. 덩치 큰 화분 100여 개를 창고와 예배당 입구 로비, 목사관 거실에 나누어 대피시키는 데 꼬박 하루가 걸렸다. 태풍이 지나가면 본래 자리에 옮겨 놓는 데도 그만큼 시간이 걸릴 것이다. 정원사 부부는 이래저래 일복이 터졌다. 어쨌든 임시방편이어도 실내 식물원을 마련한 셈이고, 그 속에 자리한 식물들이 싹쓸바람의 피해를 조금도 입지 않고 성한 상태를 유지하리라고 생각하니, 비록 몸은 고되어도 화초들이 상할까 꺾일까 쓰러질까 물러질까 애면글면 애태울 일이 없어서 좋다.

밖은 비바람이 드세지만 실내에서는 화초들이 빽빽이 들어차서 꽃을 피워 대고 있다. 그 모습을 보니 온몸을 짓누르던 노곤함이 스르르 녹는다. 마음에 기쁨이 차오른다. 나를 정원사의 길로 불러 주신 원형적 정원사를 다시 떠올리며 그분께 감사의 고백을 드린다. "주님, 주님께서 나를 유혹하셨으므로, 내가 주님께 유혹당했습니다. 주님께서는 나보다 더 강하셔서 나를 이기셨습니다(렘 20:7, *DIE BIBEL in heutigem Deutsch*). 주님, 나를 정원의 포로가 되게 해주셔서 감사합니다."

11

그리움은

돋우고 볼 일

들어라, 헤어짐에 관하여 들려주는 / 갈대의 이야기를. / "갈대밭에서 잘리운 뒤로, 나는 이렇게 / 피리 소리를 내게 되었다. // 사랑하는 이한테서 떨어져 본 자는 / 내 말을 이해하리라. // 뿌리에서 뽑힌 자는 누구나 / 돌아가기를 바라고 있다…"

―루미, 〈갈대피리의 노래〉 부분[1]

젤랄렛딘 루미는 타브리즈의 태양 샴세딘Schamseddin과 헤어진 뒤 일생토록 그리움을 돋우고 합일을 꿈꾸는 노래를 절절한 시로 풀어놓은 사람이다. 일생 쓰고 또 쓴 시가 6만여 구句에 달한다고 하니, 그의 마음속에 자리 잡은 그리움이 얼마나 깊었을지 능히 짐작하고도 남겠다. 루미는 임의 숨결과 임의 입술을 간절히 그리워한 피리가 아니었을까?

인간은 신의 악기다. 신의 숨결이 닿기를 바라는 신의 피리,

신의 손길이 닿기를 소망하는 신의 수금. 성서는 그것을 이렇게 표현한다. "주 하나님이 땅의 흙으로 사람을 지으시고, 그의 코에 생명의 기운을 불어넣으시니, 사람이 생명체가 되었다"(창 2:7). 그렇다면 인간은 신의 숨결이 닿은 흙 피리, 신의 의사를 전달하고 싶어 하는 흙 피리일 것이다. 그리고 신앙은 이 흙 피리가 품은 그리움의 결정체일 것이며, 이 흙 피리가 걷는 길은 절절한 그리움을 돋우어 신과의 합일로 나아가는 길일 것이다.

그렇다면 나의 애타는 그리움의 대상인 하나님도 이 흙 피리를 그리워하실까? 나는 그렇다고 확신한다. 성육신 사건이 그것을 증명해 보이기 때문이다. 성육신 사건은 하나님이 흙 피리를 그리워하셔서 몸소 사람의 모습으로 이 세상에 오시고, 임의 숨결 닿은 흙 피리의 삶이 얼마나 아름다운 소리를 내는지 생생히 보여 준 사건이다. 성육신 이야기는 하나님의 그리움을 풀어 낸 이야기다. 외로움을 타시는 하나님, 그리움을 절절히 돋우시는 하나님, 기어이 흙 피리에 입술을 대시고 뜨거운 숨을 불어넣으시는 하나님의 피리 소리다. 그런 이유로 나는 성육신 이야기를 좋아한다.

그리움이 소리 없이 솟아오르는 것을 보면, 사람은 누구나 그리움을 흉터처럼 간직하고 있는 게 아닌가 싶다. 그리움의 대상은 다를 수 있겠지만 사람을 향한 그리움이든 절대자를 향한 그리움이든, 그리움은 돋우고 볼 일이다. 그리움은 신비의 핵심이다. 아직 하나가 되지 못한 자기 모습 때문에 가슴앓이를 하게도 하지만, 그리움은 당사자의 마음속에 공간을 끝없이 만들어 낸다. 그리고 그 공간에는 그리움의 대상이 가득 자리 잡는다. 시로 나오든 기도로 나오든 노래로 나오든, 이 모든 것은 마음속 공간에 자리 잡은 그리움의 대상이 입술을 갖다 댄 것이다.

12

소풍 길

'소풍 의식'이라는 용어가 있다. 이 세상살이를 소풍으로 여기는 의식이다. 하나님이 차려 내신 우주적인 성찬에 손님 자격으로 소풍 왔다는 자각! 한살이를 소풍처럼 사는 능력을 생생히 유지하고, 순간순간 설렘과 들뜸으로 환한 웃음을 잃지 않고 살아가려는 자세가 중요하다.

소년 시절에 맞이한 나의 소풍은 지리적인 떠남에 의미가 있었지만, 지금 맞이하는 소풍은 주위에 펼쳐진 우주의 선물을 끌어당겨 읽고 음미하는 내적인 데에 초점이 맞춰져 있다. 소풍 길에 오르면 울녘에 베풀어진 모든 것이 은총으로, 주위의 온갖 것이 숨을 할딱이며 달려와 방금 도착한 신의 선물로 다가온다. 그 선물을 마주하는 일은 실로 벅찬 감동의 연속이다. 구원은 언제 어디서 시작되는가? 헛다리 짚지 말자! 소풍 의식을 갈무리하는 데서 구원은 시작된다. "피조물의 아름다움에 놀라고, 그들을 지으신 창조주의 아름다운 섭리를 찬양한다면, 그것이야말로 구원이다"(마이스터 엑카르트).

소풍 길에 오르면 마음의 눈을 크게 뜨고 눈여겨보려는 의지, 마음의 귀를 쫑긋 세우고 새겨듣고자 하는 의지가 돌올突兀히 솟는다. 신의 메시지는 소풍 길에서 만난 사람과 피조물 형제자매를 통해 순간순간 다가온다. 모든 피조물은 하나님의 말씀이다. 나의 입술만이 하나님을 드러내고 전하는 것이 아니다. 돌멩이도 똑같이 한다(눅 19:40). 광채 없는 피조물은 없다. 저마다 푸릇함이나 씨알, 꽃이나 아름다움을 지니고 있다. 하나님의 메시지는 그들을 통해 무시로 전달된다. 늘 감득하는 것은 아니지만 피조물을 통해 다가오는 하나님의 메시지에 귀 기울이는 재미는 실로 크고 쏠쏠하다. 그런 까닭에 그들은 내게 다가와 말을 걸고, 나의 영적 상태를 보여 주고, 나의 가야 할 길을 가리키고, 내게 건강한 에너지를 내뿜는 영적 스승들이다. 소풍 길에 영적 스승을 만나는 사람은 복 있는 사람이다. 그런 사람의 영혼은 갈데없이 푸릇해지고 촉촉해진다. 그는 꽃이 만발한 과수원 같다. 그는 실로 바람직한 열매를 맺을 수밖에 없다.

소풍 의식을 갈무리한 사람은 날개 없는 천사다. 나 역시 날개 없는 천사가 되어 소풍 길에 만나는 누군가에게 신의 메시지를 전할 수도 있겠다 생각하면 가슴이 후끈 달아오른다. 소풍 길에 오른 누군가에게 나 역시 하나의 선물이 될 수도 있겠다 생각하면, 뜻밖의 알찬 선물이 되고자 하는 결의가 오롯이 솟아오른다. 출항을 기다리며 포구에 정박 중인 어선들, 그 위로 선회하는 갈매기 떼, 수면에서 자맥질하는 물오리 떼, 선어鮮魚 경매로 시끌벅적한 항구, 위판장에 간잔지런히 누운 생선들, 그물 수선에 여념 없는 어부들, 그들 사이에 오가는 우스갯소리, 저 너머의 소식을 갯가에 부려 놓는 파도, 파도에 제 몸을 맡기고 사르륵 구르며 동글동글 깎여 가는 몽돌 등 울녘에서 접하는 온갖 물상과 삶터에서 이루어지는 모든 행위가 소풍 길에 만날 수 있는 경전이라 생각하니 가슴이 마구 두방망이질한다. 마주한 모든 것을 방금 도착한 은총의 선물로 받아들일 줄 아는 사람, 만나는 모든 것을 새롭게 특별하게 보려고 마음의 돋보기를 마련한 사람, 그런 사람을 내 소풍 길 어느 길목에서 만날지도 모른다 생각하니 마음이 갈데없이 들뜨며 좀체 가라앉지 않는다.

13

모든 꽃이

그러하듯이

　자신의 그림을 전시하는 전시회에서 한 평론가에게 "당신은 재능이 있어 보이고 당신 작품도 마음에 와닿습니다. 그러나 당신은 아직 깊이가 부족합니다"라는 말을 듣고, 이틀 후 신문에서 그 평론가의 동일한 평론을 읽은 젊은 여인이 '깊이라는 게 무엇인지?' 고민하다가 창작의 의지와 열정을 잃고 죽음을 선택한다. 그 평론가는 그녀의 자살 소식을 듣고, 이번에는 자신의 관점을 백팔십도 뒤집어 그녀의 그림에는 삶을 깊이 파헤치고자 하는 열정, '깊이에의 강요'가 나타난다고 문예란에 쓴다. 파트리크 쥐스킨트의 소설 《깊이에의 강요》에 나오는 이야기다.

　이야기 속 화가는 무시해도 좋을 외부 검열에 덜컥 걸려들어 그만 자가 검열에 빠져든다. 외부에서 들려오는 '너는 안 돼. 너에게는 ~가 없어'라는 부정적인 목소리를 아무런 여과 없이 받아들이고 내면화하면서 '나는 안 돼. 나에게는 ~가 없잖아' 하면서 스스로 무너지고 만 것이다. 우리가 외부 검열을 내면화하여 자가 검열을 수행하기 시작하면 창조성과 창조적인 삶은 도리없이 자취를 감추어 버린다. 창조 중에, 창작 중에 맛보던 지극한 환희를 더는 맛볼 수 없게 된다. 그런 삶의 자리에 남는 것은 아마도 자기 파괴나 자포자기일 것이다.

이처럼 달갑지 않은 불행을 극복하려면 우리는 외부 검열과 자가 검열을 타개하는 수밖에 없다. '예마야'라 불리는 한 여자아이가 있었다. 그 아이가 걸음마를 배우거나 말을 배우기도 전에 아이 어머니는 예마야를 나무들에게로 데려갔다. 예마야는 나무들을 쓰다듬었고 나무들은 예마야를 받아들였다. 나무들은 예마야에게 "너는 참 경이로워!"라고 말했고 예마야는 그들의 말이 참말이라는 것을 알았다.

다 자란 예마야는 자신에게 불친절하게 말하는 사람들을 간혹 만나곤 한다. 그럴 때면 예마야는 자신의 나무들을 찾아갔고, 나무들은 예마야에게 "너는 정말 멋진 사람이야!"라고 말해 주었다. 예마야는 자기를 심술궂게 대하는 사람들을 이해할 수 없었다. 그들이 나타나서 심술을 부릴 때면 예마야는 그들의 말에 개의치 않았다. 그들의 말은 그녀가 길을 걸을 때 곁을 스쳐 지나가는 화살일 뿐이라고 생각했다.

다른 사람들이 말하거나 생각한 것은 그들의 것이고 그들의 삶일 뿐 내 것이 아니다. 내 것이 아닌 것을 버릴 줄만 알면 우리는 자신의 보화를 발견할 수 있다. 우리에게 필요한 것은 우리가 더없는 기쁨을 분출하고 삶을 드높이는 힘을 타고났다는 확신이다. 마이스터 엑카르트는 말한다. "가장 진실한 의미에서 내가 표현하려고 하는 것이 무엇이든 간에, 그것은 나의 내부에서 나와서 내적인 형식을 통과해야만 한다. 그것은 밖에서 안으로 들어올 수 없고 안에서 밖으로 나와야 한다."[1] 외부에서 밀고 들어오려 하는 Youcan'tism과 내부에 똬리를 틀려고 하는 Ican'tism을 막고 저지하려면, 세상의 모든 꽃이 그러하듯 우리의 가장 깊은 곳에 자리한 창조성을 긍정하고 또 긍정해야 한다.

14

후각을

앞자리에

　소리 없이 다가와 마음의 빈터를 가득 채우는 향기가 있다. 사부자기 스며들어 내면과 외면을 쥐락펴락하는 향기! 해마다 가을이 되면 비밀의 정원에 한가득 고인 향기로 정원에 들어선 사람의 발걸음을 꼼짝 못 하게 멈춰 세우는 금목서의 자잘한 등황색 꽃들이 조르르 조르르 피었다. 9월 말부터 10월 중하순 사이에 남녘에서 일주일 동안 피고 지는 가을 꽃나무 금목서. 멀리서 보면 보이지도 않는, 가까이 다가가서 주의 깊게 보아야 겨우 보이는 작은 꽃송아리들. 하지만 그 향기는 크고 화려한 여느 꽃들보다 청량하고 알싸하고 서늘하기 그지없어서 멀리서도 사람의 깊은 안을 한없이 쥐고 흔들며 갈데없이 명랑하게 한다.
　金木犀 금목서의 '犀'자가 참 재미있다. 이 글자는 기이하게도 '코뿔소'를 의미한다. 잎의 모양이 코뿔소처럼 무서워서 그런 이름이 붙었다고 한다. 정원사는 요즘 이 코뿔소의 뿔에 단단히 받

였나 보다. 걸음새가 아슬아슬 불안정하다. 쉬이 중심을 잡지 못한다. 그런데도 비틀거리는 걸음새가 싫지 않고 좋기만 하다. 뿔에 떠받친 마음이 아파야 당연한데 그저 상쾌하기만 하다. 금목서는 뿔이 아닌 향기로 사람의 안을 들이받는다.

엊그제는 한밤중에 20여 분 넘게 금목서 주위를 알짱거리며 흔들렸다. 금목서 향기를 걸탐스레 걸터들였다. 그러다가 어느 순간 들숨과 날숨이 잔잔한 수면처럼 가지런해지고, 나도 모르게 깊은숨을 들이쉬고 내쉬게 되었다. 그렇게 시간 가는 줄도 모르고 흔들리다가 그만 나를 잊고 말았다. 몰입이 지나쳤던 것일까. 걸음 소리도 듣지 못했는데 어느새 아내가 다가와 한마디 던졌다. "좋아 죽네. 좋아 죽어!" 그 말 또한 서늘해서 더는 흔들릴 마음을 먹지 못하고 아내를 따라 집 안으로 드는데 얼마 전 읽은 마종기 시인의 시가 생각났다.

어떤 꽃나무는
간직할 향기에만 전념해
지나가는 길목에서도 언뜻
황홀하게 만나는 유혹

—〈아내의 꽃〉 부분[1]

시를 읊조리며 생각해 보니 아내야말로 갈무리하고 또 갈무리한 깊고 그윽한 향기로 나의 깊은 안을 날마다 황홀하게 흔들어 온 꽃나무였음을 알겠다.

　잠시 인간의 후각에 대해 생각해 본다. 지그문트 프로이트는 말한다. 인간이 성장하고 문명화되는 과정에서 억압된 희생양, 그건 다름 아닌 인간의 후각이라고. 현대 문화는 단연코 시각 지향적이다. 이 현상은 컴퓨터와 인터넷과 스마트폰이 우리네 나날 살이를 파고들면서 더욱 심화되고 있다. 그리스도교에서도 하나님 체험을 상징하는 은유로 시각을 제시하곤 한다. '하나님을 보는 것'을 가리켜 지고선至高善, summum bonum, 곧 기독교적인 삶의 최고선이라고 말한 중세기 신학자들도 있다. 우리를 꾀어 하나님과 가장 깊이 사귀게 하는 신비스러운 감각으로 시각을 꼽았던 것이다. 사정이 그러하니 후각은 시각의 위세에 눌려 인간의 감각 세계에서 차츰 뒤로 밀려날 수밖에 없었다. G. K. 체스터턴은 〈쿠들의 노래〉에서 그간의 사정을 콕 집어 읊는다. "코가 없어져 버렸다네/ 이브의 후예들은."[2] 두 눈만 퉁방울처럼 달려 있고 코는 없는 인간! 참 그로테스크하지 않은가?

　하지만 정원을 그느르는 사람들은 시각이 아닌 후각이 가장 신비스러운 감각임을 경험으로 안다. 정원사는 정원에서 향기를 찾아다니면서 저 멀리 뒤로 밀려난 후각을 앞자리에 앉히는 사람이다. 없어져 버린 코를 복원해 내는 거다. 신경학자 올리버 색스는 "우리도 가끔은 사람이 아니라 개가 될 필요가 있다"라면서 개가 되는 꿈, 냄새의 꿈을 꾸고 깨어나 몇 주 동안 냄새의 세계에 탐닉했던 사람의 말을 전한다.

냄새로 가득 찬 세계, 너무나도 생생하고 너무나도 현실적인 그런 세계였답니다. 마치 다른 세상에 와 있는 느낌이었어요. 순수한 지각의 세상, 모든 게 선명하고 생기 있는, 자족적이고 충만한 그런 세상요. 그럴 수만 있다면 언젠가는 그 시절로 돌아가 다시 한번 개가 되고 싶다는 생각도 가끔은 든답니다.[3]

이렇게 복된 코의 소유자가 된다면 우리는 앞서 인용한 시에서 체스터턴이 읊은 대로 "물의 행복한 냄새", "돌의 용맹한 냄새!"까지 맡게 될 것이다.

정원을 일구면서 나에게 코가 있다는 게 얼마나 감사한 일인지 자주 깨닫하게 되는데 요즘은 더욱 그러하다. 시각이 압도적 위세를 부리는 시대에 사람을 깊게 하는 신비로운 감각은 단연코 후각이라고 정원의 꽃들은, 특히 이즈음 금목서의 작은 꽃들은 소리 없이 청량한 향기로 말한다.

15

불완전은
아름답다

　남해 고현교회에서 목회하던 시절의 이야기다. 그때도 교회 안에 어린이 도서관을 마련하고 아내가 관장으로 섬겼다. 아내는 매주 수요일과 토요일이면 고현초등학교에서 병설 유치원 아이들과 초등 1-3학년 아이들에게 동화를 읽어 주곤 했는데, 단풍이 들기 시작하던 어느 가을 저녁 집에 돌아온 아내가 이렇게 말했다. "여보, 교정에 단풍나무가 곱게 물들어 가고 있어요." 평소 우람한 단풍나무를 보면서 "단풍 들면 참 멋지겠다. 저 나무에 단풍 들면 꼭 카메라에 담아야지" 하면서 노래를 부르던 차였다. 그 주 토요일에 아내와 함께 초등학교를 찾아갔고, 해맑게 재잘거리는 아이들 앞에서 아내와 함께 동화도 읽어 주고 덤으로 곱게 물든 단풍도 카메라에 담았다.
　단풍나무는 커다란 몸피의 바깥부터 붉게 물들어 가고 있었다. 그 모습이 어찌나 수수하게 아름다운지 한동안 걸음을 떼지 못했다. 수수하게 아름다운 단풍나무를 카메라에 통째로 담은 뒤 접사를 하려고 가까이 다가갔다. 줌렌즈를 바깥으로 내미는데 벌레 먹고 상한 단풍잎들이 제법 눈에 띄었다. 상처와 흉터를 안은 단풍잎이 서로 어우러져 나무 전체의 수수한 아름다움을 짓고 있음을 보는데, 우리 어린이 도서관을 찾던 몇몇 아이의 모습이 떠올랐다. 부모의 이혼으로 할머니나 할아버지 혹은 친척 집에 맡겨진 아이, 아버지의 출감 날짜를 손꼽아 기다리는 아이, 집 나간 어머니를 목이 빠지게 기다리는 아이 등등. 일찍부터 상처와 흉터를 마음 깊이 안고 살면서도 웃음을 잃지 않으려 애쓰고, 친구들과 어울려 뛰놀던 아이들, 힘겨운 형편에서도 삶의 에너지를 맘껏 내뿜는 아이들이 생각나는 것은 무슨 이유에서일까? 벌레 먹고 상한 단풍잎이 어우러져 자아내는 아름다움과 상처와 흉터를 품고 살면서도 그늘진 구석을 내색하지 않고 다른 이들과 밝게 어우러질 줄 아는 아이들의 아름다운 모습이 자꾸만 중첩되어 보였다.

그들의 아름다운 모습을 떠올리는데 생각 하나가 가슴을 툭 치면서 다가들었다. '다 갖추지 않은 것은 얼마나 아름다운가! 모자란 듯 사는 삶은 얼마나 수수한 아름다움인가! 피할 수 없는 상처와 흉터를 가슴에 안고 삭이면서 깊은 향기를 드러내는 삶은 또 얼마나 아름다운가!' 이렇게 생각하고 나니 불완전한 구석이 많은 내게, 상처와 흉터가 없지 않은 내게 푸근한 위로가 되었다. '불완전한 것은 부끄러운 것이 아니다. 불완전이야말로 현실과 가장 가까운 모습이다. 너무 높아 닿을 수 없는 이상에 주눅 들지 않고, 상처와 흉터로 얼룩진 현실을 품고 삭이며 그런 사람들과 함께 어우러지는 것이야말로 진정한 아름다움이다'라는 생각을 새길 수 있었다.

집에 돌아와 아내와 함께 유자차를 마시는데 코끝에 닿는 유자 향기가 깊고 아득했다. 유자 농사를 지어 본 나는 유자가 어떻게 해서 깊은 맛과 향을 내는지 잘 안다. 유자는 상처 입지 않은 것일수록 향기가 덜하다. 상처와 흉터가 전혀 없는 유자는 맛과 향기가 상처투성이 유자에 못 미친다. 잦은 바닷바람과 싹쓸바람에 시달리며 커다란 가시에 찔려 상처와 흉터를 지닌 유자라야 맛과 향기가 깊고 아득하다.

깊고 아득한 유자 향기를 들이마시며 생각했다. 상처와 흉터는 부끄러움의 대상이 아니라 찬미와 기림의 대상이다. 불완전은 아름답다. 저마다 자기 삶에 찾아든 상처와 흉터를 삭이면서 울녘에 깊고 아득한 향기를 발산하고, 함께 어우러져 아름다움을 자아내는 사람은 정녕 아름답다고.

16

신화의 길

붉가시나무를 보면서

정원사의 로망 중 하나는 온실을 갖추는 것이다. 감사하게도 비밀의 정원을 아끼는 한 지인이 온실을 마련해 주겠다고 해서 지난 한 주 내내 온실 설치를 위한 준비 작업을 진행했다. 온실 터를 닦는 게 급선무였다. 텃밭 한 귀퉁이를 온실 터로 정하고, 그 주변에 심어 10년 넘게 기른 황금 편백 두 그루와 왕벚나무를 안타깝지만 베어 냈다. 붉가시나무도 베어 낼까 하다가 차마 그러지 못했다. 붉가시나무는 작은 도토리 열매를 맺는 상록활엽교목이다. 열다섯 해 전 여수 거북선 공원에서 도토리 열매를 주워다 심은 것인데, 그사이에 싹을 틔우고 자라서 지금은 정원사의 키를 세 배나 넘게 무성하게 자라서 그늘을 제법 드리운다. 저녁에는 작은 새들이 떼로 날아들어 깃을 들인다. 그들의 시끌벅적한 노랫소리가 어찌나 명랑한지 귀담아듣는 것만으로도 정원사의 마음이 싱둥해진다. 붉가시나무를 자세히 살펴보니 하늘로 뻗은 줄기가 넷이고, 그 줄기들을 중심으로 제법 굵은 곁가지들이 촘촘히 뻗은 채 늘어져 있다. 계속 자라도록 네 줄기의 우듬지를 남기고 지면을 향해 늘어진 곁가지들만 쳐냈다. 평소에는 잘 보이지 않던 우듬지가 훤히 보였다. 우듬지의 몸피가 얼마 되지 않아 새들이 날아들지 않으면 어쩌나 걱정했는데, 다행히 저녁에 새들이 깃을 들여서 정원사의 마음이 놓였다.

며칠 동안 온실 터를 닦으면서 붉가시나무의 우듬지에 눈길을 보내곤 했다. 그때마다 새파란 하늘을 향해 쭉쭉 뻗은 우듬지가 신화의 전범처럼 다가왔다. 사람 안에 있는 신적인 영도 저 우듬지 같지 않을까 생각했다. 땅속 깊이 뿌리를 뻗는 저 나무를 보면서 한계를 모른 채 근원으로 뿌리를 뻗으려고 하는 신적인 영의 꿈틀거림을 느끼고, 하늘 높이 줄기를 뻗는 모습을 보면서는 끝을 모른 채 솟아오르려고 하는 신적인 영의 갈망을 느꼈다. 붉가시나무는 내게 "영적 성장에는 끝이 없다. 하나님을 추구하는 인간의 잠재력은 끝이 없다"라고 말하는 것 같았다.

신화의 길이란?

붉가시나무의 전언을 마음속에 갈무리하면서 신화의 길을 잠시 생각한다. 신화의 길을 걷는다는 것은 무엇일까? 안과 밖의 조화를 추구하는 게 아닐까. 안을 들여다보고, 안을 뜯어고치고, 안을 갈무리하고, 안에서 끌어낸 힘으로 바깥 거품을 걷어 내고 바깥을 일신하기. 그것은 신비주의와 예언자 정신을 아우르는 것이기도 할 것이다.

신비주의는 내 안에 있는 신비가神秘家, 곧 내 안에 있는 아이를 깨워 불러내는 것을 가리킨다. 내 안에 있는 아이, 내면의 아이는 어떤 존재인가? 놀람과 감탄으로 생명을 마주하고, 신나는 춤사위와 유쾌한 몸짓으로 생명에 응답하는 존재. 내면의 아이를 깨우려면 자기 영혼 깊숙한 곳으로, 회전하는 세계의 고요한 정점으로 가라앉아 생명에 대한 철저한 긍정, 생명에 대해 놀라고 생명을 보며 기뻐하는 능력을 길러야 한다. 그 이유는 모든 생명에는 평화의 입맞춤이 닿아 있기 때문이다. 힐데가르트 폰 빙엔은 평화의 입맞춤에 대해 이렇게 말한다. "바닥을 알 수 없는 곳에서부터 높이 떠 있는 별들에 이르기까지 모두에게 흘러넘치고, 모두를 사랑하는 가없는 사랑. 그것은 왕(이신 하나님)이 하는 평화의 입맞춤이다."[1] 내면의 아이를 깨우는 것은 하나님을 소꿉동무로 삼는 길이기도 하다. 메히틸트 폰 마그데부르크는 하나님과 소꿉놀이를 하면서 하나님으로부터 이런 음성을 듣는다. "나 하나님은 네 소꿉동무다. 내가 너를 택했으니 이제 나는 네 안의 아이를 멋진 길로 이끌겠다. 나는 진실로 네 안에 있으니 사랑스러운 아이야, 어서 내게로 오렴."[2]

다른 한 편, 예언자 정신은 나와 남이 따로 없다는 인식을 갈무리하는 것이다. 그것은 만물이 상호의존하고 있다는 인식을 절대로 놓치지 않는 것이고, 자비가 의미하는 바를 굳게 붙잡는 것이다. 자비는 함께 아파하는 마음이다. 자비의 화신 예수님은 이렇게 말씀하셨다. "그러니 너희의 아버지께서 자비로우신 것같이 너희도 자비로운 사람이 되어라"(눅 6:36). 그리고 자비의 설교가 마이스터 엑카르트는 말한다. "하나님이 하시는 일이 무엇이든 가장 먼저 분출하시는 것은 언제나 자비다. … 하나님이 줄곧 행하시는 최고의 일은 자비다."³ 하나님을 닮고자 하고, 예수님이 걸어가신 길을 걷고자 하는 사람에게 가장 필요한 것은 슬퍼하는 사람과 함께 슬퍼하고(롬 12:15), 아파하는 사람의 곁이 되어 주려는 마음 자세다. 만물이 공유하고 있는 생명, 하나님의 입맞춤이 닿아 있는 생명을 놀람과 감탄으로, 섬세한 공감의 힘으로 마주하는 것이다.

안을 돌보기

안팎이 조화로운 삶, 신비주의와 예언자 정신의 행복한 결합으로 나아가려면 먼저 안을 잘 갈무리해야 한다. 어째서 안을 돌보아야 하는가? 우리가 잘 알지 못하는 값진 보화가 그 안에 자리하고 있기 때문이다. 루미는 그 보화를 이렇게 말한다. "그대에게 생명을 주는 숲이 그대 안에 있다. 그것을 찾아라."⁴ 우리 안에는 온 천하보다 고귀한 밭이 자리하고 있다. 그 밭은 다름 아닌 영혼이다. 영혼이 고귀한 까닭은 그 속에 값으로 따질 수 없을 만큼 고귀한 보석을 품고 있기 때문이다. 그래서 성서에 등장하는 어떤 이는 가진 것을 다 팔아서 그 밭을 매입하기까지 했다(마 13:44). 성서는 영혼이 품고 있는 보석을 가리켜 하나님의 씨앗이라고 말한다(요일 3:9). 인간의 영혼은 하나님의 씨앗이 심긴 밭이다. 하나님의 씨앗이 심겼으니 그 밭에서는 어떤 향기가 풍겨야 하는가? 당연히 하나님의 향기가 풍겨야 한다. 인디언들이 즐겨 이야기하는 우화가 있다. 어떤 사람이 진흙 덩어리를 향해 말했다. "너는 무엇이니?" 진흙 덩어리가 말했다. "나는 진흙 덩어리에 불과하지만 장미 옆에 놓여 있어서 장미 향기를 품고 있답니다." "인간은 미리 나무가 심어지고 씨앗이 뿌려진 정원처럼 되어 태어났다"(윌리엄 블레이크). 마이스터 엑카르트는 "사람의 영혼은 밭이다"라고 하면서 이렇게 말한다. "우리 안에는 하나님의 씨앗이 들어 있다. 어질고 슬기롭고 부지런한 농부를 만나면 그 씨앗은 튼튼하게 자라서 하나님이 된다. 그 열매는 하나님의 본성과 똑같다. 배나무 씨앗은 자라서 배나무가 되고, 개암나무 씨앗은 자라서 개암나무가 된다. 그러므로 하나님의 씨앗은 자라서 하나님이 된다."[5] 우리는 모름지기 하나님의 씨앗을 싹틔우는 어질고 슬기롭고 부지런한 농부가 되어야 한다.

검열 극복하기

하나님의 씨앗이 뿌려진 밭을 일군다는 것은 다른 게 아니다. 그것은 신화의 길을 걷는 것이다. 신비주의와 예언자 정신을 아우르며 하나님을 본받고(엡 5:1), 하나님의 아들딸(요일 3:2)로 살고, 예수를 뒤따르며 그리스도의 충만한 경지에까지 다다르는(엡 4:13) 것이다.

신화의 길을 걷고자 할 때 필요한 것은 무엇인가? 우리 안에 있는 장애물, 곧 두려움과 자기 검열을 극복하는 것이다. "내가 하나님을 본받을 수 있다니 말도 안 되는 일이야. 보잘것없고 하찮은 내가 어찌 하나님을 본받는단 말인가?" 하는 두려움을 극복하는 것이다. 그 이유는 신화의 길이야말로 성육신의 참 목적이기 때문이다. 성 이레니우스는 성육신의 비밀을 이렇게 풀이한다. "하나님이 사람이 되신 것은 사람이 하나님이 되게 하려는 것이다."[6] 말하자면 하나님이 사람이 되신 것은 우리를 신화의 길로 이끌기 위해서라는 것이다. 그러니 신화의 길로 나아가는 것을 두려워해서는 안 된다. 신화의 길로 나아가지 못하게 되는 걸 두려워해야지 신화의 길로 나아가는 걸 두려워해선 안 된다. 신화의 길을 걷는 것이야말로 하나님을 기쁘게 해드리는 일이고, 자식이 부모를 닮듯 하나님의 자녀가 하나님을 닮는 것은 지극히 당연하다.

보이지 않는 하나님의 형상이자 만물의 맏이이신 그리스도(골 1:15)는 하나님의 자녀가 된다는 게 무엇인지 앞장서서 보여주신 분이다. 그분은 하나님과 인간 사이에서 가장 먼저 의미심장한 돌파를 이루신 분이다. 그분은 하나님과 인간 사이에 가로놓인 장벽(이분법)을 완전히 극복하신 분이다(엡 2:16). 그분은 만물의 맏이로서 신화의 귀감이 되신 분이다. 우리는 맏이이신 그분을 본받아 신성이 우리를 통하여 맑고 투명하게 드러나도록 살아야 한다.

안에서 생긴 것이든 바깥에서 주입된 것이든, 우리는 신화의 길을 걷지 못하도록 방해하는 두려움과 자기 검열의 장벽을 돌파해야 한다. 테야르 드 샤르댕은 말한다. "우리는 모든 장벽을 검사하고, 모든 길을 걸어 보고, 모든 심연을 측량해 봐야 한다. 해

봐서 안 될 건 없다."[7] 신화의 길 걷기를 두려워하며 걸음을 떼지 못하는 우리에게 절실히 필요한 말이 아닐 수 없다.

외부 검열이나 자기 검열이 우리를 신화의 길로 나아가지 못하도록 막아도, 우리 안에 있는 하나님의 씨앗은 결단코 사라지지 않는다. 하나님이 심으신 씨앗이기 때문이다. 바위 절벽 틈에 떨어진 소나무 씨앗이 움터 올라 낙락장송으로 자라듯이, 우리 안에 뿌려진 하나님의 씨앗도 우리 안에서 불쑥 움터 올라 기어이 하나님께로 발돋움한다. 라이너 쿤체는 노래한다.

> 꽃피어야만 하는 것은, 꽃 핀다
> 자갈 무더기 속에서도 돌 더미 속에서도
> 어떤 눈길 닿지 않아도.
>
> ─〈녹슨 잎 알펜로제〉 전문[8]

붉가시나무 우듬지를 우러러본다. 보고 또 보아도 하늘을 향해 곧게 뻗은 저 우듬지는 내게 신화의 전범임이 틀림없다. '그대 안에서 움터 오르려 하는 하나님의 씨앗을 억누르지 말아요. 그대 안에 있는 신적인 영을 생각하세요. 그 영은 쉽게 만족하지 않아요. 창공을 침노하고 하늘을 기어올라 기어이 성령에 도달하려고 하지요. 그 힘으로 이 세계의 모든 것이 푸릇하고 번성하고 잎을 분출하는 거예요'라고 내 가슴을 울리며 말하고 있으니.

17

상처를 꽃이 되게 하는 길

    2022년 10월 29일 오후 10시 15분 이태원에서 참사가 일어났다. 대한민국의 수도 한복판에서 일어난 참사, 미리 막을 수 있고 생명을 살릴 수 있었으나 막지도 못하고 생명을 살리지도 못한 참사를 접하면서 지난 한 주 내내 가슴에 멍이 든 듯 마음이 답답했다. 시퍼런 바다를 보아도 노르스름하게 물들어 가는 나무들을 보아도 감흥이 일지 않고 마음이 한없이 까라지기만 한다. 무너져선 안 될 존재의 기반이 와르르 무너져 내려 우리는 졸지에 존재의 정착지를 잃어버린 난민처럼 되고 말았다. 우리 삶의 자리가 고향같이 안온하기는커녕 되레 죽음의 벌판이 된 것 같다. 사랑하는 이들을 느닷없이 떠나보낸 가족들의 오열과 이를 지켜보는 국민의 비통한 마음을 가눌 길 없는데도, 정작 참사를 책임져야 할 위치에 있는 자들이 면피성 발언과 진정성 없는 때늦은 사과 등의 언구럭으로 이미 멍든 국민의 마음을 더 멍들게 하며 헤집고 있다. 우리네 존재의 터는 어느새 공감 능력이 없는 난폭한 사람들로 포위되고 말았다.

하박국 예언자가 마음속에 떠오른다. 존재 기반이 송두리째 무너져 내리는 엄중한 시국에 하박국 예언자는 처처에 난무하는 상처들에 주목하고 다치는 것, 상처 입는 것을 체질화하면서 불평하며 따져 묻는다.

살려 달라고 부르짖어도 듣지 않으시고, '폭력이다!' 하고 외쳐도 구해 주지 않으시니, 주님, 언제까지 그러실 겁니까? 어찌하여 나로 불의를 보게 하십니까? 어찌하여 악을 그대로 보기만 하십니까? 약탈과 폭력이 제 앞에서 벌어지고, 다툼과 시비가 그칠 사이가 없습니다(합 1:2-3). 법과 질서는 땅에 떨어졌고, 정의는 농담거리가 되었습니다. 악인이 의인을 맥 못 추게 하고 정의를 거꾸로 뒤집습니다"(합 1:4, 메시지).

그는 상처를 앞세워 하나님을 닦아 세운 다음 스스로 이렇게 다짐한다. "이런 내 질문에 하나님께서는 뭐라고 대답하실까? 나는 마음의 준비를 단단히 하고서, 망루에 올라 지평선을 살펴보련다. 하나님께서 무슨 말씀을 하실지, 내 불평에 뭐라고 대답하실지 기다려 보련다"(합 2:1, 메시지). 하박국 예언자의 이 마음 자세가 참 좋다. 상처를 외면하거나 잊지 않고, 슬프고 아프고 힘들어도 상처를 보듬고 또 보듬으면서 하나님께 따져 묻는 자세가 정말 좋다. "초소 위에 올라가서 서겠다. 망대 위에 올라가서 내

자리를 지키겠다"(합 2:1)는 적극적이고 깨어 있는 파수꾼의 자세야말로 상처 입은 우리에게 꼭 필요한 자세가 아닐까. 사회적 존재인 우리에게 필요한 것은 눈 감고 기도하는 것이 아니라 눈 뜨고 기도하는 예언자적 자세다.

상처를 외면해서는 상처를 치유할 수 없다. 상처를 상처로 머물러 있게 해선 안 된다. 속으로 파고든 상처가 힘과 특권을 지니는 때는 그것이 환한 꽃이 되려고 길을 모색하는 때다. 상처를 환한 꽃이 되게 하는 길, 그것이 바로 예언자의 길이자 파수꾼의 길이다. "상처가 꽃이 되는 순서!"[1]가 있다. 그것은 안으로 내습한 상처를 밖으로 밀어내지 않고, 아무리 아파도 잘 갈무리하고, 아픈 곳에 자꾸 손이 가듯 아무리 괴로워도 끊임없이 마음 쓰고, 아무리 힘들어도 힘껏 보듬고, 고이고 또 고여서 마침내 밖으로 피어나게 하는 것이다. 상처를 외면하거나 내쳐서는 꽃을 피울 수 없다. 안으로 파고든 상처를 온전히 자기 것으로 삼을 때에만 상처는 환한 꽃을 피운다. 박성우 시인은 다음과 같이 노래한다.

상처가 뿌리를 내린다

화단에 꺾꽂이를 한다
눈시울 적시는 아픔
이 악물고 견뎌 내야
넉넉하게 세상 바라보는
수천 개의 눈을 뜰 수 있다

(중략)

막무가내로 꺾이는 상처,
없는 사람은 꽃눈을 가질 수 없다

상처가 꽃을 피운다.

— 〈봄, 가지를 꺾다〉 부분[2]

막무가내로 파고든 상처를 환한 꽃이 되게 하려고 눈 뜨고 기도하면서 초소 위에, 망대 위에 올라가서 자기 자리를 굳건히 지키는 예언자에게 마침내 하나님의 대답이 들려온다.

> 이것을 기록하여라. 지금 네 눈에 보이는 것을 기록하여라. 뛰어가는 사람도 읽을 수 있도록 커다랗고 두꺼운 글자로 써라. 이 환상, 이 메시지는 앞으로 올 일을 가리키는 증언이다. 이 일은 빨리 당도하고 싶어, 지금 뛰어오는 중이다. 거짓말이 아니다. 더디 오는 것처럼 보여도, 기다려라. 지금 오는 중이다. 제때 도착할 것이다. 그를 보아라. 자만심으로 한껏 부풀어 오른 그, 자아로 가득하다만 영혼은 텅 비었다. 그러나 하나님 앞에서 충실하고 한결같은 믿음으로 서 있는 자는, 온전히 살아 있다. 진정 살아 있다(합 2:2-4, 메시지).

상처를 보듬고 역사의 뻘밭을 포복하는 우리에게 실로 희망이 되는 말씀이 아닐 수 없다. 하나님이 역사의 진정한 주관자이심을 굳게 믿고, 하나님 앞에 충실하고 한결같은 믿음으로 서서, 예언자의 길과 파수꾼의 길을 걸으며 기어이 상처를 환한 꽃으로 피워 내는 우리가 되면 좋겠다.

18
영혼의 성숙을 위한 길지

정원사는 길게는 2-3년을 내다보고, 짧게는 한 계절 앞을 내다보며 정원을 일군다. 요즘같이 하루가 다르게 기온이 뚝뚝 떨어지는 늦가을이 되면, 정원사는 봄에 피어날 꽃들을 눈에 그리며 가을 알뿌리 식물들을 정원 구석구석에 심는다. 튤립, 수선화, 히아신스, 크로커스, 무스카리, 알리움 등등. 그런데 이 알뿌리 식물들은 하나같이 엄동의 칼바람과 북풍한설을 겪어야만 봄에 제대로 된 꽃을 피운다. 온실이나 따뜻한 실내에서 겨울을 나면 꽃다운 꽃을 절대 피우지 못한다.

사람들은 대체로 고통과 시련이 자기 삶의 자리에 닥치지 않기를 바라지만 그런 바람에도 아랑곳없이 고통과 시련은 불쑥불쑥 다가오게 마련이다. 그럴 때 성서의 사람은 어찌하는가? 성서의 사람은 균형 잡힌 안력眼力의 소유자로서 하나님이 빛과 어둠을 아우르는 분이심을 잊지 않는다. "나는 빛도 만들고 어둠도 창조하며, 평안도 주고 재앙도 일으킨다"(사 45:7). 그런 까닭에 성서의 사람은 자기 삶터에 다가오는 고통과 시련을 더없는 은총의 선물로 갈무리한다.

루미는 〈여인숙〉이라는 시에서 아래와 같이 노래한다.

> 인생은 여인숙
> 날마다 새 손님을 맞는다
>
> 기쁨, 낙심, 무료함
> 찰나에 있다가 사라지는 깨달음들이
> 예약도 없이 찾아온다
>
> 그들 모두를 환영하고 잘 대접하라!
> 그들이 비록 네 집을 거칠게 휩쓸어
> 방 안에 아무것도 남겨두지 않는
> 슬픔의 무리라 해도, 조용히
> 정중하게, 그들 각자를 손님으로 모셔라
> 그가 너를 말끔히 닦아
> 새 빛을 받아들이게 할 것이다
>
> 어두운 생각, 수치羞恥와 악의惡意가
> 찾아오거든 문간에서 웃으며
> 맞아들여라

누가 오든지 고맙게 여겨라

그들 모두 저 너머에서 보내어진

안내원들이니.

— 〈여인숙〉 전문[1]

하나님은 행복할 때만 하나님을 찬양하는 사람을 필요로 하지 않으신다. 하나님은 고통 가운데서도 당신을 사랑하는 사람을 필요로 하신다. 어두운 밤에 새벽을 확신하는 것, 저주를 축복으로, 고뇌를 노래로 바꾸는 힘을 확신하는 것, 이것이 우리가 할 일이다. 우리가 은총의 선물로 받아들이면 고통과 시련은 우리의 삶과 영혼을 정화와 성숙으로 이끄는 안내원이 될 수 있다.

주님이 우리에게 맡겨 주신 삶터가 척박할 수도 있다. 뜻하지 않게 북풍이 불어 들고, 한설이 우리의 삶터를 뒤덮을 수도 있다. 그때 우리에게 필요한 것이 영혼의 안력이다. "줄로 재어서 나에게 주신 그 땅은 기름진 곳입니다. 참으로 나는 빛나는 유산을 물려받았습니다"(시 16:6)라고 고백하며, 척박한 삶터를 온갖 숨탄것이 북적이는 생명의 정원으로 전환해 내겠다고 다짐하는 것이다. 우리의 삶터를 하나님이 맡겨 주신 주님의 밭 ager Domini 으로 받아들이는 순간, 그곳은 영혼의 성숙에 더없이 좋은 길지吉地가 된다.

19
물든다는 것

 강진에서 교편을 잡고 계시는 지인이 먼 길을 달려오셨다. 그분은 교회에 도착하자마자 손수 만든 것이라며 아내에게 보따리 하나를 건네셨다. 아내가 보따리를 풀었다. 그 속에는 손수건 두 장과 비단 스카프 한 장 그리고 목도리가 있었다. 손수건과 스카프는 홍화를 끓여 우린 물로 염색했고, 목도리는 대나무를 태워 우린 물로 염색을 하셨다고 했다. "목사님, 천연염색 한 것은 모두 이 세상에 단 하나뿐이랍니다. 같은 재료와 같은 천으로 염색해도 똑같은 빛깔로 물드는 것은 하나도 없어요. 여기 손수건 두 장과 스카프는 홍화 우린 물로 염색했는데 빛깔이 이렇게 다르답니다. 목도리는 생활한복에 잘 어울릴 거예요" 하며 알려 주시는 지인의 마음 씀씀이가 깊고 융숭했다. 손수건은 진분홍과 연분홍색, 스카프는 옅은 주황색, 목도리는 한지에 연한 먹물이 번진 듯한 빛깔이었다.

나중에 알아보니 천연염색은 손이 많이 가는 작업이란다. 그만큼 공력이 많이 든다는 말일 게다. 일부러 시간을 내셨을 테고, 번다한 수고를 아끼지 않으셨을 지인의 고운 마음씨가 천에 물든 천연염료의 빛깔만큼이나 은은하게 내 마음 깊은 곳을 물들여 떠나지 않는다.

예수 기도를 바치고 정원으로 나섰다. 날이 흐린지 별이 보이지 않는다. 어둠 속에 우두커니 앉아 나를 물들인 사람들을 떠올려 본다. 94년도에 처음으로 매튜 폭스의 원복Original Blessing을 접하고 틈틈이 우리말로 옮기면서 그 속에서 창조 신비가들을 만나게 되었다. 힐데가르트 폰 빙엔, 메히틸트 폰 마그데부르크, 마이스터 엑카르트, 노리치의 줄리안이 그분들이다. 그분들은 지금까지 나의 갈 길을 지시하는 이정표, 스승 역할을 해오고 있다. 지구가 몸살을 앓고 생태 위기의 그림자가 짙게 드리운 오늘날, 이 세상과 우주를 어떤 눈으로 마주하는 것이 정녕 창조주 하나님의 뜻에 맞춤한 삶인지 그분들의 글을 통해 아로새기고 붙잡았으니, 그분들이 나의 머리끝부터 발끝까지 물들였음이 분명하다. 그분들을 만나면서 성장 제일주의를 버렸고, 거물주의, 대형 교회를 지향하는 마음, 중앙으로 다가들려는 마음을 버렸다. 작지만 아름다운 것들이 소중하게 다가왔고, 만물이 서로 연결되어 있다는 인식에 뿌리내린 자비에 눈뜨고, 들풀 한 포기 들꽃 한 송이가 전하는 창조주의 메시지에 귀 기울이고, 인간 우월주의가 아니라 만물 평등주의로 걸음을 떼기 시작했다. 그러고 보면 그분들은 나를 상당히 불온하게 물들인 셈이다. 이 세상이 입심 좋게 성공이라고 추켜세우는 가치관을 내 손에서 내려놓게 했으니까.

나를 이렇게 물들인 그분들이 눈물겹도록 고맙다. 생명과 평화의 주 예수의 발걸음을 더디지만 그리고 자주 넘어지기도 하지만 절절히 따르게 했으니까. 물들이는 것은 모두 아름답고 불온하다. 물드는 것도 아름답고 불온하다. 아름다움은 불온하다. 마음과 영혼을 송두리째 사로잡고 빼앗기까지 하니까.

지인의 따스한 마음이 담긴 목도리를 목에 두르며 이렇게 기도했다. "주님, 이 천처럼 잘 흡수하는 수용력을 기르도록 도와주십시오. 매 순간 다가오시는 당신의 방문을 금세 알아챌 수 있는 영적 감각을 잃지 않게 해주십시오. 담 너머 다른 곳을 기웃거리지 않고, 당신이 계신 지금 여기에 늘 있도록 저를 붙잡아 주십시오. 나를 물들여 주십시오. 당신으로 속속들이 물들어 일상의 행위 하나하나에서 당신의 빛깔을 깔축없이 드러내게 해주십시오."

20

추수감사절에

1

교우들이 합심하여 땅의 소산을 제대 앞에 거방지게 쌓아 놓은 것을 보니, 보기만 해도 배가 부르고 마음이 흔흔하다. 이제까지 걸어온 발자국을 돌아보는 지금 내 마음속에 떠오르는 단어는 "여호와샤마"(겔 48:35)다. "여호와께서 거기에 계셨다." 하나님은 우리를 저버리지 않으시고 매 순간 거기에 계셨고, 지금 여기에도 계신다.

이렇게 하나님의 함께하심을 감득하니, 마음속 깊은 곳에서 감사의 인사가 자란자란 차올라 터져 나온다. "하나님, 감사합니다!" 감사할 거리들을 떠올려 본다. 우리가 깨우지 않았는데도 태양이 아침마다 떠오른다. 우리에게 아무런 보답도 바라지 않으면서 초록별 정원 행성 지구가 잘 돌아간다. 우리가 요구하지 않았는데도 달이 차고 이울기를 반복하며 대양을 살아 있게 한다. 일용할 양식이 있고 수행할 일이 있다. 종종 지치고 약해 빠졌지만 힘차게 일할 몸도 있고, 짧지 않은 생을 함께할 동행도 있다. 어깨를 겯고 서로 북돋고 격려하며 길을 함께 걷는 길벗도 있다. 마음을 차분히 갈앉히고 떠올리노라면, 감사할 거리가 한없이 이어짐을 알게 된다. 자연히 온 우주가 하나님이 공들여 차려 내신 걸판진 잔치임을 깨닫게 된다. 그 끝머리에서 한 시인은 이렇게 노래한다. "미의 대가, 눈송이의 장인, 모방을 불허하는 고안자시며 너무나 매력적인 지구를 선사하신 분이여, 이와 같은 선물을 주시니 감사합니다"(존 베리먼).

하나님의 우주적 성찬을 마주하고도 감사하는 마음이 일지 않는다면, 이는 우리의 영적 건강에 심각한 이상이 생겼음을 알리는 비상 신호다. 하지만 아침에 태양이 떠오르고, 지구가 잘 돌아가고, 일용할 양식이 있고, 수행할 일이 있고, 힘써 일할 몸이 있고, 반려자와 길벗이 있다는 사실에 감사하는 사람은 노래할 수밖에 없다. "이토록 경이로운 날을 주셔서/ 자연을 주셔서/ 무한을 주셔서/ 긍정하는 마음을 주셔서/ 하나님, 감사합니다"(E. E. 커밍스)라고.

21

추수감사절에 2

    감사는 우리의 삶터를 영혼의 성장에 맞춤한 장소로 전환하는 힘을 소유하고 있는 것 같다. 감사는 주어진 조건과 환경을 수동적으로 받아들이는 게 아니라 그것들을 창조적으로 변화시키는 에너지를 지니고 있다. 성서는 그것을 이렇게 표현한다. "하나님께서 지으신 것은 모두 다 좋은 것이요, 감사하는 마음으로 받으면, 버릴 것이 하나도 없다"(딤전 4:4).

    우리에게 다가오는 것이 마냥 즐겁고 기쁜 것만은 아님을 삶은 가르친다. 우리 삶에는 시편 작가의 표현대로 "슬픔의 노래"도 있고, "슬픔의 상복"(시 30:11 참고)도 자리하고 있다. 때로는 눈물 골짜기가 우리의 앞길을 막아서기도 하고, 때로는 절망적인 낭떠러지가 우리를 막아서며 우리의 안색을 하얗게 질리게도 한다. 바로 그때 시편 작가는 우리에게 기도를 권한다. "주님, 귀를 기울이시고 들어 주십시오. 나에게 은혜를 베풀어 주십시오. 주님,

주께서 나를 돕는 분이 되어 주십시오"(시 30:10). 기도는 상황을 역전시키는 힘을 가지고 있다. 마이스터 엑카르트는 그런 기도에 대해 이렇게 말한다. "여러분이 완전히 엎드린다면, 통째로 완전히 받게 될 것이다. 주는 것이야말로 하나님의 본성이다. 우리가 엎드릴 때, 우리에게 주는 것이야말로 하나님의 본질이다."[1] 절망적인 상황에 맞닥뜨렸을 때 우리는 더뻑 엎드리는 게 좋다. 그러면 하나님이 은혜를 베푸시고 돕는 분이 되셔서, "슬픔의 노래를 기쁨의 춤으로 바꾸어" 주시고, "슬픔의 상복을 벗기시고, 기쁨의 나들이옷을 갈아입혀" 주신다.

절망적인 상황을 역전시키는 힘을 지닌 것이 하나 더 있다. 다름 아닌 감사다. 주저앉을 수밖에 없는 상황에 놓였을 때 고요히 엎드려 "하나님, 감사합니다" 하고 말해 보라. 그러면 그 상황이 감사의 파장 안으로 들어가 감사하는 이의 영적 성장에 이로움을 주는 선물이 될 것이다. 감사의 렌즈를 끼고 지나온 걸음을 돌아보면 은밀히 곁에 머무르시며 길을 내시는 하나님이 보인다. 지나온 발자국마다 은총이었음을 감득하게 된다. 감사의 렌즈로 세상을 바라보면 이 세상 만물이 하나님이 공들여 차리신 우주적 성찬임을 알게 된다.

감사는 하나님이 주시지 않은 것은 누구도 받을 수 없음을 인정하는 것이다. 우리에게 주어진 것, 우리에게 닥친 것은 모두 하나님이 뜻하셔서 다가온 선물이다. 우리에게 닥친 것이 고통이든 슬픔이든 질병이든, 우리가 "하나님, 감사합니다"라는 인사와 함께 받아들이면, 그것은 우리 삶 속으로 뛰어든 하나님의 선물이 될 수밖에 없다. 그러니 모든 일에 감사해야 한다(살전 5:18). 감사는 메마른 삶, 권태로운 삶, 절망적인 삶을 기쁨과 환희가 솟구치는 삶으로 변환하는 대단히 창조적인 힘을 가지고 있기 때문이다.

22

알뿌리 식물들을
심으며

　북새 바람이 들이닥쳐 수은주를 영하권 가까이 끌어내리고, 정원 마당에 떨어진 잎사귀들이 갈개치는 모습을 볼 때면 정원사는 마음이 바빠진다. 히비스커스, 베고니아, 제라늄, 엔젤스 트럼펫, 아부틸론, 튜란타, 루셀리아(폭죽초), 에리스리나(홍두화), 란타나, 목가자니아, 지중해 해국, 목마가렛 등 월동이 안 되는 화분 식물을 온실과 창고에 들이는 일, 수선화, 튤립, 알리움, 크로커스, 무스카리, 히아신스 등 알뿌리 식물을 노지에 심는 일이 기다리고 있기 때문이다. 화분 식물은 실내에 들여 겨우내 얼지 않도록 때때로 난방도 하고, 추식구근은 이맘때 땅속에 심어야 한다. 그러지 않으면 제아무리 재주 좋은 정원사라도 부활절 무렵 봄철에 저 꽃들을 볼 수 없기 때문이다.

　두어 주 전부터 화분 식물을 온실과 창고에 들이고, 지난봄과 여름에 갈무리해 두었던 꽃씨를 정원 여기저기에 흩뿌리고,

짬짬이 노지에 튤립, 수선화, 크로커스, 히아신스 등 추식구근을 심었다. 튤립 개량종은 화형과 빛깔이 크고 화려하지만 재래종과 달리 번식이 잘되지 않는다. 해마다 새로 사서 심어야 하는 소모성 알뿌리 식물이다. 꽃씨를 뿌리고 알뿌리를 심었으니 이제 꽃씨와 알뿌리와 정원사에게는 매섭고 긴 겨울을 견디며 꽃피는 봄날을 지며리 기다리는 일만 남았다.

땅속에 심긴 알뿌리들은 속으로 이런 다짐을 할 듯하다. "이 겨울 내가 땅속에서 하는 일은 내의처럼 나를 감싸고 있는 짙은 어둠을 읽는 일. 여리디여린 실뿌리로 어둠을 지며리 더듬다가 마침내 봄을 맞이하는 일." 알뿌리와 씨앗에게 땅속은 어두운 심연 그 자체다. 어두운 심연은 사람들 대다수에게 두렵고 부정적인 실체로 인식된다. 그래서 대개는 어두운 쪽을 두려워하여 피하거나 밀어내고, 빛이 있는 쪽으로만 달려가려고 한다. 하지만 빛만 추구하고 어둠을 두려워하는 태도는 튼실한 성장을 가로막게 마련이다. 튼실한 성장은 언제나 어둠 속에서 이루어지기 때문이다. 어둠과 친밀한 뿌리가 없으면 식물은 자라지 못한다. 뿌리가 자리한 어두운 심연을 멀리하는 것은 삶의 반쪽을 잃어버리는 것과 다름없다.

성서의 하나님은 우리가 빛과 어둠을 아우르며 균형 잡힌 삶을 영위하기 바라신다. 하나님이 "나는 빛도 만들고 어둠도 창조"한다고 말씀하신 것도 그래서고(사 45:7), 시편 작가가 주님은 "어둠을 장막 삼아 두르"신다고 노래한 것도 그래서다(시 18:11). 영성 신학자 매튜 폭스는 말한다. "모든 신비는 어둠 주위에 있고, 모든 어둠은 신비 주위에 있다"[1]고. 어둠 속에 몸을 숨기시는 하나님을 만나려면 어둠이 주는 크나큰 유익을 깨닫고, 어두운 심연을 차분히 응시하며 받아들이는 훈련이 필요하다. 이를테면 우리 앞에 부정적 이미지로, 어두운 이미지로 다가오는 모든 것을, 우리의 영적 성장과 개화開花를 위한, 혹은 주님과 하나 됨을 위한 하나님의 선물로 받아들이는 것이다. 캐나다 가수 로리나 맥케니트는 십자가의 성 요한의 〈어두운 밤〉이라는 시를 밑절미로 삼아 지은 〈영혼의 어두운 밤〉이라는 곡에서 어두운 밤을 다음과 같이 예찬한다.

어느 어두운 밤
내 가슴 속에 사랑의 불꽃이 타올랐지요
초롱을 밝혀 들고
나 집을 빠져나왔지요, 만물이 고요히 쉬는데 말예요

어두운 밤에 둘러싸여
비밀 계단을 통해 재빨리 빠져나왔지요
밤의 장막이 내 눈을 가리고
그 속의 모든 것 쥐 죽은 듯 고요했지요

오, 밤 그대는 내 길잡이였지요
오, 떠오르는 태양보다 더 사랑스러운 밤
오, 사랑하는 이와

사랑받는 이를 한데 아우르고
서로를 상대방으로 변화시키는 밤이여

땅속에 묻힌 씨앗과 알뿌리는 어두운 심연을 마주하여 도망치지 않고 힘껏 끌어안는 길을 택한다. 어두운 심연을 회피하지 않고, 오히려 그것을 성장의 밑거름으로 삼아 뿌리를 내리고, 그 속에서 봄날을 이드거니 기다린다. 그러면서 기다림의 대상을 만나려면 반드시 어두운 심연을 통과해야 함을 말 없는 말로 역설한다.

23

직전의 상태

　대림절 초를 주일마다 하나씩 차례차례 밝히다 보니 어느덧 시간이 흘러 대림절 넷째 초까지 밝히게 되었다. 대림절은 다른 말로 표현하면 포란기抱卵期 내지 포태기胞胎期라고 할 수 있다. 새들이 알을 품듯이 태어나실 주님을 마음속에 고이 품는 것이다. 우리는 지금 포태기의 막바지, 곧 창조와 출산이 일어나는 시간의 직전, 탄생과 출생이 이루어지는 곳의 문턱에 다다른 상태다. 직전의 상태는 어떤 상태인가? 건드리면 톡 하고 터질 듯 팽팽히 부푼 상태, 더는 채울 수 없을 만큼 꽉 찬 상태, 조금만 자극을 주어도 여지없이 열리고 마는 임계 상태가 바로 직전의 상태다. 이처럼 전혀 새로운 일이 일어나기 직전, 이전과 이후를 확연히 가르는 시간의 경계, 옛 세계에서 새 세계로 넘어가기 직전의 상태에 이르면 가슴이 사정없이 방망이질한다. 가슴이 마구 뛰어 주체할 수 없게 된다. 한 시인은 그런 직전의 상태를 경험하고서 다음과 같이 노래한다.

> 직전의 힘을 믿겠다 나는, … 직전의 힘! 숨도 쉬지 않는 힘! … 열지 마, 열지 마, 건드리면 터져! 끝끝까지 차 있는 힘, 직전의 힘을 믿겠다 나는
>
> — 정진규, 〈직전의 힘을 믿겠다 나는〉 부분[1]

그는 또 다른 시 〈잉크를 가득 채운다〉에서 "직전의 상태를 예비하고 있을 때가 … 가장 아름답고 기쁘고 당당하다"[2]라고 노래하기도 한다.

하지만 탄생이 이루어지기 직전의 상태에는 꼭 아름다움과 기쁨과 당당함만 있는 게 아니다. 출산이 임박한 분만실 입구에는 조마조마함, 초조함, 불안, 두려움, 어둠도 도사리고 있다. 새로움이 태어나기 직전의 산실(産室) 입구에는 전율스러운 신비가 감돈다. 이 입구, 직전의 상태에 불안과 두려움이 감도는 것은 당연한 일이다. 아직 출산이 이루어지지 않았기 때문이다. 이것을 마이스터 엑카르트는 다음과 같이 표현한다.

> 여러분의 마음이 불안합니까? 그렇다면 여러분은 아직 어머니가 아닙니다. 여러분은 분만실로 가는 길에 들어섰을 뿐입니다. 여러분은 분만실 근처에 있을 뿐입니다.[3]

직전의 상태

우리는 분만실 입구에 감도는 조마조마함, 초조함, 불안, 두려움, 어둠을 쉽게 떨쳐 내려고 해서는 안 된다. "인간은 '창조'의 불안과 내적 긴장을 대면하지 않고는 단조롭고 평범한 의무의 무서운 권태에서 벗어날 수 없기" 때문이다.[4] 그것들은 우리가 물리쳐야 할 부정적 요소가 아니라 우리가 품고 넘어가야包越 할 전율스러운 신비다. 이 신비를 잘 갈무리하는 사람만이 기쁨과 환희를 품은 출산, 곧 매혹적 신비로 나아갈 수 있다.

24

밥이 되는

길

끼니때마다 마주하는 밥상이지만 대림절과 성탄절에 마주하는 밥상은 여간 색다른 의미와 맛으로 다가오는 게 아니다. 그것은 내가 어떻게 살아야 하는지, 무엇이 되어야 하는지, 내가 이 세상에 초대된 것이 무엇을 위함인지를 가르치는 스승으로 다가오기 때문이다.

아침에 밥 한술을 떠서 입에 넣고 씹는 행위에 주의를 기울이면서 맛을 음미하는데, 난데없이 밥이 내 가슴을 툭 치며 말을 걸었다. "나는 당신의 밥이 되었습니다. 당신은 나를 먹으며 무엇을 느끼나요? 밥맛이 어떤가요? 당신은 밥이 되었나요? 당신은 밥이 되고 있나요?" 뜻밖의 물음이기에 내 마음은 대답할 바를 모르고 갈팡질팡했다. 마땅한 답이 얼른 떠오르지 않아서 답답한 마음을 가눌 수 없었으니, 이는 내가 그동안 밥상 마주하기를 너무나 당연한 것으로 여겨왔음을, 밥맛을 제대로 보지 못하고 있음을, 내가 밥이 되는 삶을 살아오지 못했음을 증명하는 것이 아니고 무엇이겠는가. 참으로 부끄러운 일이다. 날마다 끼니때마다 밥상을 마주하고 밥을 먹으면서도 밥맛을 깨치지 못하고, 밥 먹는 행위의 진정한 목적이 무엇인지 놓치고 살아왔으니 말이다.

밥을 마주하여 진정한 밥맛이란 무엇일까 곰곰 곱씹어 본다. 진정한 밥맛은 입에 맞고 혀에 닿는 느낌이 좋은 것이 아니라 자기가 먹은 대로 되겠다는 다짐을 세우고, 그렇게 되기 위해 힘쓰는 것이 아닐까 싶다. 밥을 먹고 밥이 되는 것이야말로 밥맛을 아는 삶이 아닐까 싶다.

난데없이 찾아온 물음을 마주하고 보니 밥이 지닌 덕이야말로 모든 덕 가운데 가장 큰 덕임을 알겠다. 누군가를 살리기 위해 자기를 송두리째 내어 주어 먹히는 것이 밥의 덕이니 그것은 영락없이 하나님을 닮았다.

마주한 밥상에서 말구유에 눕혀진 아기 예수를 떠올린다. 성서는 갓난아기 예수가 말구유에 눕혀졌다고 기록한다(눅 2:7). 왜 하필이면 요람도 아니고 침대도 아니고 짐승의 여물통이었을까? 그것이 함축하고 있는 의미는 실로 엄청나다. 성탄제는 하나님이 만물을 위해 잔칫상을 차리시겠다는 선언이자 몸소 만물의 밥이 되시겠다는 뜻깊은 소식이다. 하나님은 이렇게 말씀하신다. "너희 목마른 사람들아, 어서 물로 나오너라. 돈이 없는 사람도 오너라. 너희는 와서 사서 먹되, 돈도 내지 말고 값도 지불하지 말고 포도주와 젖을 사거라"(사 55:1). 예수님은 공생애를 사시면서 자신을 이렇게 규정하셨다. "나는 세상에 생명을 주는 떡이다"(요

6:51 참고). 말하자면 예수님은 먹혀서 살리는 삶, 밥이 되는 삶이야말로 자신의 삶임을 천명하신 셈이다. 그리고 삶을 마감하는 시점에서 예수님은 자신의 살과 피를 우리의 떡과 음료로 내어 주셨다. 짐승의 여물통을 요람으로 삼으시고, 세상에 생명을 주는 떡으로 사시고, 우리의 떡과 음료가 되셨으니, 예수님은 처음부터 끝까지 밥의 길을 걸으신 셈이다. 그리고 그분은 성찬식 때마다 떡과 포도주의 모습으로 우리를 찾아오셔서 먹히신다. 마이스터 엑카르트는 이렇게 말한다. "우리 주님은 자신을 내어 주셨습니다. 하나님은 사랑하는 벗들에게 자신의 모든 것은 물론이고, 자신까지도 음식으로 내어 주십니다."[1] 주님은 우리의 떡이고 우리의 밥이다. 이 떡을 먹고 이 밥을 먹는 것은 몸과 몸의 합일이다. 떡의 맛을 제대로 알고, 밥맛을 제대로 아는 사람은 진정한 합일이 무슨 뜻인지 새기게 마련이다. 그것은 죽어서 사는 신비에 참여하는 것이다. 그것은 먹은 대로 되는 것이다. 떡을 먹었으면 떡이 되고, 밥을 먹었으면 밥이 되는 것이다. 떡을 먹었으면서도 떡이 되지 않고, 밥을 먹었으면서도 밥이 되지 않는 것은 합일이 아니다. 그것은 단지 따로 노는 것일 뿐이다. 그것은 밥이 되지 못하고 낱낱의 쌀알로 겉도는 것일 뿐이다. 차지고 끈기 있는 밥이 되는 삶은 합일로 가는 삶이고, 낱낱의 쌀알로 겉도는 삶은 갈라섬으로 나아가는 삶이다. 합일은 살리고 갈라섬은 죽인다.

밥이 되기를 두려워하고, 밥이 되기를 거부하면서 낱낱의 쌀알로 겉돌려고만 하는 우리에게 밥은 성스러운 지표다. 그것은 진정한 합일이 무엇인지, 하나님이 차려 내신 우주적 성찬에 한

몫하는 것이 무슨 뜻인지를 가리켜 보이는 스승이다.

성탄제는 하나님이 차리신 밥상으로 나아오라는 초대다. 그것은 밥맛을 제대로 알고 밥이 되는 길, 먹는 자에서 희생과 섬김과 나눔을 통해 먹히는 자의 길로 나아가라는 촉구다. 밥은 날마다 먹히면서 때를 기다린다. 그러다가 느닷없이 물음을 던진다. "당신은 밥이 되었습니까? 당신은 겉도는 낱낱의 쌀알입니까? 아니면 밥입니까?" 이 엄숙한 물음을 붙잡고 성탄제의 의미를 곰곰이 새기며 기원한다. 내 발걸음이 한사코 밥이 되는 길 위에 머무르게 해달라고.

25

지구의 꿈

유엔 사무총장 안토니우 구테흐스António Guterres는 2022년 11월, 이집트 카이로에서 열린 제27차 기후 당사국총회 연설에서 "인류는 기후 지옥으로 가는 고속도로 위"를 달리고 있다고 경고하면서 "우리가 기후 연대 협약을 체결하지 않으면, 집단 자살a collective suicide 협약을 체결할 수 있다"라고 말했다. 그러면서 그는 "생존 가능한 지구를 만들기 위한 싸움에서 승리하느냐 패배하느냐는 2030년까지 결정될 것"이라고 강조한다. '기후 지옥', '집단 자살'이라는 섬뜩한 표현에서 현재의 기후 위기 상황이 최고 단계의 비상사태임을 절감하게 된다. 과학자들과 기후 전문가들은 2030년까지 온도 상승 폭을 1.5도 이내로 줄이고, 2030년까지 온실가스를 2019년 대비 43% 급격히 감축하는 목표를 달성하지 않으면, 그야말로 기후 지옥과 집단 자살을 뼛속 깊이 체감할 것이라고 말한다.[1] 하지만 현재로선 그 목표 달성이 절망적이리만치 지난하고 요원해 보인다.

봄·여름·가을·겨울 때를 가리지 않고 발생하고, 극지와 대륙, 산과 바다, 강과 들, 사막과 우림 지대, 도시와 농촌, 제일세계와 제삼세계 등 장소를 가리지 않고 세계 곳곳에서 빈번히 발생하는 기후 재난과 피해 규모는 상상을 초월할 정도다. 강우량과 강설량, 산불 발생 빈도와 규모, 태풍의 강도와 폭염 지수가 관측 사상 최고치를 경신했다는 뉴스가 너무나 자주 등장한다. 기후 재난이 발생할 때마다 무수한 인명 피해와 막대한 재산 피해에 이목이 쏠리지만, 그 이면에 가려진 생물 종의 멸절은 그 수와 속도를 가늠할 수 없을 정도다. 상호 의존 원리로 촘촘히 연결되어 조화를 이루던 생명의 그물이 여기저기서 툭툭 터지고 끊어지는 소리가 수시로 들리고 있다.

우리가 딛고 살아가는 이 지구는 하나님의 거대한 감탄 부호였다. 이 감탄 부호는 하나님이 손수 차려 내신 성대한 생명 잔치를 마주하여 더없이 흔흔欣欣한 마음으로 짐벙지게 찍으신 느낌표였다. 창세기 기록자는 그것을 다음과 같이 표현한다. "하나님께서 손수 만드신 모든 것을 보시니 참으로 좋고 좋았다!"(창1:31 참고). "좋구나, 참 좋아!"라는 하나님의 감탄사를 내장內藏한 생물 종들이 어우렁더우렁 아우러져 조화로이 살아가는, 더없이 아름다운 초록별 정원 행성! 그랬던 지구가 벌레 먹은 듯 군데군데 이지러지고 있다. 하나님의 밭이 끙끙 앓고 있다. 주님이 주신 아름다운 세상이 "나 지금 아주 많이 아파!" 하며 무시로 신음을 토해 내고 있다. 그 신음은 피조물들의 절망적인 신음도 함께 담고 있다. 폭우와 폭설, 폭염과 대홍수, 초대형 산불, 초강력 태풍, 극도의 한발旱魃은 모두 이 지구가 내는 무시무시한 신음이다.

생태신학자 셀리 맥페이그Sallie McFague는 이 지구를 하나님의 몸이라고 은유한다. 하나님의 몸이 지금 중병을 앓고 있다. 너무 아파 끙끙 신음하면서 한 가닥 꿈을 꾸고 있다. 하나님의 자녀들이 나타나는 것을 보는 꿈이다(롬 8:19). 하나님의 몸이 내는 신음에 귀 기울이고, 그 몸의 상처들을 싸매고 그느르기 위해 애쓰는 하나님의 자녀들! 우리는 그런 자녀가 되어야 한다.

26

구름 산책자에서
대지 산책자로

내 소년 시절에는 학교에서도 집에서도 위인전을 많이 읽게 했다. 위인들의 생애를 읽으면서 위인이 될 꿈을 꾸고, 위인들처럼 위대한 삶을 살라는 뜻에서였을 것이다. 위인전을 읽으면 읽을수록 내게는 불가능한 게 없어 보였다. 계획을 거창하게 세우고, 기필코 거물이 되겠다는 다짐도 스스로 했다. 앞길에 다가드는 온갖 반대를 분쇄하려고 했다. 생각으로는 실현하지 못할 게 없었다. 대지 산책자*Erdenwandler*가 아니라 구름 산책자*Wolkenwandler*로 산 것이다.

괴테는 〈인간의 한계〉라는 시에서 "그가 위로 올라가서/ 정수리로 별들을/ 건드려도,/ 불안전한 발바닥은/ 어디에도 닿지 않으니,/ 구름과 바람이/ 그와 시시덕거리네"(2연)[1]라고 읊었는데, 내가 꼭 그랬다.

그러다가 차츰 나이가 들면서 세상을 알게 되었다. 세상이

나보다 훨씬 강하다는 걸 뼛속 깊이 인식하게 되었다. 시간이 갈수록 나는 더 왜소해지고 세상은 점점 거대해졌다. 이제는 그런 상황에 적응한 상태다. 어린아이의 생각, 구름 산책자의 생각을 버린 것이다. 그리고 그리해야 옳다.

그리스 신화에는 안타이오스라는 거인의 전설이 있다. 안타이오스는 힘이 아주 센 장사여서 누구도 그를 제압하지 못했다. 많은 사람이 싸움을 걸었으나 그에게 번번이 패하고 말았다. 마침내 한 사람 헤라클레스가 찾아왔다. 싸우는 도중 헤라클레스는 안타이오스를 땅에서 들어 올렸는데 갑자기 그 거인이 파멸해 버리고 말았다. 안타이오스는 두 발을 땅에 딛고 서 있는 동안에만 힘이 흘러들었는데 발이 땅에서 떨어지자 힘이 모두 빠져나갔던 것이다.

이 전설은 매우 의미심장하다. 이카로스처럼 도달할 수 없는 정점을 향해 절망적 비상을 꾀하는 사람이 아니라 두 발을 땅에 딛고 서는 사람, 온전히 대지의 자녀로 머무는 사람, 자기에게 있는 것을 감사히 붙잡는 사람, 그가 바로 인간다움의 힘을 충분히 지닌 사람이기 때문이다.

이제 나는 현실 세계에서 가능한 것, 내가 할 수 있는 일에만 기대를 걸며 대지에 두 발을 확고히 딛고 살아간다. 대지 산책자로서 괴테의 시구를 읊조리며.

태고의
성부께서

침착한 손으로

천둥 치는 구름으로부터

은혜 베푸는 번개를

대지 위로 뿌리시면,

나 그분의 옷자락에

입 맞추리라,

천진한 외경심을

변함없이 가슴에 품고.

― 〈인간의 한계〉 부분 [2]

27

영혼의 성숙을 위한 비료

살다 보면 예고 없이 인생에 그늘이 드리워질 때가 있다. 더는 열매를 맺을 수 없다는 절망이 고개를 들고, 하나님이 우리 삶에서 빛을 거두어 가신 것 같은 암담함이 찾아들 때가 있다. 그때 우리가 딛고 선 곳은 "그믐밤 같은 어둠이 깔리고 깜깜한 가운데 온통 뒤죽박죽이 된 곳, 칠흑 같은 흑암만이 빛의 구실을 하는 곳"(욥 10:22, 공동번역)으로 바뀌고 만다. 그러한 어둠이 찾아들 때, 우리는 일반적으로 "하나님이 나를 버리셨어. 하나님이 나를 잊으셨어. 나는 저주받은 존재야" 하면서 스스로 무너져 내리고 만다. 그러나 그런 태도는 빛만 추구하고, 어둠 속에 계신 하나님, 숨어 계신 하나님을 인정하려 하지 않기 때문에 오는 혼란에 지나지 않는다.

그 혼란 속에서 히브리 시인은 돌파구를 찾아 외친다. "주님, 언제까지 나를 잊으시렵니까? 영원히 잊으시렵니까? 언제까지 나를 외면하시렵니까? 언제까지 나의 영혼이 아픔을 견디어야 합니까? 언제까지 고통을 받으며 괴로워하여야 합니까? … 나를 굽어살펴 주십시오. 나에게 응답하여 주십시오"(시 13:1-3). 이처럼 우리에게는 혼란의 도가니 속에서도 주님의 이름을 부르며 짙은 어둠의 미궁을 돌파하려는 단단한 자세가 필요하다.

사실 우리가 살아가는 인간 세계는 빛을 지향하는 세계다. 그런 세계는 어둠을 용납하려 하지 않고, 어두운 구석을 온통 빛으로 밝히려 하고, 타오르는 등불로 치달아 제 몸을 살라 버리는 불나방처럼 빛이 있는 쪽으로만 몰려간다. 그 결과 우리는 어둠을 견디지 못하게 되었다. 빛이 없는 것을 두려워하게 되었고, 형상 없는 것을 두려워하게 되었다.

하지만 그렇게 빛만 추구하고 어둠을 두려워하는 태도는 참된 성장을 가로막게 마련이다. 참된 성장은 언제나 어둠 속에서 이루어지기 때문이다. 영성가 조이스 럽은 이렇게 말한다. "우리가 견디어야만 하는 어둠의 한복판에 우리 영혼의 성숙을 위한 비료肥料가 깔려 있다."[1] 나무들이 어떻게 자라는지 눈여겨보라! 줄기에 양분을 대고 자라게 하는 것은 바로 깊고 어두운 곳에 자리한 뿌리들이다. 어둠과 친밀한 뿌리가 없으면 나무는 성장하지 못한다. 뿌리가 자리한 어둠을 멀리하고 두려워하는 것은 삶의 반쪽을 잃어버리는 것이나 다름없다.

히브리 시인과 예언자는 어둠과 친숙하신 하나님을 이렇게 묘사한다. "몸을 어둠으로 감싸시고 비를 머금은 구름으로 두르고 나서시니"(시 18:11, 공동번역), "구원자이신 이스라엘의 하나님,

진실로 주님께서는 자신을 숨기시는 하나님이십니다"(사 45:15). 어둠과 먹구름을 옷처럼 두르시는 하나님, 자신을 숨기시는 하나님 Deus absconditus을 놓치지 않으려면, 우리는 빛만 추구하고 눈에 보이는 것만 바라보던 눈길을 거두어들여, 우리 삶에 드리워진 어둠 속으로 보내지 않으면 안 된다. 어둠 주위에는 안개처럼 가물가물 피어오르는 신비가 있다. 어둠 속에 하나님이 숨어 계시기 때문이다.

    빛을 추구하다가 잃어버린 삶의 반쪽을 되찾으려면, 우리는 어둠 속에서 활동하시는 하나님을 인정해야 한다. 마이스터 엑카르트는 우리 영혼의 근저根底는 어둠이며 그곳에서 하나님이 활동하신다고 말한다.[2] 이 어둠 속에서 활동하시는 하나님을 인정하고 회복할 때 비로소 우리는 삶을 온새미로 살게 될 것이다.

28

'너머'에 진입하기 전에

낡고 늙고 삭게 하여 바스러뜨리는 시간의 위력에 속수무책으로 휘둘리며 거춤거춤 삶을 영위하다 보니 어느덧 한 해의 끝자락 섣달그믐께를 맞았다. 기후 붕괴로 인한 각종 자연재해, 전쟁과 테러로 인한 전 지구적 위기, 차별과 배제로 인한 사회 분열에 마음 아파하기도 하고 종종걸음도 치며 살아왔는데, 어느새 시간은 우리를 한 해의 끝자락에 데려다 놓았다. 이맘때가 되면 한 해 동안 영위해 온 나날살이의 회한을 감추려고 해도 감출 수 없는 듯하다. 얼마 남지 않은 이 해를 잘 떠나보내야 할 텐데 어찌해야 좋을지.

마디 없이 흐르는 유장한 강줄기 같지만 사실 시간에는 대나무 마디 같은 빗금이 그어져 있다. 그 빗금을 가리켜 우리는 절기라고 부른다. 지금 우리는 스물네 절기의 하나인 동지를 지나 세밑에 다다른 상태다. 대통령의 내란 행위와 그 동조 세력으로 인한 국정 혼란까지 겪는 가운데 맞이해서인지, 올해 세밑은 그 어느 때보다 살천스러워서 마치 갈고리를 움켜쥐고 눈을 부라리는 전사戰士 같다. 그냥 사정없이 다가들어 "어딜 어물쩍 넘어가려고? 일단 이쯤에서 아퀴를 지어야지!" 하며 덥석 사람 뒷덜미를 잡는다. 아퀴를 짓지 않고 어정뜬 자세로 새해 아침을 맞이하려고 해서는 안 된다는 거다. 그렇게 뒷덜미를 잡히면 뒤를 돌아보는 수밖에 도리가 없다. 지난 삶을 회고하며 후회의 한숨을 쉬거나 모자라는 부분, 미진한 부분, 허전한 부분을 점검하고 채워 더 나은 삶을 다짐하는 수밖에. 그런 까닭에 회한과 자책으로 이어지든, 옹골찬 개선의 다짐으로 이어지든, 한 해의 끄트머리에서 겸허히 자기를 성찰하는 것은 참으로 바람직스러운 일 같다.

지금 우리는 '너머'에 진입하기 직전에 서 있다. 저 너머에서 새해 새 아침이 우리를 기다리고 있다. 실로 만만치 않은 새해 새 아침일 것이다. 싱둥함, 싱그러움, 싱싱함, 신선함을 뜻하는 '새' 자를 앞머리에 달고 오지만, 우리에게는 어둠살을 가득 안은 거대한 덩어리로, 도저히 넘기 어려운 두꺼운 장벽으로 여겨질지도 모르겠다. 그때 우리에게 필요한 자세는 담쟁이의 자세가 아닐까 싶다. 담벼락을 타고 오르는 담쟁이들을 볼 때면, 나는 그들에게서 이런 메시지를 듣는다.

앞에 물리적 장벽이 있어도
낙담하거나 절망하지 않아요.
전망이 축소되는 것을 거부하고,

장벽을 길로 삼아요.

용기를 내어 장벽 '너머'를 꿈꿔요.

아무 일 없다는 듯 장벽을 무시하고,

가장 여린 손끝으로 장벽을 타고 넘어요.

장벽아, 버틸 테면 버텨 봐. 시르죽지 않고 가장 여린 손끝으로 어기차게 타고 넘을 테니! 나는 이것이 새해 새 아침을 맞이하는 우리의 자세여야 한다고 생각한다. 우리가 이런 자세를 놓치지 않는다면, 우리는 어떤 상황에서도 새로움이 가득한 삶, 살아 있음의 환희가 넘치는 삶, 우주와 인생에 대한 비전과 통찰을 끊임없이 새롭게 갈무리하는 삶을 영위할 수 있게 될 것이다.

주

1부 영원에 잇대어 살다

우리는 창조성을 타고났다
1. 매튜 폭스 해제 및 주석,《마이스터 엑카르트는 이렇게 말했다》, 김순현 옮김, 분도출판사, 2006, 374쪽.
2. Heschel, Abraham Joshua, *Insecurity of Freedom*, New York: Schocken Books, 1972, p.125.

영원한 오늘을 사는 사람
1. 코헬렛은 전도서의 히브리 명칭이다.
2. Matthew Fox, *Original Blessing*, Jeremy P. Tarcher/Putnam, 2000, p. 213에서 재인용.
3. 성 아우구스티누스,《고백록》제11권 13장.

새로움을 가져올 유일한 길
1. 리처드 로어,《오직 사랑으로》, 김준우 옮김, 한국기독교연구소, 2020, 13

쪽에서 재인용.
2. Meister Eckhart, *Meditations with Meister Eckhart*, trans. & ed. Matthew Fox, Bear & Company, 1982, p.32.

이는 내 사랑하는 아들딸이요
1. 헨리 나우웬, 《이는 내 사랑하는 자요》, 김명희 옮김, IVP, 1997, 24쪽.

하나님의 손길에 감촉된 사람
1. 류시화 엮음, 《마음챙김의 시》, 수오서재, 2020, 43쪽.

잔치를 베푸시는 하나님
1. Annie Dillard, *Pilgrim at Tinker Creek*, HarperPerennial, 1998, p.11.
2. 매튜 폭스 해제 및 주석, 《마이스터 엑카르트는 이렇게 말했다》, 186쪽.

마음의 돋보기를 잃어버렸을 때
1. Meister Eckhart, *Deutsche Werke V*, trans. & ed. Josef Quint, W. Kohlhammer Verlag, 1963, p.515.

변방을 중심으로
1. Meister Eckhart, *Deutsche Werke II*, trans. & ed. Josef Quint, W. Kohlhammer Verlag, 1971, p.652.
2. 매튜 폭스, 《영성자비의 힘》, 김순현 옮김, 다산글방, 2002, 448쪽.

덕담
1. 최재천, 《거품예찬》, 문학과지성사, 2016, 38-39쪽.
2. Mechthild von Magdeburg, *Meditations with Mechtild von Magdeburg*, trans. & ed. Sue Woodruff, Bear & Company, 1982, p.39.
3. Meister Eckhart, *Deutsche Werke III*, trans. & ed. Josef Quint, Verlag W. Kohlhammer, 1975, p.514.
4. 도종환, 《해인으로 가는 길》, 문학동네, 2006, 46-47쪽.

장래가 없는 사람

1. 마울라나 젤랄렛딘 루미, 《루미시초》, 이현주 옮김, 늘봄, 2022, 94쪽.
2. Meister Eckhart, *Meditations with Meister Eckhart*, p. 32.

하늘의 가장 뜨거운 꽃

1. Dietrich Bonhoeffer, *Gesammelte Schriften IV*, Kaiser Verlag, 1965, p. 22.
2. Meister Eckhart, *Die deutche Werke I*, W. Kohlhammer Verlag, 1958, p. 457.
3. Meister Eckhart, *Die lateinische Werke IV*, trans. & ed. Ernst Benz, Bruno Decker und Joseph Koch, W. Kohlhammer Verlag, 1956, p. 123.
4. 메리 올리버, 《서쪽 바람》, 민승남 옮김, 마음산책, 2023, 177쪽.
5. 정일근, 《마당으로 출근하는 시인》, 문학사상사, 2004, 15쪽.

물 댄 동산 같은 사람

1. 발터 벤야민, 《일방통행로》, 김영옥 외 옮김, 도서출판 길, 2015, 105쪽.

제자도의 출처

1. 손세실리아, 《꿈결에 시를 베다》, 실천문학사, 2016, 104쪽.

신비가의 길과 예언자의 길

1. 토머스 머튼, 《영적 일기》, 오지영 옮김, 바오로딸, 2011, 163쪽.
2. 윤동주, 《별 헤는 밤》, 민음사, 2010, 65쪽.

거룩함은 '옆'과 '곁'에 있다

1. Meister Eckhart, *Deutsche Werke I*, p. 503.
2. 이병일, 《옆구리의 발견》, 창비, 2012, 12-13쪽.
3. 존 던, "인간은 섬이 아니다."

지구의 선한 이웃

1. Hildegard of Bingen, *Meditations with Hildegard of Bingen*, trans. & ed. Gabriele Uhlein, Bear & Company, 1983, p. 58.

2. 고진하, 《우주배꼽》, 세계사, 1997, 74쪽.

꽃 시간, 꽃자리!
1. 매튜 폭스, 《마이스터 엑카르트는 이렇게 말했다》, 283쪽.
2. 비스와바 쉼보르스카, 《끝과 시작》, 최성은 옮김, 문학과지성사, 2018, 34쪽.

거물주의의 유혹
1. 정채봉, 《초승달과 밤배》, 한국문학사, 1989, 210-211쪽.

하나님 안에 있다
1. 구상, 《造化 속에서》, 미래사, 1991, 38-39쪽.

광야가 있어야 한다
1. 토마스 머튼, 《마음의 기도》, 이영식 옮김, 성바오로, 2011, 49쪽.

대지가 찾는 사람
1. Matthew Fox, *Original Blessing*, p. 57에서 재인용.
2. 알베르 까뮈, 《반항인》, 유기환 옮김, 한마당, 1987, 5쪽에서 재인용.

아름다운 순간에 대한 기억
1. 매튜 폭스, 《마이스터 엑카르트는 이렇게 말했다》, 19쪽.

하나님의 은혜로운 그물 속
1. Meister Eckhart, *Deutsche Werke III*, p. 534.

주인은 따로 있다
1. Meister Eckhart, *Meditations with Meister Eckhart*, p. 119.
2. Meister Eckhart, 앞의 책, p. 34.

새날의 사람
1. 헨리 데이빗 소로우, 《월든》, 강승영 옮김, 도서출판 이레, 1993, 102쪽에

서 재인용.

2부 봄꽃 완상

정원 닦달
1. Rumi, *The Essential Rumi*, trans. Coleman Barks with John Moyne, Castle Books, 1997, p. 37.

흙에 묻힌 밀알
1. 정진규,《알詩》, 세계사, 1997, 5쪽.
2. Meister Eckhart, *Deutsche Werke V*, p. 546.
3. Matthew Fox, *Original Blessing*, p. 149에서 재인용.

자기답게
1. Meister Eckhart, *Deutsche Predigten und Traktate*, trans. & ed. Josef Quint, Diogenes, 1979, p. 215.

반만 차는 금 단지
1. 앤소니 드 멜로,《종교 박람회》, 정한교 옮김, 분도출판사, 1995, 182-183쪽.

새봄이다
1. 이인원,《궁금함의 정량》, 작가세계, 2012, 92쪽.

슬픔은 그리스도인의 특장特長
1. 장인수,《천방지축 똥꼬발랄》, 달아실, 2020, 94-95쪽.
2. 신형철,《슬픔을 공부하는 슬픔》, 한겨레출판, 2019, 19쪽.
3. 리 호이나키,《아미쿠스 모르티스》, 부희령 옮김, 삶창, 2016, 316쪽.

푸릇한 생의 한가운데로
1. 신달자, 〈신록 큐!〉,《북촌》, 민음사, 2018, 64쪽.
2. 비겐 구로얀,《정원에서 하나님을 만나다》, 김순현 옮김, 복 있는 사람, 2008, 25쪽에서 재인용.

하나님의 초대
1. 천상병,《요놈! 요놈! 요 이쁜 놈!》, 도서출판 답게, 1991, 95쪽.

꽃피는 중심
1. Kabir, *The Kabir Book*, Beacon, 1977, p.1.
2. 파스칼 키냐르,《우리가 사랑했던 정원에서》, 송의경 옮김, 문학과지성사, 2019, 55쪽.
3. 강기원,《바다로 가득 찬 책》, 민음사, 2006, 51쪽.

정원사 주님처럼
1. 백무산, 〈정지의 힘〉 부분,《이렇게 한심한 시절의 아침에》, 창비, 2020, 58쪽.

다리 역할에 충실한 사람
1. 김연수,《사월의 미 칠월의 솔》, 문학동네, 2019, 260-261쪽.

느릿느릿 걷는 신앙의 길
1. 크리스토프 라무르,《걷기의 철학》, 고아침 옮김, 개마고원, 2007, 15쪽.
2. Matthew Fox, *Original Blessing*, p.43에서 재인용.
3. Gerhard von Rad, *Wisdom in Israel*, Aingdon Press, 1974, p.165.

가능성을 품은 들판
1. 윌리엄 블레이크,《천국과 지옥의 결혼》, 김종철 옮김, 민음사, 1996, 88쪽.
2. Matthew Fox & Rupert Sheldrake, *natural grace*, Image Books, 1996, p.35.

지구의 날에

1. 신형철,《슬픔을 공부하는 슬픔》, 115쪽.
2. 안네마리 쉼멜,《루미평전: 나는 바람, 그대는 불》, 김순현 옮김, 늘봄출판사, 2014, 106쪽.
3. 김경희,《작은 새》, 창작과비평사, 1994, 34-35쪽.
4. 고진하,《부드러움의 힘》, 생각의 나무, 2001, 138-141쪽 개작.
5. 김영민,《봄날은 간다》, 글항아리, 2012, 108쪽.
6. 장 지오노,《나무를 심은 사람》, 두레출판사, 1995.
7. 정현종,《세상의 나무들》, 문학과지성사, 1996, 20쪽.
8. 이문재,《지금 여기가 맨 앞》, 문학동네, 2019, 148-151쪽.

영혼의 오솔길

1. 마르틴 부버,《하시디즘과 현대인》, 남정길 옮김, 현대사상사, 1994, 121쪽.
2. 아브라함 헤셸,《누가 사람이냐》, 이현주 옮김, 한국기독교연구소, 2008, 78쪽.

권력 언저리에 서지 말고

1. 정현종,《견딜 수 없네》, 시와시학사, 2003, 103쪽.

3부 무시로 다가드시는 분

내면의 아이

1. 라이너 쿤체,《은엉겅퀴》, 전영애·박세인 옮김, 봄날의책, 2022, 25쪽.
2. 파블로 네루다,《질문의 책》, 정현종 옮김, 문학동네, 2017, 95쪽.

늙음은 적이 아니다

1. Joan Chittister, *welcome to the wisdom of the world*, Wm. B. Eerdmans Publishing Co., 2007, p.14-15.

정원사의 자리
1. 류시화,《백만 광년의 고독 속에서 한 줄의 시를 읽다》, 연금술사, 2014, 115쪽.

겸손히 몸을 낮추고
1. Meister Eckhart, *Meditations with Meister Eckhart*, p. 14.
2. 헨리 데이빗 소로우,《월든》, 101쪽.
3. Matthew Fox, *Original Blessing*, p. 36에서 재인용.

창조의 길
1. 매튜 폭스,《마이스터 엑카르트는 이렇게 말했다》, 404쪽.
2. Meister Eckhart, *Meditations with Meister Eckhart*, p. 77.
3. 매튜 폭스,《마이스터 엑카르트는 이렇게 말했다》, 145-146쪽.

성령의 공공성
1. 라이너 쿤체,《나와 마주하는 시간》, 전영애·박세인 옮김, 봄날의책, 2020, 17쪽.

하나님은 모든 길 위에 똑같이 계신다
1. 테야르 드 샤르댕,《신의 나라》, 장기홍 외 옮김, 경북대학교출판부, 1998, 43쪽.

영혼의 입맞춤
1. Hildegard of Bingen, *Meditations with Hildegard of Bingen*, p. 52.
2. 파블로 네루다,《스무 편의 사랑의 시와 한 편의 절망의 노래》, 정현종 옮김, 민음사, 1998, 117-119쪽.
3. 아브라함 헤셸,《예언자들 上》, 이현주 옮김, 종로서적, 1996, 256쪽.

성령에 속한 생각
1. 매튜 폭스,《영성-자비의 힘》, 김순현 옮김, 다산글방, 2002, 2쪽.

무심無心으로 해요

1. Angelus Silesius, *Der cherubinische Wandersmann*, Diogenes, 1979, p. 53.

아름다움을 사랑하는 길

1. 문정희, 《다산의 처녀》, 민음사, 2010, 111쪽.
2. 니코스 카잔차키스, 《성프란시스》, 고려원, 1985.
3. Thomas Traherne, *Centuries of Meditations*, ed. Bertram Dobell, Cosimo, p. 20.

통짜로 사는 자세

1. Meister Eckhart, *Meditations with Meister Eckhart*, p. 128.

탁 트인 나날

1. 밀란 쿤데라, 《느림》, 김병욱 옮김, 민음사, 1998, 78쪽.

그늘이 되어 주는 사람

1. 이승우, 《식물들의 사생활》, 문학동네, 2014, 251쪽.
2. 정호승, 《내가 사랑하는 사람》, 비채, 2021, 162쪽.
3. 디트리히 본회퍼, 《나를 따르라》, 김순현 옮김, 복 있는 사람, 2016, 358쪽.

큰 그늘 예수

1. "나를 먹는 사람은 더 먹고 싶어지고, 나를 마시는 사람은 더 마시고 싶어진다"(집회서 24:21).

사람이 풍경이 될 때

1. 정현종, 《나는 별아저씨》, 문학과지성사, 1978, 12쪽.

하나님을 박제하지 말라

1. 고진하, 《수탉》, 민음사, 2005, 103쪽.
2. Meister Eckhart, *Meditations with Meister Eckhart*, p. 50.

환대의 기술을 익히는 여정

1. Kabir, *The Kabir Book*, p.1.
2. Meister Eckhart, *Meditations with Meister Eckhart*, p.34.
3. Mechthild of Magdeburg, *Meditations with Mechtild of Magdeburg*, p.126.

은총의 바다에 카약을 띄우고

1. 매튜 폭스, 《마이스터 엑카르트는 이렇게 말했다》, 641쪽.
2. 독일 찬송가 〈*Kommt, Kinder, laßt uns gehen* 자녀들아, 어서 와서 가자꾸나〉 4절.

님의 활시위

1. Meister Eckhart, *Deutsche Werke III*, p.587.

하아얀 여백

1. Meister Eckhart, *Deutsche Werke V*, p.480.
2. 매튜 폭스, 《마이스터 엑카르트는 이렇게 말했다》, 270쪽에서 재인용.
3. Meister Eckhart, *Meditations with Meister Eckhart*, p.45.

4부 눈부시게 아름다운 상통

온새미로 살기

1. 칼릴 지브란 & 메리 해스켈, 《보여줄 수 있는 사랑은 아주 작습니다》, 정은하 엮음, 진선출판사, 1992, 71쪽.
2. Matthew Fox, *Original Blessing*, p.142에서 재인용.

여기가 거기

1. Meister Eckhart, *Meditations with Meister Eckhart*, p.21.
2. Julian of Norwich, *Meditations with Julian of Norwich*, trans. & ed. Brendan Doyle, Bear & Company, 1983, p.77.

3. 아브라함 J. 헤셸, 《사람을 찾는 하느님》, 이현주 옮김, 종로서적, 1988, 297쪽.
4. 매튜 폭스, 《마이스터 엑카르트는 이렇게 말했다》, 211쪽.

실패와 낙담이 서린 곳이라고 해도
1. 아브라함 J. 헤셸, 《누가 사람이냐》, 이현주 옮김, 종로서적, 1988, 85쪽.
2. Mechtild of Magdeburg, *Meditations with Mechtild of Magdeburg*, p. 42.
3. Julian of Norwich, *Meditations with Julian of Norwich*, p. 60.

영혼 닦달
1. 마츠오 바쇼, 《바쇼의 하이쿠 기행1》, 김정례 역주, 바다출판사, 1988, 59쪽.
2. 이승우, 《소설가의 귓속말》, 은행나무, 2020, 108쪽.
3. Meister Eckhart, *Deutsche Werke V* p. 507.
4. 정현종, 《사랑할 시간이 많지 않다》, 세계사, 1989, 29쪽.
5. 매튜 폭스, 《마이스터 엑카르트는 이렇게 말했다》, 49쪽.
6. 매튜 폭스, 앞의 책, 81쪽.

은총의 바다에서 무자맥질을
1. 애니메이션 영화 〈소울〉 중에서.

지금은 울 때다
1. 아브라함 헤셸, 《누가 사람이냐》, 이현주 옮김, 종로서적, 1988, 161쪽.
2. 아브라함 헤셸, 앞의 책, 147쪽.

박각시와 꽃의 상통
1. Meister Eckhart, *Meditations with Meister Eckhart* p. 109.
2. 올가 토카르추크, 《방랑자들》, 최성은 옮김, 민음사, 2023, 148쪽.

그리움은 돋우고 볼 일
1. 젤랄렛딘 루미, 《루미시초》, 137쪽.

모든 꽃이 그러하듯이
1. Matthew Fox, *Original Blessing*, p.189.

후각을 앞자리에
1. 마종기, 《천사의 탄식》, 문학과지성사, 2020, 79쪽.
2. 올리버 색스, 《아내를 모자로 착각한 남자》, 조석현 옮김·이정호 그림, 알마, 2020, 269쪽에서 재인용.
3. 올리버 색스, 앞의 책, 268쪽.

신화의 길
1. Hildegard of Bingen, *Meditations with Hildegard of Bingen*, p.52.
2. Mechthild of Magdeburg, *Meditations with Mechtild of Magdeburg*, p.47
3. Meister Eckhart, *Meditations with Meister Eckhart*, p.109.
4. Matthew Fox & Rupert Sheldrake, *natural grace*, p.88.
5. Meister Eckhart, *Deutsche Werke V*, p.499.
6. Matthew Fox, *Original Blessing*, p.48.
7. 테야르 드 샤르댕, 《神의 나라》, 장기홍 외 옮김, 경북대학교출판부, 1998, 50쪽.
8. 라이너 쿤체, 《시》, 전영애·박세인 옮김, 봄날의 책, 2024, 574쪽.

상처를 꽃이 되게 하는 길
1. 정진규, 〈몸시·55-상처〉, 《몸詩》, 세계사, 1994, 25쪽.
2. 박성우, 《가뜬한 잠》, 창비, 2010, 110-111쪽.

영혼의 성숙을 위한 길지
1. 젤랄렛딘 루미, 《루미시초》, 17-18쪽.

추수감사절에 2
1. 매튜 폭스, 《마이스터 엑카르트는 이렇게 말했다》, 583쪽.

알뿌리 식물들을 심으며
1. Matthew Fox, *Original Blessing*, p.136.

직전의 상태
1. 정진규,《별들의 바탕은 어둠이 마땅하다》, 문학세계사, 1990, 120쪽.
2. 정진규, 앞의 책, 118쪽.
3. Meister Eckhart, *Deutsche Werke III*, p.565.
4. 테야르 드 샤르댕,《신의 영역》, 이문희 옮김, 분도출판사, 2015, 47쪽.

밥이 되는 길
1. 매튜 폭스,《마이스터 엑카르트는 이렇게 말했다》, p.783.

지구의 꿈
1. 김준우,《인류의 미래를 위한 마지막 경고》, 생태문명연구소, 2023.

구름 산책자에서 대지 산책자로
1. https://www.deutschelyrik.de/grenzen-der-menschheit.html
2. https://www.deutschelyrik.de/grenzen-der-menschheit.html

영혼의 성숙을 위한 비료
1. 조이스 럽,《작은 불꽃》, 김준우 옮김, 한국기독교연구소, 1997, 26쪽.
2. Matthew Fox, *Original Blessing*, p.132.

영원한 오늘을 사는 사람

김순현 지음

2025년 8월 5일 초판 1쇄 발행

펴낸이 김도완
등록 제2021-000048호
　　　(2017년 2월 1일)
전화 02-929-1732
전자우편 viator@homoviator.co.kr

펴낸곳 비아토르
주소 서울시 종로구 삼일대로 428, 500-26호
　　　(우편번호 03140)
팩스 02-928-4229

편집 한수경
제작 제이오

디자인 김진성
인쇄 ㈜민언프린팅　　　　　　**제본** 다온바인텍

ISBN 979-11-94216-22-3　03230　　**저작권자** ⓒ 김순현, 2025